풍요한 빈곤의
시대

공적 영역의 위기

Ⅰ 문화의 안과 밖

시대 상황과 성찰

풍요한 빈곤의 시대

공적 영역의 위기

김우창

유종호

최장집

이정우

박상훈

이재현

민음사

사실의 엄정성과 규범적 가치

1

'문화의 안과 밖'의 강연 프로그램은 2014년 초에 시작하여 일단 내년 초까지 계속될 것이다. 계획하고 있는 50개의 강연에는 연구와 통찰을 온축한 각계의 학자들이 널리 참여한다. 프로그램의 취지는 이미 프로그램을 시작할 때에 밝힌 바 있다. 그 취지를 간단히 되돌아본다.

첫째로 이야기되었던 것은 산업화 그리고 민주화 등이 사회의 중요한 과제였던 지난 반세기, 문화의 문제를 종합적으로 돌아볼 기회가 별로 없었던 것이 우리의 사정이었는데 이제는 그것을 아니할 수 없는 시점에 이르렀다는 것이다. 산업화와 민주화 과제는 사회의 기본을 다지는 일로 받아들여졌기 때문에, 그러한 변화의 과정이 무엇을 의미하는 것인가에 대하여 깊이 그리고 넓게 생각할 만한 여유가 없었다. 그러나 이제는 멈추어 서서 이것을 생각하여야 할 시점이 되지 않았나 하는 것이다. 지금까지의 여러 변화는 사회의 물질적 기초를 다지는 외에 하나의 공동체 또는 공동의 삶을 위한 사회적 조직, 즉 정치적 짜임새를 튼튼히 하는 일에 관계되어 일어난 일이었다. 이제는 그러한 기초와 사회, 정치의 조직이 튼튼한 백년대계의 출발이 될 만한가 그리고 그것의 의의와 목적이 적절한 것인가에 대하여 반성이 필요하게 되었다. 이러한 반성이 없는 사회는 참으로 의의 있는 삶의 질서로서의 일관성을 갖추지 못하고 내적 붕괴에 이르게 될 수도 있을 것이다.

문화는 이러한 문제를 총체적으로 생각하는 공간이라고 할 수 있다. 여기에서 문화라는 것은 그러한 삶의 사회적 표현을 삶의 의미 — 가치와 목적의 관점에서 성찰하는 기능을 가진 인간 활동의 분야를 총괄하여 말한 것이다. 그리고 정치 경제 사회는 이 성찰의 과정에서 성찰의 대상이 되어 마땅하다. 물론 반성과 성찰이 문화에 일치한다는 것은 아니다. 문화의 의미는 그러한 노력이 없이도 존재한다는 데에 있다. 인류학에서 문화를 말할 때, 그것은 의식적 노력이 개입하지 않아도 알아볼 만한 행동과 사고의 감정 양식들을 의미한다. 그것은 원시와 문명을 가릴 것 없이 모든 사회에 두루 존재한다. 그러면서도 일정한 단계를 넘어가는 복잡해진 상황에서 자기반성의 노력은 삶의 질서를 위하여 불가결한 요소가 된다고 할 수 있다. 그때 쉼 없는 자기 성찰은 문화의 중심핵을 이룬다.

'문화의 안과 밖'이라는 제목은 그러한 필요를 생각하면서 만들어진 제목이다. 경제 발전은 말할 것도 없이 국토의 외모를 크게 바꾸어 놓았다. 공장이나 산업 단지가 생겨나는 것은 당연하고, 또 산업에 필요한 인구가 집결됨으로써 도시가 크게 팽창한 것도 자연스러운 결과이다. 그러면서 산업화와 도시화에 따른 축조물들의 번창은 도시 빈민가를 비롯하여 삶의 터전에 여러 혼란을 가져왔으나, 시간이 지남에 따라서 많은 축조물들과 그 배치에 조화와 균형을 부여하려는 노력이 생겨나게 되었다. 거기에는 생활 수준의 향상 또는 사치화가 수반한다. 그리하여 문화가 발달한다는 인상을 준다. 그런데 그 것이 참으로 삶의 질적인 향상을 의미하는 것인지는 더 생각해 보아야 할 문제이다.

외화내빈(外華內貧)이라는 말이 있다. 발전해 가는 사회의 외적인 표현이 화려해져도 그 내적인 의미가 빈약하고 공허하다면, 그것으로 참으로 삶을 풍요하게 하는 문화가 번영하게 되는 것은 아닐 것이다. 문화는 밖으로 표현되는 것에 그치는 것이 아니라 안으로 튼튼한 것이어야 한다. 그리고 안으로부터의 필요가 표현된 문화는 단순히 물질적 번영과 화려함을 표현하는 것에 그치지 않고, 외화를 한정하고 삶의 전반적인 균형을 기하고자 하는 동기로도 작용한다. 이렇게 말하면, 안이 밖에 우선하여야 한다는 말이 될 수도 있으나 반드시 그렇다고 할 수는 없다. 사람의 마음과 삶의 외적인 조건은 언제나 상호작용의 변증법 속에 있다. 그리하여 안이 튼튼하기 위하여서는 그것을 북돋는 외적인 조건이 있어야 한다. 그러나 이 외적 조건이 참으로 삶을 심화하는 것이 되려면, 그것은, 이미 시사한 바와 같이, 삶의 전체에 대한 안으로부터의 반성에 이어지는 것이라야 한다. 문화의 안과 밖은 불가분의 관계에 있다.

그러나 다시 말하여, 다른 한편으로 문화는 그 자체로 존재하는 삶의 표현이다. 이것은 다시 확인할 필요가 있는 일이고, 그 점에서 조금 더 자세히 생각해 볼 필요가 있는 일이다. 행위나 사고(思考)는 일정한 목적에 의하여 정당화되어야 한다는 것이 인간 의식의 강박적 충동이다. 이 충동은 너무 성급하게 작용할 때, 인간 활동의 바른 이해에 뒤틀림을 가져올 수 있다. 이에 대하여, 예술의 존재 방식

책을 펴내면서

은 어떻게 인간 활동이 자체 목적적(autotelic)으로 존재하면서 동시에 문화에 그리고 사회적 개인적 삶에 기여하는가를 보여 준다. 단순히 사람들의 감성에 호소하는 것만으로도 자기 정당성을 갖는 것이 예술이다. 물론 예술이 반성적 의식 작용을 완전히 벗어나는 것은 아니다. 그러나 그러면서도 그것은 주어진 대로의 자연스러운 삶의 표현에 가까운 인공물 또는 인간 행위이다.

그러나 조금 전에 말한 바와 같이 인간의 사고나 행위 또는 표현에서의 합목적성에 대한 요구는 예술의 자기 정당성 또는 자기 목적적인 존재를 쉽게 다른 목적에 봉사하는 수단으로 바뀌게 한다. 예술 작품으로 하여금 정치 선전 또는 이데올로기에 봉사하게 하는 것과 같은 것이 그 가장 두드러진 경우이다. 그렇다고 예술이 정치나 사회 또는 사회적, 개인적 윤리의 책임으로부터 자유로운 것은 아니다. 그 책임의 수행은 다분히 그 스스로의 부름에 따른 독자적인 통찰과 표현을 통하여 이루어진다. 이것은 사람이 하는 많은 일에서도 그러하다. 사람의 창조와 행동의 많은 것은 그 자체로 중요하면서 전체적인 삶의 깊은 의미에 관계되고 그것에 기여한다. 그러한 독자성이 보다 큰 목적에 봉사할 수 있다는 것이 쉽게 드러나지 않을 뿐이다. 일상적 예를 들어 사람이 밥을 먹는 것이, 극단적인 경우를 제외하고는, 어찌 생존의 목적만을 의식하면서 행하는 행동이겠는가? 그렇다면 보다 세련된 조리와 잔치의 즐거움은 존재하지 않을 것이다. 보다 일반적으로 자족적이고 자체 목적적이면서 사회적 삶에 봉사하는 예는 장인들의 작품에서 볼 수 있다. 어떤 사회 환경에서나 장인 정신의 귀중함을 인정하는 것은 이러한 이중적 매개를 통해 이뤄지는, 개인과 사회의 삶을 위한 보편적 기여를 인정하는 것이다. 이것은 유기적 생명체, 유기적 사회의 기본 형태이다. (물론 이 경우에도 복합적 삶의 질서 속에서는 끊임없는 반성적 재검토를 통한 매개의 심화가 필요하다.)

보다 중요한 차원에서 자체 목적성과 보다 큰 목적의 간접적 매개의 가능성은 학문 활동 일반에도 해당된다. 지난 몇십 년 동안 급한 경제 발전과 정치 개혁의 요구는 학문 자체를 이에 봉사하는 수단이 되게 하였다. 그리하여 학문의 여러 분야는 이러한 시대적 소명의 담지자 그리고 시대적 과제를 위한 정책 학문이 되었다. 그러나 이제는 이러한 정책적 과제의 성격을 넘어 제한 없는 학문 연구를 다시 생각하여야 할 시점에 이른 것이 아닌가 한다. 이것은 적어도 일단은 가치 중립적이고 목적 중립적인 탐구를 되살려야 한다는 것을 말한다. 그렇다고 그것이 인간적 삶과 그 가치의 문제를 떠나는 것은 아니다. 좁은 가치와 목적으로부터 초연할 수 있는 학문적 반성은 물음의 심화와 확장을 의도한다. 그리하여 그것은 보다 넓은 불확실성으로의 모험을 의미하면서 동시에 보다 다양한 가능성의 지평으로 우리의 사고를 열어 놓는다는 것을 의미한다.

가령 학문적 물음은, 경제 발전이 무조건적인 긍정적 목표로 받아들여지는 현실에서, 그것이 참으로 타당한가를 묻는 것이 될 수 있다. 지금에 와서 경제의 무조건적인 성장은 자연 환경과 관련하여 문제가 될 수 있는 것으로 생각되기 시작하였다. 그러나 다른 한편으로 그러한 물음에 대한 답이 반드시 풍요 지향의 경제로부터의 간단한 탈퇴를 의미하는 않는다. 다른 많은 문제를 떠나서도, 역사의 논리는 세계의 역사의 큰 조류로부터의 — 지금에 와서 경제 발달을 주제

9

로 진전되고 있는 세계 역사의 큰 조류로부터의 간단한 이탈을 허용하지 않을 것이다. 새로운 길도 옛길을 경유하지 않고는 찾아지지 않는 것이 역사의 논리가 아닌가 한다. 정치의 발전도 일시적으로 수립되는 외적 제도로 끝나는 것이라고 할 수 없다. 그것은 끊임없는 반성을 통하여 그 기초와 세부에 있어서 새로운 다짐을 요구한다. 뿐만 아니라 민주주의의 과정은 — 발전되는 정치가 민주주의에 입각한 것이라면 — 민중적 필요와 소망의 실현 과정이면서 동시에 이성적 원칙과 규범이 태어나게 되는 과정이다. 그리고 이 규범을 통하여 그것은 인류 역사의 보편적 가치 — 인간적이면서 동시에 초월적일 수 있는 가치들을 수용하는 과정이 된다. 그리하여 그것은 인류 공동의 이상이 될 수 있다.

2

'문화의 안과 밖' 강의 프로그램의 취지는 대체로 위와 같은 전제로부터 출발한다고 할 수 있지 않나 한다. 위에서 말한 바와 같이 그 밑에 들어 있는 요청은 현실에 대한 반성적 사고의 필요이다. 프로그램에서 맨 먼저 주제가 되는 것은 반성적 사고의 부재로 인하여 일어났다고 할 수 있는 공적 공간의 위기이다. 그리고 그러한 공간이 어떠한 조건으로 구성될 수 있는가를 생각하는 것이다. 이것은 정치와 경제와 사회의 문제를 전반적으로 검토하는 일에서 시작되지만, 문화의 일반의 문제로 — 결국 여기의 문제들은 문화적 기초를 다지는 일로 종합될 수 있다고 생각되기 때문에 — 확대된다. 즉, 중요한 주제의 하나는 공공 공간 구성의 과제이다. 이것은 정치나 경제 그리고 사회의 문제를 넘어 인간적 사회의 형성에 문학과 철학과 예술이 어떻게 관계되는가를 고찰할 것을 요구한다. 이러한 고찰은 물질적 기초와 함께 그것에 부대(附帶)하는 도덕과 윤리의 문제를 제기한다. 도덕과 윤리는 물론 개인적 차원에서도 문제가 되지만, 인간 존재의 사회화가 가속화되고 있는 오늘의 시점에서 집단적인 윤리의 문제가 된다. 사회 정의가 오늘의 사회에서 커다란 과제가 되어 있는 것은 말할 필요도 없다. 그러나 이 정의의 문제는 단순히 하나의 사회 내에서의 문제가 아니고 지구 전체에서의 선진 후진의 형평성의 문제 그리고, 경제 성장이 오늘의 인간 공동체의 큰 주제가 된다고 할 때, 인류의 운명에 대한 문제가 되었다.

이러한 문제들은 물론 의식적 차원에서 생각되는 주제들과 함께 무의식적 사회 현상, 문화 현상의 검토를 요구한다. 여기의 문제들에 대한 검토는 문화와 사회, 그리고 정치와 경제의 영역에 속한다고 하겠지만, 자연과학의 시각의 도움을 받아서 참으로 객관적인 것이 될 수 있다. 과학적 사고는 우리의 문제를 생각하는 일에 있어서, 그것이 어떤 분야에 관계되는 것이든지 간에, 참고해야 할 사고의 패러다임이 되어 마땅하다. 뿐만 아니라, 오늘날 새삼스럽게 인정하지 않을 수 없는 것은 인간의 삶을 결정하는 것이 생명 현상으로서의 삶의 조건이고 의미이며, 그 모든 것의 모태가 되는 자연 환경이라는 사실이다. 오늘날 인간이 부딪치고 있는 환경의 문제는 이것을 단적으로 의식하지 않을 수 없게 한다.

그러나 그러한 긴급한 자연의 문제 — 인간의 삶의 환경과 삶을 위한 자원으로서의 자연의 문제를 떠나서, 인간의 자연과의 관계 그리고 우주 전반과의 관계는 인간의 생명을 생각하는 데에 보다 넓은 테두리가 된다. 개체적이고 사회적인 존재로서의 인간에 대한 이해에 근래의 천문학, 물리학, 생물학, 신경과학의 연구는 보다 세밀하고 보다 넓은 배경을 새롭게 밝혀 주게 되었다. 이러한 분야에서 인간 존재의 의미를 살피는 것은 우리의 시각을 삶의 거대한 테두리로, 또는 근본으로 눈을 돌리게 한다. 인간의 삶 그리고 생명 일반에 대한 진화론적 그리고 우주론적 시각은 인간 존재를 보다 넓은 관점에서 이해할 수 있게 하면서 그 신비를 새삼스럽게 깨닫게 하는 일이다. 인간의 많은 기획 — 문화, 정치, 경제, 예술, 도시, 자연의 삶 등이 이러한 배경 속에서 이루어지는 인간적 기획이라는 것은 이제 새삼스럽게 고려하지 않을 수 없는 일이 되었다. 그러면서 인간은 어디까지나 역사적 존재이다.

역사는 인간의 기획들에 새로운 동기와 전기(轉機)가 된다. 그리하여 그것은 새로운 가능성을 의미하고 제한을 의미한다. 역사는 인간의 기획에 도약이 있을 수 있다는 것을 보여 주면서 동시에 그것이 불가피하게 한계 속에서 이루어진다는 것을 알게 한다. 단지 역사적 사실에 있어서만이 아니라 우리의 사고에 있어서도 큰 테두리 — 넓은 지평을 열어 주면서 동시에 그것에 한계를 부여하는 테두리로써 흔히 사용되는 것은 동서의 구분이다. 우리는 동양에서는 이러하고 서양에서는 저러하다는 표현들을 자주 본다. 가령, 동양 또는 아시아적 사고와 기술 실천의 특징은 자연 순응이고 서양적 사고의 특징은 자연 정복을 목표로 하는 것이라는 일반론을 자주 듣는다. 물론 이것이 정당성이 없는 일반론에 불과하다는 비판도 존재한다. 또는 다른 한편으로 이러한 동서양의 사고의 특징이, 마치 한 사고의 다른 사고에 대한 우위의 증거처럼 이야기되는 것도 듣는다.

말할 것도 없이 철저한 사고는 보편적 차원에 이르고자 하는 정신노동을 포함한다. 하나의 특징을 그대로 받아들이는 것은 근본적으로 보편성을 포기한다는 것을 말한다. 그러면서도 동서양의 차이의 인정이 완전히 틀린 것이라고 할 수는 없다. 인간의 사고는 구체적인 사실로부터 일반론으로 귀납하여 올라가는 과정만을 나타내지 아니한다. 일상생활에 있어서도 우리의 사고는 자주 일반론으로부터 시작한다. "인간이란……", "서양인이란……" 등의 추론은 사실에서 출발하는 것이면서도 일반적 명제를 배경으로 하여 가능하여지는 판단이라고 할 수 있다. 과학적 사고는 사실로부터의 귀납과 일반 이론으로부터의 연역의 상호 관계를 끊임없이 교환하는 작업이라고 할 수 있다. 사회적 문화적 현상에 대한 우리의 판단도 발견을 위한 하나의 접근법으로서 발견적(heuristic) 의미를 갖는다고 할 수 있다. 다만 필요한 것은 전제되는 판단을 보다 보편적인 관점에서 반성적으로 고찰하는 것이다.

물론 여기에서 '보편적'이라고 말한 것은 그것을 향한 노력을 말할 뿐이다. 그러나 보편적 지평으로 지양(止揚)되지 아니한, 지역적이고 국소적인 그리고 역사적으로 제한된 판단도 그 나름으로의 통찰을 담고 있을 수 있다. '문화의 안과 밖'의 강의의 많은 부분은 동서양의 차이에 관한 것이다. 물론 이 차이의 복합적인 의미는 우주론적 이해를 배경으로 가지고 있는 종교적 차이 또는 문화의 근본적 형태의 차이, 소위 문명과 원시의 차이 등에서도 찾을 수 있다. 후반의 강연들은 이러한 문명적 관점의 차이의 문제들을 다룬다.

다른 비서방 사회에서도 그러하지만, 문명사적 차이가 문제로 등장하는 것은 근대성이 서양 사회를 변화시킨 이후이다. 서양의 근대를 특징지우는 것은 과학과 기술의 발달 그리고 계몽주의 이후의 합리적 사고에 의한 정치 사회 경제 문화에 있어서의 비판적 사고의 등장이라고 할 수 있다. 또는 막스 베버의 용어를 빌려 서양의 근대는 탈마술화와 합리화로 설명될 수도 있다. 이러한 근대성은 서양 사회를 크게 변화하게 하였을 뿐만 아니라 서양의 제국주의적 팽창을 가능하게 하였다. 물론 이것은 또한 많은 비서양 국가에 근대화의 도전에 반응할 것을 강요하였다. 근대화의 도전은 전통적 한국에 엄청난 고통과 혼란을 가져오기도 하였지만, 동시에 그에 대하여 미증유의 자기 변화로써 대응하게 하였다. 그러나 이제 이 도전과 반응은 한 고비를 넘겼다고 할 수 있다. 그리하여 근대화에 따르는 여러 문제들이 비판적 재평가의 대상으로 부각되었다. 이것은 서양에 있어서 식민주의 후의 문제를 포함하여 포스트모더니즘의 해석이 중요한 담론의 주제가 된 것과 일치한다.

위에 이야기는 '문화의 안과 밖'의 문제 전개도를 일단 이 강의 계획의 구분에 따라서 조감(鳥瞰)해 본 것이다. 이 계획과 그 구분은, 우리 사회와 문화의 중요한 문제를 두루 살피고자 하는 것이면서도, 그것을 총람하는 것이 아님은 물론이다. 그리하여 이 계획의 마지막 부분에는 여러 가지 남은 문제들 가운데 중요한 것들 ── 거대 정보의 세계에서의 학문적 고찰의 의의, 민주 사회에서의 여론의 의미, 어느 때보다도 강력한 삶의 심리적 동기가 된 행복의 이념 등을 생각해 보는 강연들을 편성하여 넣어 보았다. 여기에 더하여 무엇보다도 한국 민족에게 중요한 역사적 과제로 생각되는 통일 문제 그리고 그것을 넘어서 동아시아의 평화와 공동체적 발전, 그리고 인류 전체의 이상으로서의 평화의 문제들을 생각하는 강연을 배치하였다.

이것으로 '문화의 안과 밖' 강연 시리즈를 전체적으로 설명하였다. 그렇다고 모든 강연이 이러한 프로그램에 정연하게 편입되는 것은 아니다. 여기에서 말한 것은 대체적인 취지와 윤곽일 뿐이다. 앞에서 말한 바와 같이 이 강연 시리즈는 50개 이상의 강연으로 구성되어 있고, 여기에 참여하는 전문 학자들도 거의 그 수에 육박한다. 중요한 것은 주제의 일관성보다도 견해의 자발적이고 자유로운 전개이다. 거기에서 나오는 깊은 통찰이 전체적으로 우리의 상황을 조명하는 데에 도움이 될 것을 희망할 뿐이다.

이 프로그램은 당초부터 네이버 문화재단(오승환 대표)의 지원으로 가능하여졌다. 이러한 프로그램을 지원할 의도가 있다는 것은 네이버의 이영인 박사로부터 최장집 교수에게로 그리고 본인에게로 전달되었다. 그리고 자문위원이 구성되고, 전체 계획에 대한 토의가 진행되었다. 그리고 여러 번의 회의와 토의 후에 금년 초부터 강연이 시작될 수 있게 되었다. 유종호, 최장집, 오세정, 이승환, 김상환, 문광훈 여러 교수께서 자문위원으로 이 준비에 참여하였다.

이 강연이 가능하여지는 데에는 여러 기관들과 그곳 분들의 도움이 있었다. 민음사는 강연 중의 원고 준비 그리고 그 출판을 맡아 주었다. 장은수 대표와 박향우 팀장이 여러 가지로 노력을 기울여 주었

책을 펴내면서

다. 강연장을 쉽게 사용할 수 있게 된 것은 홍석현 이사장의 관리하에 있는 월드컬처오픈 화동문화재단의 너그러운 이해로 인한 것이다.

말할 것도 없이 가장 크게 감사드려야 할 것은 강연 부탁에 응하여 주신 여러 강사 분들이시다. 강연 계획을 네이버 문화재단과 중개해 준 것은 네이버의 한성숙 본부장이다. 많은 일이 그러하듯이 강의를 진행하는 데에는 실무진의 성실한 준비가 필요했다. 김현숙 부장과 주훈 차장이 모든 일이 빈틈없이 진행되도록 하는 데에 수고를 아끼지 않았다. 강주연 과장도 강좌 초에 성의를 다하여 강좌의 진수(進水)를 도왔다. 문광훈 교수는 준비/운영위원회의 총무간사로서 필자의 일을 돕고 일의 원활한 진행을 위하여 힘과 마음을 아끼지 않았다. 그 외에도 여기에서 일일이 거명을 하지 않은 많은 분들의 도움이 있었음은 물론이다. 두루 감사의 뜻을 전하고 싶다.

2014년 8월

문화의 안과 밖 자문위원장 김우창 謹識

머리말

1

모두 50개의 하위 주제로 구성되고, 1년 동안 계속될 '문화의 안과 밖: 시대 상황과 성찰' 시리즈는 여덟 개의 주제로 나뉜다. 이 책은 그 첫 번째 주제인 '공적 영역의 위기'를 구성하는 여섯 편의 글을 묶은 책을 위한 서문이다. 시리즈의 전체 주제로서 '문화의 안과 밖'이라는 말은 인문학, 사회과학, 자연과학을 포함하여 서로 다른 지적, 학문적 배경을 갖는 강연자들이 오늘날 세계와 한국 사회가 직면하고 있는 문화적, 정신적 상황에 대한 문제의식들을 느슨하게나마 서로 공유하면서 사회와 대화할 수 있는 어떤 넓은 연계의 개념으로 이해할 수 있을 것이다. 이 시리즈를 '열린 연단'이라고 말하는 것도, 강연자들이 '문화의 안과 밖'이라는 틀 안에서 주어진 주제에 대해 서로 다른 이해 방식과 관점을 가지고 참여하더라도 그들 각자가 스스로 표명하는 것에 대해 열린 마음으로 환대한다는 의미이기도 하다. 여기에는 주제, 관점, 이념적 가치에 있어서의 다양성이 한국 사회와 문화에 대한 성찰과 논의를 더 폭넓게 하고, 깊이 있게 할 것이라는 믿음이 전제된다. 전체 프로그램의 첫 번째 섹션에서 '공적 영역의 위기'를 주제로 삼은 것은 의미하는 바가 크다. 넓게는 한국 사회가 어떤 모습을 지니고, 어떤 방향으로 나아가야 하는가, 우리의 주제와 관련하여 보다 더 구체적으로 오늘날 한국 문화의 내용적 측면과 그것이 외표화(外表化)된 외양이 우리의 삶의 내용, 정신적 가치들을 어떻게 조건 지우고 그것들이 서로 어떻게 관계되어 있는가를 이해하기 위해서는, 무엇보다 먼저 사회의 공적 영역을 점검하고, 이러한 문제들을 논의할 수 있는 소통과 대화의 조건들을 살펴보는 것에서 시작하는 것이 당연하다.

오늘의 한국 사회에서 문화의 위기라 하면, 일상 속에서 사용하는 말로서 정치 위기나 저성장·양극화·빈부 격차와 같은 사회 경제적 위기, 재난이나 사고의 빈번한 발생과 같은 사회적 위험과 같은 의미에서의 위기만을 말하는 것은 아니다. 그런 의미를 포괄하더라도, 차라리 19세기 말 유럽에서 나타났던 '세기말(fin de siecle)'이라는 말처럼 역사적인 대전환점에서 사회와 개인들이 경험하는 정신적, 심리적, 문화적 위기, 그리고 그것에 대한 시대적 성찰을 통해 인식되고 느껴지는 위기라는 말에 더 가깝다고 할 수 있다. 지난 반세기 남짓한 시간, 한국 사회는 극히 짧은 시간 동안 분단, 전쟁, 산업화, 민주화를 통해 급격한 변화를 경험했다. 이러한 사회 변화는 우리가 흔히 일컫는 '압축 성장'이라는 말로도 부족하다. 과학 기술의 눈부신 발전과 세계화라는 파도는 사회의 모든 측면과 수준에서 개인의 삶의 세계를 과거와는 근본적으로 다른 모습과 내용으로 바꾸어 놓았다. 여러 수준에서의 이러한 외부적 변화는, 개인의 사회 경제적 삶의 조건은 물론, 내면적 정신생활을 과격하게 바꾸어 놓았다. 이 점에서 '문화의 안과 밖'이라는 말은 의미심장하다. 개인의 삶의 세계를 조건 지우는 사회 경제적 조건은 비약적인 경제 발전의 결과로 풍요로워졌고, 그와 병행하여 문화적 외양 또한 엄청난 발전을 이루었다. 그러는 동안 이러한 경제적, 문화의 외양적 발전과 개인의 정신세계 사이에는 커다란 괴리 내지 간극이 발생했다. 다른 말로 표현하면 개인의 내면적 정신세계는, 그것을 둘러싼 문화적 외양, 환경에 의해 소외되는 현상이 뚜렷해진 것이다. 우리는 이러한 현상에 대해 "문화의 외양은 풍요롭고, 내면적 정신세계는 빈곤하다."라고 말할 수 있을지 모른다. 이러한 현상이 정신적, 문화적 생활과 직접적으로 연관된 개인의 내면적 정신세계에 엄청난 긴장을 불러오게 된 것은 필연적이다. 우리가 한국 사회에서 정신의 위기, 이성의 위기를 말할 수 있다면, 그것은 문화라는 하나의 현상을 구성하는 두 개의 측면, 즉 정신 그 자체가 창출해 낸 결과물로서의 문화의 외양적 측면과 실제 그 내용적 본질로서의 정신의 내면세계 간의 간극과 긴장에 연원을 갖는다고 할 수 있다. 그러므로 지금 우리는 이 위기를 경감하거나 넘어설 수 있는 과업을 결코 게을리할 수 없다.

2

사실 '문화의 안과 밖'이라는 프로그램의 주제는 김우창 교수의 창안물이다. 그러므로 첫 번째 글인 김우창 교수의 「객관성, 가치와 정신」에 대해서는 특별한 설명이 필요하다. 여기에 실린 김우창 교수의 글은 '공적 영역의 위기' 섹션의 첫 번째 글로서 이 책을 위한 서론 역할을 하고 있지만, 사실상 시리즈 전체의 총론이기도 하다. 평소 필자가 "철학적 인간학자(philosophical anthropologist)"로 생각해 온 김우창 교수의 지적 범위는 '문화의 안과 밖' 시리즈의 총론에 걸맞게 철학, 문학, 예술을 포함하는 인문학뿐만 아니라, 사회과학, 자연과학의 경계를 가로질러 학문 영역 일반을 포괄한다. 분업화된 현대의 학문 체계에는 어울리지 않는 넓은 범위 또는 독자적인 범위를 특징으로 한다. 한 사람의 사회과학도로서 필자의 한정된 지적 범위를 훨씬 넘어서 있는 김우창 교수의 글에 대해 말한다는 것은 오해와 그로 인한 왜곡을 불러올 수 있는 위험을 안고 있지만 그럼에도 필자는 서론 집필자로서 역할을 다해야 한다. 김우창 교수의 글 자체는 특별한 학문적 용어로 서술된 것이 아니기 때문에 독자들이 읽고 이해하는 데 큰 어려움이 없을 것으로 믿는다. 그렇다고 그것만으로 충분하리라고는 생각되지 않는다. 어느 정도의 서설이 필요하다고 생각되는 것은 그 때문이다.

우선 김우창 교수의 글에 대해 언급할 것은, 글의 엄청난 스케일이다. 필자가 이해하는 범위에서 그의 글은 그의 사상의 모든 것을 집대성한 것으로 이해된다. 자신의 사상과 철학, 인문학, 사회학, 정치철학 이론들이 어우러져 거대한 이론의 체계를 구성하고 있어서이다. 그의 글 「객관성, 가치와 정신」은 여러 이론들이 어우러져 이루어진 구성적 개념이다. 그러므로 이 글 자체를 온전히 이해하기 위해서는, 글의 구조와 내용을 하나하나 해체해 보고, 이들 사이의 연관 관계를 찾아보는 것이 필요할 것이다. 그러나 그것은 이 서설의 한정된 지면으로서는 불가능하기도 하고, 필자의 범위를 넘어선 작업이다. 따라서 여기에서는 필자가 읽고 느낀 것을 중심으로 간략하게나마 글의 윤곽을 스케치해 보고자 한다. 구성적 개념으로서의 '문화의 안과 밖'은 서로 모순되고 충돌하는 것으로 보이기도 하는 여러 겹, 여러 층이 서로 관계하고 있어 다층적이고, 말의 의미와 논리의 체계는 정적이지 않고 동적이다. 그리고 표현과 설명이 분석적이고 체계적일 수 있는 산문적 서술 방식에 덧붙여, 그러한 방식만으로는 통괄적으로 또 동적으로 표현할 수 없는 것을 위해 시적, 산문적 표현 방식을 혼합하고 있기 때문에 서로 모순되는 많은 것, 설명하지 않고 남겨둔 공백들을 동시에 포괄하고 있다. 그러므로 그의 글은 정신의 유연함과 감성적 교감이 없이는 충분히 포착하기 어렵다. 그의 글에서 나타나는 긍정과 부정의 대립은, 세간에서 일반적으로 수용되거나 통용되고 있는 현실에서의 기준이나 대립 범주에 완전하게 기초해 있는 것은 아니다. 한편으로는 그 대립이 현실적 기초를 갖지만, 다른 한편으로는 그것은 저자 자신의 철학적, 이론적 기초를 통해 만들어진 것이다. 이 두 개의 성격이 다른 대립 범주는 끊임없이 상호적으로 교호한다.

하나의 대쌍 개념으로 구성된 '문화의 안과 밖'이라는 말 자체가 이러한 이분법적 구분의 중심에 위치한다. 저자는 먼저 사물 또는 현상의 이원적, 이중적 구조를 발견하고, 그 둘 사이의 긴장과 모순을 화해시키고, 이를 넘어서고자 하는 정신 또는 이성 작용으로서 변증법의 논리를 끌어들이는 방식을 취한다. 이러한 구분은 칸트로부터 시작하여 헤겔로 이어지는 독일 철학의 중심적 전통에 기초하고 있는 것으로 여겨진다. 헤겔의 언어로 표현한다면, 문화의 외양은 정신의 '자기 소외' 또는 자신을 '외표화'한 것의 산물이다.[1] 이 점에서 본다면 '문화의 안과 밖'은 문화의 안을 구성하는 내면의 정신적 가치를 중심에 두지만, 동시에 그 정신의 환경 내지 외양으로서 문화의 밖을 포괄한다는 의미를 갖는다. 그러므로 우리가 문화의 위기에 접근하려 한다면, 이 두 대립적 측면과 그 둘 사이의 상호 관계를 전체적으로 이해하는 것이 필요하다. 문화는 그 안과 밖을 동시에 포괄할 때 비로소 전체 모습이 드러나고, 그것으로부터 발생한 위기나 문제점을 넘어설 수 있는 길을 발견할 수 있는 것이다.

그렇기 때문에 김우창 교수에 있어 '문화의 안과 밖'은, 정신이 살아 움직이고 발현되는 외부적, 외양적 환경으로서의 문화가 파괴되거나 피폐해질 때 새로운 정신의 힘으로 이를 완전히 다른 무엇으로 대체하거나 경신하는 단순한 부정과 변화의 논리를 담는 것이 아니다. 그리고 그러한 논리에 입각한 발전의 논리를 펴는 것도 아니다. 문화가 타락했다는 것은, 그 문화를 창출하고 움직여 가는 정신이 타락했다는 것을 의미하는 것이고, 문화의 외양은 타락한 정신의 외적 표현인 것이다. 그러므로 문화의 위기를 극복하는 것에 대한 해답은 인간 정신의 활력을 찾고, 내면적 정신의 안정과 자기 갱신의 동력을 발견하는 일이다. 인간의 존재론적 반성, 사회에서의 이성적 공론장의 확대를 통해 새로운 정신적 가치를 만들어 가는 동력을 찾아내지 않으면 안 된다. 김우창 교수는 20세기 전반 독일의 대표적인 시인의 한 사람인 한스 카로사의 시 「서양의 비가」를 빌려, 전쟁으로 폐허가 된 독일 사회를 상징적으로 제시하면서 이를 다시 재건할 수 있는 정신적 조건을 탐색하고자 한다. 여기에서 폐허가 된 독일 사회는 현대 문명, 즉 한편으로는 공리주의적 정신과 균일화된 관료적, 기술적 형태를 구현하는 '합리화'의 힘에 의한 사회 경제적 발전, 다른 한편으로는 과학 기술 발전에 뒷받침된 현대 문명 일반을 상징적으로 말하는 것이기도 하다. 오늘날 많은 한국 사람들이 한국의 경제 발전이 성공했다고 자족하는 시기에 전쟁으로 폐허가 된 독일 사회에 이를 대비시키는 것은 하나의 은유로서 흥미롭다. 카로사의 시에 나타나는 서양이라는 말은 전쟁으로 폐허가 된 서양이다. "가슴에 불빛을 지닌 사람"이 그 자신의 정신의 불빛을 살릴 소재들을 그 자신의 마음의 고향으로부터 찾을 수 있을지는 몰라도 다시 옛것으로 되돌아갈 수는 없다. 그것은 진정으로 '고향 상실'이라는 측면을 갖는다. 그렇지만 우리는 그로부터 새로운 사회를 건설하는 원리로서 폐허가 된 고향에서의 경험을 되새기면서 유기체적 소(小)공동체의 가치를 끌어낼 수 있고, 폐허의 잔해 속에서 미래를 건설할 조각들을 찾을 수 있다고 믿고 또 찾도록 노력해야 한다.

카로사가 말하는 문제의식은 또한 그의 앞선 시기를 살았던 대사회학자 베버의 '합리화(rationalization)'라는 말로 집약될 수 있는 두 개의 테마, 즉 '탈신비화/탈마술화'와, 내면적 정신의 자기 발현과 퇴영적 변용이라는 다이내믹스와 만나게 된다. 전통 사회로부터 현대 사회로의 전환은 탈신비화와 계기(繼起)를 같이한다. 그리고 탈신비화의 끝자락은 합리화의 시작과 접맥되면서 합리화를 증폭하는 새로운 근대 사회를 연다. 종교의 신앙과 윤리, 공동체의 유기체적 결속과 꿈과 마술의 시대는 현대 사회와 같은 발전과 번영을 갖지는 못했어도 내면적 정신세계가 풍요로울 수 있는 정신적 문화적 공간을 허용했다. 근대를 특징짓는 합리화의 시대는 내면적 정신과 종교적 윤리의 효능을 더 이상 허용하지 않으면서, 그것을 변용하는 과정을 통해 근대를 자본주의의 정신으로 다시 주형(鑄型)하기에 이르렀다. 이러한 합리화의 근대화 과정이 어떻게 내면적 종교의 윤리를 자본주의 정신으로 바꾸어 놓았는가 하는 것은, 베버의 『프로테스탄트 윤리와 자본주의 정신』을 통해 이론적으로 제시된다. 그것은 카로사의 시와 더불어 저자의 논지를 뒷받침하는 중심적인 텍스트의 하나이다. 여기에서 베버는 이렇게 말한다. 칼뱅주의가 가르쳤던 금욕주의가 수도원을 벗어나 상업과 노동이 중심이 된 사회 경제적 삶의 영역으로 확대되면서 인간의 내면적 도덕을 지배하기 시작했고, 급기야 금욕주의의 종교적 윤리는 매우 역설적이게도 근대 자본주의 경제 질서를 건설하는 데 기여하기에 이르렀다. 이 금욕적 윤리는 처음에는 상업적 부의 축적과 병행할 수 있었지만, 자본주의 경제 질서가 본격적으로 가동됨에 따라 강력한 '합리화'를 추동하는 자본주의 정신으로 변용되었다. 이 정신은 이제 "쇠창살의 우리"라는 비유로 표현되듯이 인간을 옥죄는 족쇄가 되어 급기야 종교의 윤리를 대체하기에 이르렀다.[2] 여기에서 필자는 김우창 교수의 논지와 관련하여, 또는 사상과 관련하여 두 개의 테마를 마주한다. 하나는 내면적 정신이 퇴영적으로 변용되는 측면이다. 필자의 관점에서 볼 때 김우창 교수는, 두 개의 대립적인 범주 사이에서 변증법을 말하되, 그 변화의 방향이 헤겔의 변증법이 말하는 바와 같이 이성이 자기실현을 위해 일직선상으로 진행하는 것을 수용하지 않는다는 점이다. 그의 변증법은 환경과 조건에 따라 진전하기도 하고 퇴행하기도 하는, 훨씬 더 순환적인 성격이 강한 것이다. 다른 하나는 하나의 현상이 언제나 양면성을 가질 수 있고, 그 점을 놓치지 말아야 한다는 것이다. 베버는 자본주의에 대해 두 모순적인 측면, 즉 경쟁하는 윤리적 이상 사이에서 분열증적으로 이해될 수 있다는 점을 지적했다. 하나는 청교도적 금욕주의와 자기 절제이고, 다른 하나는 부의 축적과 재산을 통하여 세속적 행복을 추구하는 공리주의와 행복주의(eudaimonism)가 그것이다.[3] 베버는 이 양자 사이에서 긴장을 발견했고, 그것은 김우창 교수의 현상과 사물을 보는 관점 속에 깊이 침윤돼 있는 것으로 느껴진다. 그는 언제나 현상과 사물에 내재된 모순적이고 갈등적인 측면들을 함께 말한다. 그리고 그 관계를 자주 변증법적인 형태로 표현하지만, 양자 사이의 관계를 저울질하면서 균형을 찾으려 한다.

그러나 여기까지는 김우창 교수가 자신의 글을 통해 말하고자 하는 것의 절반밖에 되지 않는다. 그렇다면 남은 절반은 우리가 할 일은 무엇인가, 우리는 어떻게 합리화의 부정적 결과, 전쟁이 남긴 폐허, 문명의 파괴를 초월하고, 새로운 시대를 개척할 길로 우리를 인도할 정신의 불빛을 발견할 수 있는가라는 문제에 대해 해답을 찾는 것이다. 그것은 '닫힌 문화'를 '열린 문화'로 변화시키면서 새로운 문화를 만들어 가는 길이다. 저자는 정신의 불빛을 발견하기 위해 상승과 하강이 상호 교호하는 방법을 제시한다. 그런데 이 문제를 말하기 위해서는 김우창 교수의 사상을 구성하는 두 차원에 관해 먼저 언급하는 것이 필요하다. 그는 플라톤과 칸트를 따르면서 인간이 자기 성찰의 능력에 내재돼 있는 신성함의 핵심 요소로서 '초월적(transcendental)' 차원을 갖는다고 생각한다. 그리고 동시에 인간의 실존적 상황을 구성하는 가장 현실적인 인간의 삶의 영역 내지 삶의 세계에 관여한다. 즉 그는 이 두 차원을 동시에 사유한다. 여기에서 한편으로 상승의 방향은, 이 초월적 차원과 더 많이 관련된 것으로, 우주론과 맞닿아 있는 영역이다. 우주론은 형이상학적이고, 초월적이고, 수학적인 지식의 영역으로, 지식이 이르고자 하는 우주는 신이 이데아를 본떠서 만든 것이다. 우주의 '형상'은, 정신이 형이상학과 존재론의 철학적 지식을 통해 상승할 수 있는 최상위에 위치한다. 그것은 분명 저자가 명시적으로 말하지 않았지만, 플라톤이 후기 저작의 하나인『티마에우스』에서 말하는 우주론이고, 또한『공화국』에서도 볼 수 있는 형상과 이데아의 이론을 포함하는 형이상학의 영역임에 분명하다. 여기에서 인간은 우주 모든 질서의 모형이 되는 이데아를 성찰함으로써 자신의 존재가 우주의 한 구성 요소라는 점을 인식하면서 외경심을 갖게 된다. 다른 한편으로 하강의 방향은, 경험적, 미시적, 실존적, 구체적, 상황적인 인간의 구체적인 삶의 세계로 내려가는 정신의 작용이다. 정신의 상승과 하강이 만나는 것은 일찍이 칸트가 도덕적 이성에 대하여 말했던 한 감동적인 구절, "천공에 빛나는 별, 마음속에 확고히 있는 도덕률"이라는 표현으로 비유될 수 있을 것 같다.[4] 위를 향한 우주에 대한 경외감이 인간을 겸허하게 만들고, 인간 정신의 내면에 자리 잡고 있는 도덕률을 견강하게 한다면, 그 둘의 관계는 상호 교호적인 것이 아닐 수 없다. 또한 정신의 상승과 하강이 교호하는 것은,『공화국』의 주제와도 접맥해 있다고 볼 수 있다. 왜냐하면 그것은 현실적으로 존재하는 인간의 정치/사회 공동체를 도시의 '형상'을 따라 이상적인 도시, '잘 질서 잡힌 도시'로 만들고자 하는 철학자의 역할에서 영감을 받는 영역이기 때문이다.

그러므로 한 도시에서 사람들은 두 영역 또는 방향을 알게 된다. 하나는 철학자가 교육하고 통솔하고자 하는 '잘 질서 잡힌 도시'

를 건설코자 하는 길을 따라가는 노력이다. 다른 하나는 민주주의라고 말했던, 대중의 여론이나 의견(doxa)이 지배하는 정치 사회를 만드는 일이다. 김우창 교수는 '문화의 안과 밖'에서 정신이 살아 움직이는 공간으로서 문화의 창조적 힘을 통해 '잘 질서 잡힌 도시'를 건설하는 길을 암시한다. 즉 문화의 힘은 민주주의보다 상위에 있고 훨씬 범위가 넓다는 것을 뜻한다. 그러나 이 말은 분명 민주주의를 부정하는 것이 아님을 강조해야 할 것이다. 대중의 의견에 기초한 민주주의는 훨씬 더 질적으로 고양될 필요가 있다. 그것은 사실과 진리, 이성과 윤리성에 기초하기보다 여론의 힘이 필연적으로 동반할 수밖에 없는 포퓰리즘을 벗어나기 어렵기 때문이다. 그리고 이 포퓰리즘은 닫힌 문화, 교조주의, 이데올로기적 동원에 커다란 취약성을 노출하여, 잘 질서 잡힌 도시를 건설하는 데 약점으로 작용할 수 있다. 민주주의가 공론장(그것의 원형으로서 아테네의 포럼)에 기초하는 것이라고 한다면, 우리는 이성적 공론장에서의 숙의(熟議)를 통해 잘 질서 잡힌 도시를 건설하는 목표에 얼마나 다가갈 수 있는가? 이것은 하버마스가 제시해 온 해답이기도 하다. 그러나 저자가 '문화의 안과 밖'에서 제시하는 방법은, 하버마스가 생각하듯이 포럼에 참여한 대중 사이에서의 숙의와 이들 사이의 이상적 의사소통만으로 이상적인 민주주의를 만들어 낼 수 있다고 믿는 것과는 적지 않은 차이가 있다고 할수 있다.

3

김우창 교수의 글을 제외한 다섯 편의 글은 앞에서 말했던 상승의 영역보다는 하강의 영역에서의 문제를 중심으로 한 것이다. 앞에서 형이상학적이고, 존재론적인 문제들을 포함하여 실로 넓은 범위에서 추상화의 수준이 높은 철학적 내용을 다루었던 김우창 교수의 글을 꼼꼼하게 읽은 독자들이라면, 그다음 글들은 훨씬 수월하게 읽을 수 있을 것이다.

유종호 교수의 「작은 일과 큰일 사이」는 오늘날 한국 사회, 한국 정치의 가장 큰 특징이자, 문제의 원천이라 할 좌-우, 또는 보수-진보 간 이념 갈등을 주제로 다룬다. 그리고 이 갈등의 원천으로, 또는 이를 추동하는 집단으로서 세대 간 갈등에 초점을 맞춘다. 그런데 이 세대 간 갈등은 사회 전체의 관점에서 볼 때 부정적 결과를 낳는다. 이것은 한 사회가 다루어야 할 큰 문제를 이해하고 그것을 합리적으로 다루는 데 능력의 결핍 현상을 불러온다고 하겠는데, 일반적으로 볼 때 젊은 세대가 객관적인 현실 인식과 균형적인 판단력이 부족하기 때문이다. 큰일과 작은 일 간의 경중을 구분하지 못함으로 인하여 한 사회의 발전과 안정에 기여할 수 있는 건강한 에너지가 낭비된다. 특정의 연령 집단이 정치적 격변이나 사회 경제적 변화를 공통으로 경험했다고 할 때, 그 집단이 사회와 역사를 이해하고 그것을 기초로 그들의 이상과 가치를 발전시키고 공유하게 될 것임은 당연하다. 특히 한국처럼 압축 성장을 경험하고 정치적 격변을 겪었던 사회에서는 마치 시루떡의 층처럼 구세대와 신세대가 각기 다른 집단적 경험 위에서 각기 다른 가치관, 역사관을 발전시키게 된다. 따라서 이들 간의 갈등이 첨예하게 드러나게 되는 것은 필연적인지도 모른다. 신세대는 변혁, 혁명, 급진주의를 추동하는 현실 부정의 가치, 태도를 특징적으로 담지(擔持)한다. 이러한 신세대에 비해, 구세대는 급진적 변화가 가져오는 결과에 대한 회의, 그럼으로써 현실에 대한 긍정, 역사를 이해하는 방식, 삶의 자세와 도덕적 태도에 있어 겸허함을 견지하는 미덕을 지닌다. 김우창 교수가 우주의 형상을 드러내는 이데아와 닿아 있는 존재론적 이해가 인간 존재의 겸허함을 깨닫게 하고 도덕률에 복종하도록 만든다는 주장과 맞닿는 부분이다. 김우창 교수는 「객관성, 가치와 정신」에서 하나의 공동체가 이상을 향하여 경신과 변혁을 요구받는 경우에도 이상의 실현이라는 목적이 수단을 정당화할 수는 없다고 말하고 있다. 왜냐하면 진정으로 중요한 것은 목적 그 자체에 있다기보다 목적을 향해 나아가는 과정에 있으며 그 과정에서 인간 정신이 구체적으로 발현될 수 있고, 심미적 자기실현을 체험하고 이룰 수 있기 때문이다. 그와 유사하게 유종호 교수 또한 온유함과 절제의 미덕을 목적 자체보다 과정의 중요성을 위해 남겨 둔 덕성이라고 이해한다. 한국 사회에서 386 세대가 젊은 세대의 변혁 지향적 급진주의를 대표한다면, 프랑스 혁명 당시 로베스피에르, 생쥐스트로 대표되는 자코뱅 전통은 급진주의 패러다임의 사례로 제시될 수 있다. 그러나 한국 사회에서 젊은 세대의 급진주의에 대한 저자의 비판은 그들의 급진주의에 대한 것이지, 그들 세대나 그들이 일조한 민주화에 대한 비판이 아니라는 점을 지적하는 것이 필요하다.

최장집 교수의 「참여의 조건과 소명으로서의 사회과학」은 한국 사회에서 하나의 쟁점이 될 수 있는 문제, 즉 학자-지식인들이 현실 정치에 참여하는 것이 바람직한 것인가라는 질문을 제기하고, 그것은 바람직하지 않다는 점을 분명히 한다. 만약 이 글이 학문의 중립성을 주제로 했다면 학문의 내용이 가치로부터 자유로워야 하느냐, 가치가 학문적 탐구의 주요 요소가 되어야 하느냐 하는 '가치 논쟁'을 포함해야 했을 것이다. 그러나 이 글은 학문의 중립성보다는, 학문하는 사람의 현실 참여 문제를 주제로 다룬다. 그리고 이 주장을 펴는 데 막스 베버의 「소명/직업으로서의 정치」를 중요한 이론적 안내서로 삼는다. 그러나 베버가 「소명으로서의 정치」에서 말했던 것은, 학자가 아니라 직업적 정치인의 소명의식에 관한 것이다. 저자가 말하려고 하는 것은 민주화와 베버의 의미에 있어 '합리화'의 시대에 한국 사회에서 학자-지식인은 정치 과정과 정책 결정 과정에 광범하게 참여하게 되었고, 그럼으로써 정치인과는 또 다른 차원에서 그에 못지않은 영향을 사회에 미치게 되었기 때문에, 그의 지적 행위에 대해 정치적, 사회적으로 책임지지 않으면 안 된다는 것이다. 그리고 정치 과정에서 학자의 참여가 가져온 효과는 대체로 부정적이다. 저자는 학자가 참여보다는 자신의 본연의 업무인 진실과 사실을 과학적으로 탐구하는 학문적, 지적 작업에 매진하는 일이 더 바람직하고, 사회에 기여하는 것이라고 주장한다. 이를 김우창 교수의 언어로 바꾸어 말한다면, 학문을 통한 이성적 작업과 정신적 입장 내지 가치의 설법을 분리하는 것은 "정신을 현실에 뿌리내리게 하는 일"이자 "정신이 현실에 임하는 또 하나의 방식"이기 때문이기도 하다. 즉 학문과 정신은 분리할 때 서로 연결될 수 있는 것이다. 그것은 하나의 커다란 역설로 여겨진다.

이정우 교수는 그의 「한국경제와 공공영역」에서 성장 지상주의의 국가 정책에 의해 뒷받침되는 시장 만능의 한국 자본주의 경제 체제를 비판하고 그 대안으로서 공공영역이 사적 시장 영역과 균형을 이룰 정도로 확대된 "북유럽형 사민주의" 내지는 "유럽 대륙형 복지 국가"를 이상적 모델로 제시한다. 그의 글은 오늘날 한국 사회의 많은 진보파들이 이상적으로 생각하는 한국 경제 질서에 대한 여러 대안적 비전 가운데 하나의 중심적 흐름을 대표한다고 할 수 있다. 저자는 자신의 주장이 진보적 경제 비전이고, 또한 과거 진보적 정부가 취했거나 시도했던 정책 방향이고, 앞으로 집권할 기회가 있다면 이를 정책 방향으로 추구해야 한다는 점에 대해 의심하지 않는다. 그는 자신의 당파성을 주저함이 없이 천명하면서 보수 정부들의 사적 이윤 추구를 실현하는 시장만능주의와 성장 지상주의의 이념과 경제 정책 방향을 비판적으로 말하고 있다. 저자는 공공영역의 빈곤이야말로 한국 자본주의가 안고 있는 핵심적 문제라고 이해한다. 진단이 그러하다면 처방은 공공영역을 확대 발전시키는 것이다. 20세기 중반 주류 자본주의 이론에 대한 비판 이론으로서 큰 영향력을 가졌던 갤브레이스, 스웨덴의 복지사회학자 에스핑-안데르센, 그리고 최근의 '자본주의 다양성' 이론들이 그의 관점을 구성하는 이론적 자원들이다. 글의 중심 내용은, 복지, 교육, 주택, 의료, 교통의 다섯 주제를 사례로 한국 자본주의에서 공공영역의 빈곤상을 여러 국제 비교의 통계 자료를 동원하면서 보여 주는 것이다. 요컨대 한국은 공공영역이 협소하고 경제적, 사회적 불평등이 심각한 복지 후진국의 오명을 벗어나기 어렵다. 저자는 사회주의나 다른 어떤 생산 체제를 이상적으로 생각하면서 자본주의 그 자체를 비판하는 것이 아니라는 점을 강조한다. 즉 그가 비판의 대상으로 삼는 것은, 극단적 시장만능주의가 지배하는 자본주의 국가이다. 왜냐하면 그것은 인간의 유대와 공동체를 해체하고, 상품화를 통한 극단의 개인주의와 소비주의를 조장하면서 인간성과 인간의 삶의 모습을 바꾸어 놓기 때문이다.

박상훈 후마니타스 대표의 「다원 민주주의와 정치 규범」은 문제의 성격과 수준이 어느 정도 서로 다른 두 주제를 결합한 글이다. 하나는 정치의 본질을 말하고, 이러한 정치를 행위 하는 이념형으로서 정치적 인간 내지 정치가의 어떤 특징적 측면들을 중심으로 한 정치 철학적인 주제를 다룬 것이고, 다른 하나는 현대 민주주의의 성격과 그 환경에서 발생하는 정치의 어떤 바람직한 유형을 발견하고 그것을 대안으로 제시하는, 훨씬 더 경험적인 정치 이론과 현실에서의 정치 문제를 다루고 있는 부분이다. 정치의 본질과 정치적 인간을 말하는 첫 번째 부분은 정치에 내장된 딜레마를 중심으로 주장을 편다. 다수의 시민이 하나의 사회를 구성하고 공동 생활을 영위할 때 공적 사안에 대한 또는 공공선을 위한 집합적 결정은 필수적이다. 그리고 그 결정은 법 또는 정책의 형태로 모든 시민에게 영향을 미치는데, 그 집합적 결정 또는 '비결정'의 결과는 개인 또는 집단에게 언제나 불균등하게 영향을 미친다. 정책 산출의 효과 면에서 그것은 불만의 원천이다. 다른 측면에서 누가 통치하고, 누가 결정하고, 누구의 어떤 의견이 영향을 미쳐 법이 결정되느냐 하는 영향력의 투입의 형태와 내용 또한 불만의 원천이 된다. 어찌 됐든 정치는 원천적으로 불만을 창출한다. 그래서 정치를 내던져 버리고 정치 없는 공동체를 만들고 싶을지 모르지만, 집합적 결정 없이는, 즉 정치 없이는 사회를 유지할 수 없다. 그것은 정치라는 현상의 근원적 딜레마이다. 저자는 이 문제를 설명하기 위해 철학적 인간과 정치적 인간을 대립시킨다. 철학적 인간의 패러다임 사례가 플라톤에 의해 제시된다면, 정치적 인간의 다른 극은 마키아벨리, 베버에 의해 대표될 수 있다. 사실 이러한 두 이념형적 인간의 대비는, 저자 자신의 현실주의적 정치관을 말하기 위한 개념적 장치로서, 저자는 정치적 인간을 통해 자신의 정치관을 피력한다. 그러나 이 두 이념형의 대비는 정치적 인간을 통해 저자 자신의 현실주의적 정치관을 대변토록 하는 것도 있겠지만, 그에 못지않게 철학적 인간을 통해 현실주의적 정치관만으로는 충분치 않은 측면을 볼 수 있도록 함으로써 정치에 대한 이해를 크게 확장한다. 정치적 인간이 행위 하는 현실 정치의 영역은 플라톤이 설계하는 현실 초월적인 이상 사회가 아니라, 정치는 (카리스마적 지도자가 중심이 되는 경우라 하더라도) 대중이 만드는 것이기 때문에, 대중의 여론 또는 의견들이 각축하는 세계이다. 그리고 정치적 실천의 인과 관계가 언제나 변할 수 있고, 예측할 수 없는 세계이다. 여기에서 정치의 과업은 두 가지로 나타난다. 하나는 어떻게 대중의 의견들로부터 공론장을 통해 공익에 부응하는 이성적인 의견을 끌어낼 수 있느냐 하는 것이다. 다른 하나는 어떻게 좋은 정치인과 리더십을 교육하고 조직하느냐 하는 문제이다. 여기에 정치를 복잡하게 만드는 또 다른 측면이 추가된다. 그것은 정치와 정치가 아닌 것, 공적 영역과 사적 영역 사이의 경계에 관한 것이다. 정치의 결과는 사적 영역을 포괄하여 전체 정치 사회에 영향을 미치지만, 공적 영역의 중심에 있는 정치 영역은 사적 영역보다 훨씬 좁다. 건전한 정치는 개인적이든, 사회 집단의 형태이든 사적 영역이 일정하게 자율성을 가질 때 건강하게 작동할 수 있다. 정치가 사적 영역과 확실하게 구별되는 것은 현대 자유주의의 결과물이라는 것이고, 현대의 대의 제민주의도 그러한 이념적, 이론적 가치 위에 기초하고 있다. 글의 두 번째 부분에서 저자는 좋은 현실 정치를 위한 대안들을 제시한다. 여기에서 저자는 평범한 보통의 시민이 효능을 갖는 정치를 강조하면서 시민의 공공적 역할과 시민적 덕을 강조하는 "깨어 있는 시민"론을 부정하고, 사회의 다원적 기초에 기반을 둔 시민 권력의 조직체로서의 정당의 역할을 결론적으로 강조한다.

이재현 교수의 「SNS와 소셜리티의 위기」는 SNS를 사례로 하여 정보 통신 기술 발전이 가져온 새로운 형태의 의사소통 수단이 어떻게 인간의 소통과 사회적 관계를 변화시키는가를 살펴보고 있다. 저자는 실제 삶의 현실 세계에서 일어나는 의사소통을 통한 "사회적 교호"가 새로운 정보 매체의 네트워크에 의해 탈구되고 재설정되면서 가상의 사회성이 창출되는 과정을 보여 준다. 그것은 정보 기술에 의해 만들어진 일종의 가상의 현실이자 허상이다. 실제의 사회성과 분리되고 새로운 기술 매체를 통해 조직된 가공의 사회적 교호가 인간 본연의 사회성을 근원적으로 동요시키면서 위기로 몰아넣고 있는 것이다. 뉴미디어의 발전은 의사소통 매체 기술의 발전의 결과로서, 사회적 의사소통을 촉매하고, 그렇지 않으면 가능하지 않았을 이성적 공론장을 활성화하고, 그것을 통해 정치 참여를 확대하고, 그 질적 수준을 높이는 순기능적 결과를 가져오는 것이 아니다. 오히려 그와는 반대로 저자가 말하듯이 SNS와 같은 새로운 의사소통 매체에 의한 사회적 교호의 "식민화"라고 한다면 그것은 차라리 정보 기술 발전이 가져온 일종의 디스토피아에 가까운 어떤 것으로 볼 수 있을지 모른다. 그것은 하버마스가 말하는 "이상적 담론의 교호 상황", 즉 공중이 각기의 다른 삶의 조건과 사회적 기반에서도 이성적 공론장을 형성하고 그곳에서의 심의를 통해 여러 중요한 공적 이슈들에 대해 공공선에 부응하는 합리적인 합의에 이를 수 있다는 가정과는 거리가 멀기 때문이다. 이성적 공론장의 원형이라 할 고대 아테네에서의 아고라로부터 현대 민주주의에 이르기까지 이성적 심의를 가능케 하는 공론장에 대한 전제 자체가 유지될 수 있는가에 대한 심각한 질문이 제기될 수 있다. 앞에서 우리는 김우창 교수의 「객관성, 가치와 정신」을 통해 내면적 윤리가 원래의 정신을 상실하고 체제의 재생산을 위해 요구되는 지배적 정신으로 변용되어 범용스러운 억압적 기능을 하게 되는 패러독스를 살펴본 바 있다. 이재현 교수가 말하는 뉴미디어의 사회적 기능은 자본주의에 있어 윤리-정신 간의 변용이라는 문제에 비교될 수 있을지 모른다. 많은 사람들이 뉴미디어가 사적 영역에서 사적 관심사에 갇혀 있던 시민들을 공론장으로 끌어내고, 이성적 공론장을 확대하여 한국 사회의 이념 갈등을 완화하고, 시민적 참여를 활성화하여 민주주의를 강화할 수 있다는 낙관적인 기대를 품은 바 있었다. 그러나 저자의 글을 통해 보게 되는 소셜 미디어의 역할은, 이성적 공론장의 위기를 말하게 되는 하나의 원천으로 나타난다.

문화의 안과 밖 자문위원 척장집

차례

객관성,
가치와 정신

문화의 안과 밖

김우창

고려대학교 명예교수

요약

한스 카로사의 시 「해 지는 땅의 비가」[1]는 전쟁으로 인하여 폐허가 된 독일의 참상을 이야기하면서 모든 외면적인 것이 파괴된 만큼, 정통적 독일 사회를 지키고 새로운 사회를 만드는 데 필요한 정신적 조건을 그려 보고자 한다. 거기에서 원형이 되는 것은 어린 시절의 기억에 보존된, 자연과 주택과 도서관과 사원이고 서재에서 여러 전통의 책을 읽어 생각하는 사람이 되는 사람들의 모습이다. 무너진 독일의 부흥을 위하여 교통과 통신, 그리고 문명의 이기, 무기의 발달이 말해진다. 그러나 카로사는 여기에 대하여 깊은 회의를 표한다. 그에게 핵심은 정신적 체험의 부활이다. 그리하여 삶의 일체를 알고 느끼는 것이다. 이 시는 그것을 잠의 여신으로 집약한다. 대리석에 새겨진 잠의 여신은 삶과 죽음, 낮과 밤, 지구와 별들을 포괄한다. 밤의 진리는 언어로 말해질 수 있는 것이 아니다. 그것을 의미화할 수 있다면, 그것은 침묵과 음악으로만 가능하다. 다른 한편으로 이러한 우주적인 각성과 긍정에 기초하여 나무와 화초를 기르는 것이 부활의 방법이다. 쓰레기 더미에 버려진 해바라기를 정성껏 길러 내는 노(老)정원사의 모습이 그것을 대표한다. 꽃은 죽어도 그 의미는 영원하다. 그것이 예감이 되어 새로운 문명이 태어날 수 있다. 숨어서 보존되었던

객관성, 가치와 정신

영혼이, 파괴되었던 것들을 되찾고, 예로부터의 힘을 다시 찾는다면, 어둠의 세월도 견딜 만한 것이 될 것이다.

　카로사의 시는 인간적 문명을 유지하는 요인들을 나열한다. 기억의 보존, 어린 시절의 삶, 풀과 나무의 환경, 예로부터의 지혜의 학습, 밤과 낮, 죽음과 삶의 순환 등을 포함하는 구체적 사실들이 유기적 공동체의 기반이 된다. 이러한 문명을 떠받치는 것은 마음에 느끼고, 하늘에 새겨지고, 마음에 감추고 있다가 내어놓는 영혼의 빛이다.

　카로사의 시에 이야기된 공동체는 나치즘과 산업 문명의 반면 이미지로 이야기된 것이다. 그러나 적어도 과학 문명이 불가피한 역사의 진로를 나타낸다고 할 때, 문제는 그것을 포용하면서 인간적 공동체를 어떻게 유지할 것인가 하는 것이다. 정신의 세계로 간단히 돌아가는 것은 불가능하다. 과학적 이성만이 세계를 일관성 있게 설명할 수 있다. 막스 베버는 합리적 정신의 진전이 그 이전의 믿음, 숭고한 가치의 세계로 돌아가는 것을 불가능하게 하였다고 진단한 바 있다. 새로운 합리적 문명에서 중심에 있는 것은 과학이고 학문이다. 그 사명은 사실과 사실의 연계를 객관적으로 분석해 내는 것이다. 그러나 과학의 진리도 정신적 결단으로부터 분리하여 존재할 수 없다. 과학적 명제는 선택된 가치에 연관되어 있다. 모순은 이 가치가 논리적으로 시비될 수 없다는 것이다. 그러나 가치는 인간의 정신에서 나온다. 이 정신의 뒷받침이 있어서 과학도 그 참다운 객관성을 유지할 수 있다. 사실적 탐구에서 사실 전체를 밝게 되면, 행동자는 실용적 결정을 내려야 한다. 거기에는 저절로 도덕적, 윤리적 선택이 작용한다. 사람은 정신의 궁극적인 가치에 대한 본능적인 감성을 마음 깊이 가지고 있다. 그러나 이에 대한 이론적 설명의 시도는 대체로 편협한 광신적인 가르침에 귀착한다.

그리하여 조심스러움이 필요하다. 그런데 광신적인 믿음에 몸을 맡기지 않으면서도 근원적인 윤리 의식을 갖고 인간적인 정신의 깊이를 의식한다는 것은 불확실성으로 문을 연다는 것이고 그에 직면하면서 스스로 실존적 결단을 수행해야 한다는 것을 말한다. 그렇게 하여 사람은 자신의 삶을 새삼스럽게 그 전체적인 테두리 속에서 이해한다. 그리고 우주적인 관점에서 스스로의 왜소함을 깨닫고 그 깨달음 속에서 삶에 대하여 일정한 결정을 내린다. 그런데 이것은 대체로 시대의 정신적 사명을 자신의 것으로 현실화하는 행위가 된다. 그러면서 그것은 시대를 넘어가는 것이기도 하다. 이러한 복합적인 성찰에 기초한 개인적 결단은 서양 중세의 기사, 루터, 간디와 같은 인물에서 볼 수 있다. 이들이 표현하고 있는 것은 삶을 드높게 살고자 하는 실존의 진실이다.

그러나 중요한 것은 조화된 삶을 약속할 수 있는 문화를 건설하는 것이다. 여기에서 삶의 구조의 기초를 이루는 것은 노동과 경제 그리고 정치이고, 이에 보다 분명한 형상을 부여하려는 것은 학문적 연구, 과학, 문학, 철학, 예술의 활동이다. 이것이 사람이 사는 공간을 조금 더 투명하게 유연하게 창조적이게 하고 그것을 평화롭고 규범적인 질서 속에 지속할 수 있게 한다. 문화는 이러한 공간의 전체이다. 그것은 다양한 삶의 요인들을 하나의 질서로 종합하는 전체성이다.

그것은 개인적으로나 사회적으로나 사람으로 하여금 삶의 의미를 느낄 수 있게 하는 매개체이다. 그런데 서로 다른 사람들의 서로

객관성, 가치와 정신

다른 기획들이 어떻게 조화될 수 있는가? 삶의 활동은, 그것이 무엇이든지 간에, 목적을 지향한다. 그러나 동시에 그에 이르는 과정이다. 목적을 향하여 나아가는 과정은 그 자체로 목적이 될 수 있다. 여기에 중요한 작용을 하는 것이 심미적 요소이다. 실용성을 목적으로 하는 물건의 제작도 그 자체로 흥미로운 것이 될 수 있다. 이것은 생산품이 실용성만이 아니라 미적인 완성감을 줄 때이다. 이것은 현대 기술 생산의 과정에서보다도 장인들의 공정과 산품에서 볼 수 있다. 정치는 목적 있는 행동이면서 집단 공연의 성격을 갖는다. 이것은 사람들의 일상적 만남의 사건에서도 마찬가지이다. 그러한 과정의 목적화를 통하여 많은 인간의 작업은 자기 충족적인(autotelic) 업적이 된다. 그러면서 심미적 관조의 감동과 정지는 여러 업적들을 하나로 통합할 가능성을 연다. 그 원리는 심미적 이성이다. 그러나 그것은 반드시 의식되는 통합의 운동으로 표현되지는 아니한다. 하나하나의 작업이 자기 충족적인 것이면서 동시에 전체를 이루는 것이 이상적인 문화이다.

그러나 현실로 착각된 이상은 자기만족 속에서 보다 넓은 존재론적 진리를 벗어나는 것이 될 수 있다. 그리하여 현실의 구체적 요구를 등한히 하고, 정신의 보다 초월적인 동기 곧 생명의 구체적인 현실을 포함하면서 그것을 넘어가는 진실에 충실할 수 있게 하는 정신 또는 영혼을 잃어버린다. 그리고 이것은 문화의 인간적 의미를 타락하게 한다. 모든 문화의 외적 표현에 안정과 자기 갱신의 힘을 주는 것은 그러한 과정과 함께 있으면서 그것을 넘어서 있는, 인간의 존재론적 솟구침이고 그것을 촉구하는 정신의 작용이다.

1 내면의 빛 — 카로사의 시 「서양의 비가」

1 서론

전쟁과 독일 현대시 최근에 독일 시의 사화집(詞華集)에서 제2차 세계 대전 중과 후의 시들을 조금 읽게 되었다. 루돌프 알렉산더 슈뢰더, 게오르크 트라클 등의 시는 생각했던 것보다 더 절망적인 심정을 많이 표현하고 있었다. 한스 카로사(Hans Carossa)가 1943년에 — 히틀러 치하의 독일에서는 출판하기가 어려워 — 스위스에서 발표한 시 「서양의 비가(Abendländische Elegie)」는 그러한 심정을 표현한 시 가운데 대표적인 것인데, 그 배경이 지금의 우리 상황과 전혀 다른 것이기는 하지만, 사회와 문화의 존재 방식에 대하여 시사하는 바가 있다고 느껴졌다. 이러한 관점에서 이 시를 여기에서 읽어 볼까 한다.

인간의 환경/고향/내면의 원리 이 시의 소재는 2차 대전이다. 따라서 시가 전쟁의 참상을 말하는 것은 당연하다고 하겠지만, 그러는 사이에 시인의 생각은 그 원인에 미치고, 더 나아가 전쟁을 넘어 문명화된 공동체의 이상이 무엇이어야 하는가에 대한 통찰에 이르게 된다. 주목하고자 하는 것은 주로 이 마지막의 주제이다. 시인의 추억 속에서 회상되는 고향은 반드시 이상향은 아니다. 그러나 어린 시절은 그리운 곳으로 그려진다. 그러나 바로 그런 이유로 하여 시인이 그리워하는 추억의 고장은 그리워할 만한 곳으로 절실한 느낌을 준다. 그리움은 이상향의 한 시제(試劑)이다. 그러나 현실적 내용이 거기에 없는 것은 아니다. 시인이 생각하는 것은 하나의 조화된 공동체인데,

그곳은 자연과 문명 그리고 시로서만 환기될 수 있는 우주 전체의 느낌이 일체적으로 느껴지는 곳이다. 중요한 점의 하나는, 그것이 어떤 추상적인 이념으로 공식화되어 말해진 것은 아니면서도, 이러한 고장을 뒷받침하는 데에는 정신적 중심이 존재해야 한다는 직관이다. 도덕적인 기초 또는 더 넓게 말하여 내면의 깊이에 이어지지 않고는 조화된 사회 공동체가 성립하기 어렵고 참다운 모습의 인간적 삶이 실현되기 어렵다는 사실을 생각하게 한다.(다만 이 도덕은 어떤 공식이나 독단을 넘어간다. 그리하여 그것은 시적으로 시사될 수 있을 뿐이다. 그러면서 할 일과, 해서는 아니 될 일에 대하여 한계를 긋게 된다.)

사람이 만드는 환경/조화된 문화　사르트르의 인간 존재에 대한 실존주의적 설명에서 중요한 점의 하나는 사람은 상황적 존재라는 것이다. 사람의 지적 인식이나 행동을 결정하는 것은 언제나 상황이다. 물론 사람이 자유로운 개인일 수 있다는 것도 부정할 수는 없지만, 그 자유는 상황과의 관계를 통해서 획득된다. 그러나 무엇보다도 중요한 것은 자유로운 행동의 가능성을 얻은 만큼 그것으로 만들어지는 새로운 상황에 대한 책임이다. 이러한 상황의 철학을 떠나서도, 환경과의 상호작용 관계가 사람의 모든 것을 결정한다는 것은 일반적으로 시인할 수밖에 없다. 그러면서 환경의 많은 것은 인간 스스로가 만들어 낸 것이다. 그 가장 중요한 부분은 삶을 위한 노동이고 그것이 연관된 사회관계와 그 조직이다. 이러한 것들은, 적어도 이상적으로는, 모두 하나의 조화된 이념, 주제, 이미지 또는 그것들의 변주로서 파악될 만 한 것이다. 이것들은 또한 창조적인 이미지 그리고 물리적 건조물들로 표현되고 그것에 의하여 매개된다. 이러한 것들의 통합된 전체가 이상적으로 말하여 문화 곧 조화를 이룬 문화이다. 구체(球體)는 여러 전통에서 이상을 나타내는 형상인데, 말하자면 하는 일과 하지 않은 일과 해야 될 일이 적절한 한계 속에서 둥그런 전체를 이루게 되는 것이다.

인간 너머의 자연 더 보탠다면, 인간의 이념과 창조물을 넘어 삶의 가장 큰 환경적 조건은 자연이다. 자연도, 적어도 사람의 관점에서는, 사람과의 관계 속에서 정의되는 것으로 존재한다. 사람이 침범하지 못하는 또는 침범하지 않는 자연, 영어로 wilderness라고 표현하는 자연이 있지만, 그것도 그렇다고, 그래야 한다고, 인정하는 조건하에서 그러한 자연으로 존재하는 것이 오늘의 실상이다. 그리하여 상징적으로 말하여 자연은 사람이 만들어 놓은 건조물 사이에 편입된 자연, 정원이나 공원과 같은 것으로 가장 적절하게 표현된다.

내면/욕망/우주적 일치 이러한 것들이 사람의 삶의 전체 환경을 이루는데, 사람의 삶의 조건으로서 가장 중요한 것은 그 환경이 인간의 내면의 요구에 합당한 것이라야 한다는 것이다. 그것이 환경 전체를 하나의 조화된 공간이 되게 한다. 그렇다고 이 공간이 인간의 욕망을 그대로 표현한다는 말은 아니다. 욕망 자체도 주어진 것이기도 하면서 환경적으로 형성되고 또 적절한 형성을 통해서 스스로의 참모습을 얻게 된다. 인간의 내면은 환경에 반응하는 주체적 원리이다. 단순화하면 그것은 생존의 본능이라고 할 수도 있다. 이것이 주어진 상황과의 관계에서 사람을 움직이는 동력일 수 있다. 그러나 안으로부터 솟구쳐 나오는 충동만이 사람의 내면의 전부가 되는 것은 아니다. 침범이 없는 자연, 그것을 허용하지 않는 자연의 존재는 바로 인간의

객관성, 가치와 정신

내면적 요구에 대응하는 것이기도 하다. 사람의 내면에는 그러한 것에 대한 갈망이 있다. 이 뚜렷하지 않는 갈망과 같은 것은 내면의 요구가 단순히 생명 보존의 본능, 인간 중심의 공리적 계산에 일치하지 않는다는 것을 증거해 준다. 자연 또는 인간의 외면에 있는 세계의 의미는 공리적 동기를 넘어서 보다 깊은 심미적 자기실현의 요구, 초월적 정신의 암시 또는 여러 가지 어려운 상황에서도 스스로의 도덕적 중심을 보전코자 하는 의지에 관계된다고 할 수도 있다. 그것은 기이하게 인간을 넘어가는 우주 공간과의 관계를 통해서 확인된다. 사람의 내면과 그 문명적 표현을 생각하는 것은 이러한 모든 것의 관계를 생각하는 일이다.

인간/문화/초자연의 자연/정신의 불빛　앞서 말한 카로사의 시가 느끼게 하는 것은 사람이 스스로 만든 문화적 환경과 그것을 넘어가는 자연과, 그리고 그것이 시사하는 어떤 정신적 원리에 의하여 정의되는 존재라는 암시이다. 이 정신의 원리는 카로사가 그리는 것이 문화적 환경이 완전히 파괴된 공간이기에 더욱 분명하게 확인된다. 그것은 문화의 외면을 넘어서 존재한다. 그러면서 그것의 참의미는 문화의 외면이 그것으로 지탱된다는 데에 있다. 이미 말한 바와 같이, 카로사의 시가 묘사하고 있는 것은 전쟁으로 인하여 완전히 폐허가 된 건물들과 길거리와 생활의 참상이다. 시의 제목은, 다시 말하건대 '서양의 비가'이다. 서양은 독일어에서 원래부터 '저녁의 땅'이라는 뜻을 가지고 있기 때문에 '석양(夕陽)'이 암시하는바 조금 불길한 뜻을 가질 수 있는데, 이 제목은 20세기 초에 출판되어 한때 큰 예언서처럼 생각되었던, 오스발트 슈펭글러의 『서양의 몰락(*Der Untergang* *des Abendlandes)*』을 연상하게 한다. 시의 첫 부분은 예언자들이 이 몰락을 예언했다는 것을 언급하고 있는데, 이러한 몰락이 완전히 눈앞에 보이게 된 것이 폭격으로 파괴된 독일 도시의 모습들이다. 그러나 카로사가 시사하는 몰락이 사회의 기간 시설이 완전히 파괴되었다는 것만을 말하는 것이 아님은 물론이다. 시에서 중요한 이미지의 하나는 몇 번에 걸쳐 언급되는 불빛이다. 불빛의 의미가 분명하다고 할 수는 없지만, 그것은 막연하게나마 정신의 중심을 나타내는 것으로 생각된다. 이 불빛은 문명 전체를 밝히는 것이면서 동시에 사람의 마음 깊이 들어 있는 또는 감추어져 있는 정신의 힘이다. 그것은 문명의 외적인 표현을 밝히는 것이기도 하지만, 어떠한 시대에나 감추어진 모습으로라도 지속되는 정신의 불빛이다. 카로사는 별로 길다고 할 수 없는 이 시에서 전쟁의 황폐함 속에서 독일 그리고 서양의 문명을 일으켰던 그리고 그것을 지탱했던 불이 꺼졌다고 느끼고, 그것을 다시 살릴 수 있는 방도에 대하여 우수 어린 명상에 잠긴다.

문명과 정신 문명과 정신의 관계는 두 가지로 생각할 수 있다. 하나는 정신의 쇠퇴 또는 소멸이 문명의 몰락 그리고 그 외적인 표현을 가져온다는 것이고, 다른 하나는 문명과 그 물질적 표현의 몰락 또는 타락이 정신의 상실을 가져온다는 것이다. 후자의 경우, 사람의 정신은 끈질긴 것이면서도 연약한 것이기 때문에, 물질적 사회 표현의 약화는 바로 정신이 소멸하게 되는 원인이 된다. 카로사에게 서양의 몰락, 그 정신의 몰락을 생각하게 하는 것은 파괴된 건물, 문명의 업적으로서의 도시와 도시 건조물들의 파괴이다. 카로사가 사람의 내면에 존재하는 정신의 불꽃이 꺼졌다고 느낀 것은 그것의 외면적 표현

객관성, 가치와 정신

이 파괴된 것과 밀접한 관계가 있다. 그러나 보다 긴 안목으로 볼 때, 그러한 파괴를 가져온 것 자체가 정신의 불꽃이 꺼진 데에서 시작되었다고 할 수 있다. 인간의 삶의 안과 밖은 유기적인 일체를 이룬다. 내면의 약화가 외면의 쇠퇴 또는 파괴를 가져오고, 외면의 파괴 즉 그 문화적 표현의 물질적 업적들의 소멸이 내면의 소멸을 가져온다고 생각할 수 있다.

문명의 존재 방식 그것이 어찌 되었든, 2차 대전 또는 두 번의 세계 대전, 냉전의 부정적인 효과 등에도 불구하고 유럽 그리고 독일은 세계에서도 가장 뚜렷하게 번영을 다시 누리게 된 지역이고 나라이다. 이것을 보면, 슈펭글러의 예언이나 카로사의 진단이 반드시 맞는 것이었다고 할 수는 없다. 그렇다고 전쟁의 파괴 속에서 그가 느꼈던 것이 완전히 설득력을 잃어버린 것은 아니다. 전쟁의 참담한 현실은 적어도 문명의 핵심을 드러내 보여 주는 계기가 되었다고 할 수 있다. 그리고 그것은 빈곤의 시기에서나 번영의 시기에서나 보이지 않는 인간의 삶의 핵, 촉매가 있다는 것을 깨닫게 했다. 세상의 종말에 이른 듯한 느낌에서 나온 카로사의 이러한 직관은 문명의 존재 방식에 대한 하나의 비전을 제시한다.

독일과 한국 현시점에서 우리의 상황을 전쟁 중 또는 전후 독일의 상황과 비슷하다고 할 수는 없다. 우리 사회는 역사상 어느 때보다도 큰 외면적 번영을 누리고 있다고 할 수 있다. 다만 그간의 역사적 시련은, 사실 물질적 파괴라는 점에서보다도 정신의 파괴라는 점에서는, 독일의 시련과 비슷하면서 그것을 능가한다고 할 수 있다. 그리고 지금에도 일정한 균형을 갖춘 사회 문화를 이룩하지 못하고 있다고 하는 것이 옳을 것이다. 경제적 성취에도 불구하고 많은 사람들이 반드시 그것만으로 삶의 보람을 느끼지 못한다는 것을 실감하게 하는 것이 우리 사회가 아닌가 한다. 흔히 지적되듯이 소위 행복 지수라는 관점에서 세계적으로 한국의 순위가 별로 높지 않은 것은 그 한 증표라고 할 수 있다. 물론 카로사의 정신의 불빛이 이 행복에 관계된다고 하더라도, 그것은 단순히 행복 지수로 헤아릴 수만은 없는 어떤 정신적 깊이를 나타내는 것이라고 할 것인데, 우리가 분명하게 느낄 수 있는 것은 보람 있는 삶이 물질만으로는 충족될 수 없다는 것이다. 물론 그와 동시에 마음속에 느끼는 보람은 그 외면적 표현 없이는 참으로 현실 속에 실현된 보람이 될 수 없다.(이것은 예술 작품이 매체에 표현됨이 없이 머릿속의 구상만으로 예술 작품이 될 수 없는 것과 같다.) 인간적 삶의 구체적 실현으로서의 문화나 문명은 전쟁의 파괴와 전체주의의 싹쓸이에 의하여 없어지기도 하지만, 그것을 지탱하는 정신의 빈곤 내지 소멸로 인하여 내면 폭발(implosion)을 겪을 수도 있다는 생각이 든다. 이러한 점에서 카로사의 시는 반드시 우리에게서 완전히 동떨어진 상황만을 말하고 있다고 할 수는 없다.

2 시 읽기

이러한 점을 생각하면서 카로사의 시를 조금 더 자세히 검토해 보기로 한다. 이 시를 역사의 관점에서는 물론 문학사의 관점에서 충분히 설명할 수 있는 준비가 되어 있는 것은 아니다. 그리고 시의 주제가 반드시 위에서 말한 문화에 대한 성찰이라고 할 수는 없다. 또 하나 조심스러운 것은 그의 시의 경험적 토대가 된 것이 전쟁의 참화

객관성, 가치와 정신

이기에, 우리의 사정 — 위태위태한 것이었기는 하지만 60년 이상의 평화가 있었던 우리의 사정과는 사뭇 다르다는 것이다. 그렇기는 하나 어떤 의미에서는 문화의 동력학은 근본적으로 같은 것이 아닌가한다. 시를 조금 더 자세히 읽으면, 유기적인 삶의 질서, 다시 말해 정신과 물질이 하나가 되어 있는 그러면서 서로 길항하고 있는 문화의 모양을 조금 더 실감할 수 있을 것이다.

서양의 몰락에 대한 예언/추억의 고향　시의 첫 부분은 참으로 서양이 몰락의 시점에 이르렀는가 하는 질문으로 시작한다. 그리고 예언자들이 그것을 이미 예언한 바 있다는 것을 말한다. 그리고 이에 덧붙여 카로사는 자신이 여기에 대하여 말하는 것은, 그가 예언자의 반열에 오를 수 있는 사람이기 때문이 아니라, 자기 나름으로 자신의 삶의 기억을 가지고 있는 사람이기 때문이라고 한다. 모든 사람은 각각다른 기억을 가지겠지만, 그런대로 그 기억은 하나의 조화된 삶을 상기하게 하는 것이라 할 수 있다. (대체로 개인의 기억은 없고 무의미하고, 종족의 기억 곧 개인 기억과는 관계없이 구성된 역사만이 의미 있다는 것이 인간에 대한 정치적 이해의 주류가 된다. 한국에 있어서 이것은 특히 그렇다. 개인의 기억이나 역사는 완전히 말소해도 상관이 없는 것이 우리의 도시 계획이다.)

　　　나는 그대의 숲에서 나이 들고,

　　　그대의 학교에서 가르치는 것을 배웠다.

　　　그런데 지금 나는 내 기억을 불러내어 다시 한 번 짐작하느니,

　　　초목이 아는 것, 창밖으로 보이는 해바라기가 아는 것,

우리가 살고 있는 곳이 하나의 별이라는 것을,

누가 이것을 잊게 하는가?

초침이 멈춘다면, 천년을 계획하는 것,

그것이 무슨 소용이 있는가.

　기억은 삶의 질서 의식에서 중요한 기능을 한다. 그것은 낯선 환경을 내면화하여 자신의 삶의 일부가 되게 한다. 카로사에게 기억은 시간적으로는 성장의 기억이고 공간적으로는 자연을 크게 하나로 포괄하는 일체성이다. 기억의 자연은 한편으로 꽃과 초목을 포함하고 다른 한편으로 우주적인 공간 곧 지구 전체와 그 환경에 대한 의식을 포함한다. 중요한 것은 이러한 것들이 알고 있는 것, 해석을 보태건대, 이것들이 나타내고 있는 유기적인 삶의 지혜를 체득(體得)하는 것이다. 그리고 이러한 시공간의 현재성을 깊이 아는 것이다. 기억은 모든 것들이 하나의 시간의 질서 속에 있다는 것을 알게 해 주기도 하지만, 그때그때 체험되는 현실로서만 존재한다는 것을 말해 준다. 천년의 계획을 반드시 폄하하는 것은 아니겠지만, 카로사는 인간의 삶은 오늘의 시간에 존재한다고 말한다. 이 현재가 없이는 삶은 있을 수 없다.(나치즘에서 '천년의 왕국(das tausendjährige Reich)'은 중요한 선전 모토였다.) 그러나 조용한 삶의 질서가 잊히고, 어둠 속에 가라앉게 된 것이 오늘의 시대이다.

　정신적 붕괴/파괴되는 건조물들 　그것은 어찌 된 까닭으로 인한 것인가? 그것은 "은총이 사라진 것 가운데에 빛을 찾았기"때문이고, "빠져나갈 길을 밝혀 줄 빛을" 잘못 찾은 때문이다.(카로사의 이 말은 시대의 환난을 일단 종교적인 기초가 무너진 것에 연결해서 해석하는 것으로 들을 수 있지만, 그것은 조금 더 일반적인 뜻을 가진 것으로 읽을 수도 있는 것이 아닌가 한다. 기독교적인 해석을 떠나서도 주어진 자연에 대한 감사의 뜻이 없는 인간 중심의 생각을 "은총이 사라진 것"에서 구원을 찾는 것이라 했다고 할 수 있다.) 카로사는 말한다. 잘못된 곳에서 찾은 불빛으로 하여, 복수의 신들이 풀려나오고, 탑이 무너지고 도시가 잿더미가 되었다. 옛날에는 "봄이면, 사원에서 아이들은/ 볼에 스치는 정신의 바람으로/ 보이지 않는 존재를 깨달았다." 그러한 옛 사원이 아직도 서 있다면, 그것은 적군이 눈을 감았기 때문일 것이다. 모든 것이 잿더미가 된 터에 어떤 옛 사원이 서 있다면, 그것은 순전히 우연한 일이라는 말이다. 이제 "평형을 헤치고 나온 용"이 하늘을 날고 모든 것이 무너지고, 요람과 무덤이 다 같이 땅에 묻히게 될 것이다. 카로사의 파괴의 묘사는 이렇게 계속된다. 불 밝혀 손님을 영접하던 공원 근처의 집도 사라지고, 생각하는 사람이 책을 읽고 여러 나라에서 온 글들의 지혜를 배우고 모두가 진리를 찾던 도서관도 사라져 버렸다. 오로지 폐허가 그 자리에 남을 뿐이다.

불행의 일상화/갈등　옛 삶의 자취가 파괴되고 모든 것이 부정되는 곳에서 사람들이 길을 잃고 헤매는 것은 당연하다. 그러면 어떻게 해야 하는가? 도망갈 수도 없지만, 증오를 맹서해도 해결될 수 있는 일이 아니다.

　　(이제) 불행한 사람들은 무서운 일들에 익숙해진다.
　　이제 곧 그들의 사랑의 촛불은 꺼지고

한 사람이 말하면, 다른 사람은 그것이 틀렸다 한다.

아직도 빛을 가지고 있는 사람은 그것을 숨겨야 한다.

(빛을 가지고 있는 사람은 그것을 숨겨야 한다! 이것은 우리 정치 투쟁의 역사에서 자신이 착한 사람이 아니라고 주장한 정치 지도자를 생각하게 한다.) 빛을 숨겨야 한다는 것은 그것이 오히려 유해한 일이라는 말인가? 물론 그것은 어둠이 지배하는 시대에 있어서 위험스러운 일일는지 모른다. 그러나 시인이 말하고자 하는 것은 좋은 빛이 너무 쉽게 빈 장식에 불과하게 된다는 사실일 것이다. 빛을 이야기하는 좋은 말이 공허한 이념이 되고 구호가 되고 마는 것은 우리도 너무 자주 보는 일이다.

올리브 나무/금방/성장　　빛이 아직도 존재한다면 그것은 감추는 것이 좋겠다고 한 다음에 시인은 자신의 삶의 여러 층을 벗겨 내고 옛 추억을 되살려야겠다고 말한다. 그것은 아마 추상적인 것보다는 구체적인 체험으로 말하는 것이 좋겠다는 뜻일 것이다. 그 체험은 다시 한 번 어린 시절의 추억인데, 그것은 자신이 겪은 것이기도 하고 또 구체적인 사물과 장면으로 기억되는 것이기도 하다. 중요한 것은 성장하고 있었다는 사실이다. 그것은 그가 의식화될 필요도 없는 유기적인 삶의 진화 속에 있었다는 것을 말한다. 또 말하는 것은 그와 비슷하게 생명의 과정 속에 있었던 것들 곧 언덕 위의 올리브 나무 숲, 어두운 정원의 숨 쉬는 듯한 균꽃 등이다. 그러한 식물들의 세계에서 멀지 않던 옛날의 삶은 오래된 다리 위의 금세공업 상점, 바람이 스쳐 가는 성벽, 계단, 예로부터의 지혜가 흐르는 듯한 분수를 포함한다.

　　　　　　　　　　　　　　　　　객관성, 가치와 정신

밤의 여신/낮과 밤/죽음과 삶 ── 긴 순환의 삶 추억의 삶을 감싸고 있었던 하나의 원리가 있다. 그것은 자연의 원리이기도 하고 정신과 감성의 원리이기도 하다. 그것은 말로써 표현될 수 있는 것이 아니다. 모든 것을 감싸는 상징적 존재는 밤의 여신이다. 흰 돌에 새겨진 잠들어 있는 밤의 여신은 "모든 우리들의 날들의 어머니이고/ 그 곁을 수백 년이 스쳐 지난다." 여신은 "우리의 유산"이기도 하고, 사랑을 통하여 하늘을 찾게 하는 존재이기도 하다. 또 서로 반대되고 모순된 것을 하나가 되게 하는 것이 밤의 여신이다. 밤의 여신은 시간의 유구함을 기억하게 한다. 그 유구한 지속 안에서 삶과 죽음, 영고성쇠(榮枯盛衰)를 거치는 것이 사람의 역사이다. 여신을 새긴 석상에서 죽음의 창백함과 삶의 빛은 하나가 된다. 여신의 머리는 죽은 젊은이의 관(棺) 위에서 편히 쉬고, 그 위로 달과 별이 비치고, 그 눈에는 눈물이 빛난다. 여신의 주변에는 양귀비가 자라고 마법의 새가 눈을 뜨고 있다. 이러한 것들을 다스리는 꿈의 신은 몽환(夢幻)의 탈을 쓰고 있으면서 정적을 요구한다. 음악으로 변용될 수 있는 것이 아니면 언어는 이러한 잠의 정적을 흔들지 못한다.

언어와 음악 삶과 죽음을 아우르는 어머니로서의 밤을 향하여, 우주의 원리 그리고 그것을 흰 돌에 새겼던 문명의 원리로서의 어머니에게는 어떻게 말을 건넬 수가 있는가? 그리고 사랑의 울림을 깨어나게 할 수 있는가? 카로사가 음악만이 그러한 언어가 될 수 있다고 하는 것은 현실의 예술적 고양만이 현실의 깊이에 이르는 언어가 될 수 있다는 뜻으로 생각할 수 있다.

과학 기술의 발전/내면의 소리 그와 달리 새로운 길을 닦고, 다리를 세우고, 날아다닐 수 있는 배를 만들고, 보다 효과적인 무기를 만들고, 진실이든 거짓이든 상관치 않고 공중으로 송신하는 기계를 만들고 하는 것이 밤의 여신에게 말을 건네는 방법이 될 수 있을까? 오늘의 세계에서 진실의 언어가 과연 지속될 수 있을까? 한 마디의 말이 옳다고 주장되어도, 그것은 곧 다른 말에 의하여 대치될 것이다. 우리가 궁리하고 만들어 내는 명제는 얼마나 오래 타당성이 있을 것인가? 이 모든 것은 밤의 여신의 깊이에 이르는 것일 수 없다. 이러한 말들이 아니라, 모든 것은 "그것을 고귀하게 하고 확실하게 할/ 내면으로부터의 가르침을 기다리고 있는 것이 아닌가?"

진실/내면의 소리/슬픔 그러나 내면의 소리는 쉽게 말로 표현되지 않는다. 진실한 말은 오랫동안 마음속에서 자라 나와야 한다. 마음으로부터의 느낌이 없는 말은 진실의 거죽을 스쳐 가는 수사일 뿐이다. 마음의 공백을 위하여 개인으로든 집단으로든 열광을 쫓는 일도 바른 지혜의 길이 아니다. 카로사는 말한다. "그것을(내면으로부터의 가르침을) 이렇다 저렇다 말하는 것은 깊고 넓은 그 정신을 손상하는 것이다." 해야 할 일은 밤의 여신의 말 없는 슬픔의 모습에서 배우는 일이다.

> 밤은 아름다움과 아픔이 가득한 모습으로 침묵하고
> 우리는 밤의 여신으로부터 슬픔을 배우고자 한다.
> 위로를 멀리하고 오래 견디며 슬퍼하는 것을.
> 거기에서 생각은 크게 헤매지 않고 여신을 위하여
> 인간의 모든 고뇌보다 오래된

객관성, 가치와 정신

단순한 표지를 남길 것이다.

단순한 증표/식물 재배 이 표지는 어떤 것인가? 카로사의 생각으로는 식물이고 그것은 식물을 가꾸는 노동에 들어 있다. 옛 희랍에서 '성스러운 선물'로 생각했던 것은 아테네 여신의 올리브기름이고, 승리자에게 주는 보상은 싱싱한 종려나무의 가지였다. 그러한 모범을 따라 지금 할 수 있는 것은 잠들어 있는 밤의 여신에게 꽃을, 해바라기 꽃을 바치는 것이다. 이 시점에서 그러한 꽃은 찾을 수 없을는지 모른다. 그러나 그것은 버려진 쓰레기에서 가꾸어 낼 수 있다. 어느 늙은 정원사는 낯모르는 사람이 울타리 너머로 던진 작은 나무, 잎사귀는 벌레가 먹고 뿌리도 시들어 버려 쓰레기 더미에 던지려던 그러한 나무를 살려 내어 가꾸었다. 그리하여 어느 아침에 그것은 몰라볼 수 없게 아름다운 식물로 자라났다.

> (그리하여) 줄기는 빛을 향하여 꼿꼿이 서고
> 죽은 잎사귀로부터 새싹이 하나 싹터 나오고
> 또 다른 싹이 쫓아 나온다.
> 닫혀 있던 장미 꽃받침
> 성장을 착실하게 지키며 숨어 있었는데,
> 이제 그 조심스러운 가꿈에서 태어남을 보라!
> 불꽃의 찬란한 수레바퀴 열렸다.
> 둥근 씨앗의 바구니에 꽃들의 둘레가 짜여,
> 마치 합창하는 목소리들처럼 단단히 하나가 되고,

잎사귀들 위로는 금빛 꽃가루가 숨 쉰다.

삶/죽음/영원 죽어 가다가 아름다운 꽃이 되는 꽃나무의 이미지로써 카로사가 말하려는 것은 유기적 생명의 배양이야말로 삶의 대원리라는 뜻일 것이다. 어렵게 자라 나오는 꽃은 태양에 대하여 또 하나의 태양이 된다. 이 삶의 "표지"는 잠들어 있는 여신의 잠을 교란하지 않는다. 그러면서 주의할 것은 그 삶의 원리는 영원한 것이면서도 오늘의 이 시점, 현재 속에 실재한다는 사실이다. 카로사는 말한다. "꽃은 죽는다. 그러나 그 의미는 영원하다." 이것은 그다음 부분에 나오는 "지나간 일은 지나가게 하라."라는 말로도 연결된다.

새로운 예언 이러한 꽃과 관련하여 카로사는 그가 말하고자 한 문명의 의미를 요약한다. "그대 (꽃을 통하여) 동방으로부터 은밀한 인사가 온다." 이러한 알기 어려운 말로 시작하는 부분은 여러 기이한 이미지들을 중첩시킨다. 카로사가 요약하는 문명의 의미는 풀어내기가 쉽지 않다. 그는 동방과 관련하여, 호랑이 곧 성스러움으로 다스려진, 그리하여 원초적인 힘과 성스러움의 합일을 말하는 것으로 생각되는 호랑이, 그리고 새로운 시작, 그 상징으로서의 꽃을 애모(愛慕)하여 순례의 길을 가는 동방의 임금 또는 박사, 또 새로 태어날 아이 또는 꽃을 말한다. 이러한 이미지들은 아마 새로운 문명의 탄생을 예수의 탄생에 비교하여 말하려는 것일 것이다. 그것들의 의미가 불투명한 것은 카로사가 새로운 문명의 탄생을 반드시 기독교적인 신앙의 부활로 말하고 싶어 하지 않기 때문으로 보인다. 새로운 문명은, 다시 하나로 풀어 보건대, 호랑이가 나타내는 야생적인 힘, 존재의 성

객관성, 가치와 정신

스러움에 대한 느낌, 어린아이와 꽃이 나타내는 순진성과 연약함, 그리고 이러한 것들의 가르침을 따르고자 하는 정치 권력자들을 포괄하는 것이어야 한다. 그다음, 카로사의 시는 서양 문명의 재탄생을 바라는 소망을 표현하는 것으로 끝난다.

> (그리하여) 열병 앓는 해 지는 땅이여, 희망을 가지라!
> 생각 없이 부셔 버린 것을 스스로 버티어 낸 영혼이
> 또 다시 세우려 할 때, 용기를 가지라, 그때 영혼은
> 우리 모두에게 사랑스러운 새 일을 주리.
> 페허로부터 새로운 축복의 날이 떠오르리.
> 그때는 밝은 빛을 감추지 아니하여도 되고
> 우리는 태고로부터의 힘들과 함께 노닐 것이니.
> 하루가 아니라, 한 시간만이라도
> 순수한 시작에 임하여 서서
> 지구의 별 모양을 짤 수 있다면,
> 우리는 어둠의 세월도
> 기꺼이 견디리니.

3 유기적 공동체의 구성

유기적 공동체의 구성 요소 카로사의 비전은 삶의 주요한 요소들이 균형을 이루고 있는 일체적 삶의 질서에 대한 향수를 표현한다. 그것은 유기적 삶, 건축물, 학문의 진리, 별들의 세계에 대한 의식, 언어를 넘어서는 침묵의 평화, 밝음과 어둠, 삶과 죽음, 기쁨에 못지않게

슬픔, 영원한 것과 함께 오늘에 피어나는 삶의 현재적 성격, 그리고 이 모든 것에 일관되는 정신의 빛, 이러한 것들을 포괄한다. 그리고 그것들이 하나의 조화된 질서를 이룰 수 있음을 시사한다. 그것은 기획되는 것이기보다는 절로 자라 나온 전통이고 또 조심스럽게 가꾸어지는 것이며 개인적 체험 속에 기억되는 삶의 질서이다.

작은 공동체 전체적으로 그의 비전은, 좌우 편 가르기를 사고의 기본 양식으로 받아들이는 오늘의 입장에서 볼 때, 보수적인 것이라 평가될 것이다. 그러나 어떤 정치적 입장에서 보든지, 카로사의 이상황에 대한 비전은 이해할 만하다. 나치즘과 2차 대전의 잔혹한 시대에 소위 '내적인 망명(Innere Emigration)'을 택한 작가에게 당대에 비하여 옛 추억의 고장은 이상적인 삶의 모습을 보일 수밖에 없었을 것이다. 그러나 그러한 사정을 넘어서도 카로사가 환기하는 어린 시절의 세계, 다시 말해 일정한 지역에 한정되어 영위되었던 평화로운 삶은 많은 사람에게 공감을 불러일으킬 것이다. 작은 공동체가 사라진 것이 오늘의 세계이다. 그것은 서양의 지성계에서 여러 가지로 표현되어 왔다. 19세기 말에 공동체(Gemeinschaft)가 일반적인 사회(Gesellschaft)와 다르다는 것을 밝히려 한 페르디난트 퇴니스는 그러한 사실을 분명하게 주목한 최초의 사회학자의 한 사람이다. 영국의 비판적 문화 연구의 한 출발점이 된 리처드 호가트의 저서 『글 읽기의 쓸모(*The Uses of Literacy*)』(1957)는 대중 사회의 대중문화가 진정한 민중의 자족적이고 보수적인 문화의 일체성을 파괴한 사실을 비판적으로 기록한 책이다. 20세기 말부터 주목을 받았던 찰스 테일러나 마이클 월저의 공동체주의(communitarianism)는 보다 추상적인 관점에서 과히 넓지 않은 공동체의 가치를 중요시하는 철학 사상이다. 그러나 철학적 논쟁에서 이야기되는 공동체보다도 카로사에서보는 바와 같은 구체적인 정서로서의 공동체의 추억은 보다 호소력을 갖는 체험을 환기한다. 어쨌든 사회와 정치를 논함에 있어서 보수주의와 진보주의에 못지않게 의미 있는 구분은 거대주의와 소공동체주의일 것이다.

공동체의 원리와 거대 산업 사회   공동체가 사라지고 사회가 그것을 대체하게 된 것이 오늘의 시대라는 것도 부정할 수는 없다. 카로사의 공동체는 시적인 정서로서 가장 잘 파악될 수 있는 유기적 거주지이면서 동시에 정신에 의하여 뒷받침되고 있는 삶의 터전이다. 그것을 뒷받침하고 있는 것은 지형, 인간관계, 개인적이면서 집단적인 기억, 정서 등으로 이루어진 단위이다. 카로사의 시에서 이 정신은 '빛'으로 상징된다. 이 정신은 공동체적 유대를 넘어 더 넓게 또 일관성있게 작용하며 인간의 삶을 하나로 유지하는 힘이다. 그것은 여러 가지의 형태와 형식으로 표현된다. 그렇다는 것은 그로 인하여 인간 사회는 어떤 현상을 하나로 유지하면서도 다른 형태로 변용할 수 있다는 것을 말한다. 그것은 분명하게 이념적으로 공식화되지 않더라도어디엔가 존재한다. 그렇다면 사회와 정치의 거대화가 불가피한 현실이라고 하더라도, 이 거대화하는 사회 곧 호가트가 주목한 바와 같이정보 매체 발달을 포함하여 여러 가지 '거대 대중화(massification)'가진행되는 산업 사회의 환경 속에서 작은 공동체의 유기적 자족성을어떻게 보전할 수 있는 것일까? 카로사의 시에서 숨은 빛은, 많은 것이 파괴된 가운데, 그리고 밖으로 드러난 형태로만이 아니라 숨어 있는 상태에서 스스로를 유지한다고 말해진다. 그렇다면 구체적인 공동체가 없어진 세상에서도 적어도 그 정신은 보전될 수 있다는 것이 아닐까? 그러한 경우 사회의 거대화 속에서도 공동체의 원리 또는 인간의 삶 곧 개인적이면서 사회적인 인간의 삶의 핵심이 보전되고, 그것의 새로운 환경의 인간적 변용이 가능하다고 할 수 있지 않을까?

과시 소비/진위/과학 문명　　호가트가 말한 거대 대중화는 매체의 발달에 관계되어 있고, 그것은 여러 현대적인 경제의 발달에 관계되어 있다. 카로사의 시에는 현대 사회의 하부시설과 편의 기계 곧 도로, 교량, 최신의 교통수단, 무기, 송신 수단 등 진실이든 거짓이든 상관없이 전달하는 송신기의 발달에 대한 언급이 나온다. 여기의 문명의 '이기'들은, 무기를 제외하고는 주로 교통과 통신의 발달에 관계된 것인데, 그러한 이기에는 오늘의 상황으로 보건대 일상생활의 도구 곧 냉난방 시설, 냉장고나 취사도구, 텔레비전이나 인터넷 등의 발달, 그리고 여러 과시 소비를 위한 상품들, 그것을 조장하는 '디자인', 문화 콘텐츠 등이 추가될 수 있을 것이다. 공동체의 쇠퇴는, 위에 말한 바와 같이, 산업 경제가 만들어 내는 문화 곧 교통과 통신의 발달과 소비문화의 팽창 그리고 사회 조직의 규모의 확대와 하나를 이루는 현상이다. 그리고 산업 문명, 시장 경제의 발달, 그리고 거대 사회의 출현은 도덕적 의미를 갖는다. 카로사의 시에서, 되풀이하건대, 송신 수단의 발달은 진위에 상관없이 메시지를 전달할 수 있는 것으로 말해진다. 매우 간단히 이야기된 것이면서도, 그것은 결국 산업 문명의 발달이 인간 정신의 온전함을 유지하는 일에 문제를 가져온다는 것을 말한 것이라 할 수 있다.

　　　　　　　　　　　　　　　　　　　객관성, 가치와 정신

카로사의 비가는 말할 것도 없이 전쟁으로 모든 것이 파괴된 독일의 상황에 의하여 자극된 것이다. 그러나 전쟁의 비극은 그로 하여금 그것을 넘어가는 원인에 대한 진단을 시험하게 한다. 전쟁은 유기적 공동체를 파괴하였다. 그러나 그것의 보다 큰 원인은 과학 문명 자체에 있다. 그것은 인간의 문제들을 산업 문명의 기술로써 해결할 수 있다고 생각하게 하였다. 현대적인 전쟁도 그와 관련되어 있다고 할 수 있다. 기술은 진실과 거짓을 초월한다. 그리고 인간의 정신을 숨어들어 가게 한다. 카로사의 시는 전쟁의 참혹상을 말하는 시이지만, 동시에 현대 문명의 숙명을 예감하는 시라고 할 수 있다.

2 현실과 가치와 그 근원

4 과학적 객관성과 그 정신적 지주

카로사가 말하는 바, 정신이 숨어들어 간다는 것은 정신이 쇠퇴하고 소실된다는 것이기도 하지만, 이미 비친 바와 같이 어떤 상태에서라도 그것이 지속된다는 것을 말하는 것일지도 모른다. 그렇다면 참으로 정신은 사라지지 않는 것일까? 그리고 정신은 자리를 옮기고 성격을 바꾸는 것일까? 또는 정신도 사라지고 마는 것인가? 정신이 사라진 다음에도 문명은 지속하는 것일까? 또는 그런 경우 문명도 결국 괴멸하고 마는 것일까?

탈마술의 세계/사실적 탐구 막스 베버가 서양의 근대를 지배하는 정신적인 또는 심리적인 지향을 '탈마술화(Entzauberung)'와 '합리화(Rationalisierung)'라는 말로 진단한 것은 유명한 이야기이다. 그것은 궁극적인 가치 또는 그 담지자로서의 정신이 설 자리가 없는 때가 근대라는 것이다. 그는 20세기 초 뮌헨 대학에서 행한 강연 「직업으로서의 학문」(1918)에서 학문은 철저하게 과학적이어야 한다는 것을 주장하였다. 이것은 그의 시대 진단에 그대로 맞아 들어간다. 물론 이 강연은 대학의 교수와 연구의 사명에 관한 것이지만, 합리화의 시대에 있어서 사람이 가져야 할 자세가 어떤 것이어야 하는가를 시사한다. 그가 이 강연에서 주장하는 것은, 대학의 강단에 서는 사람이 해야 할 일은 도덕적, 정신적 가치나 정치적 정당성의 주장을 펼치는 것이 아니라 과학적 방법에 따른 사실 탐구에 종사하는 것이라는 점이다. 강단에 선 학자는 궁극적인 문제 그리고 사회나 정치적인 문제에 대하여, 그에 대하여 취할 수 있는 입장의 옳고 그름에 대하여 일정한 입장을 밝혀 달라는 압력을 받는다. 그러나 과학과 학문[2]이 할 수 있는 것은 사실의 의미가 아니라, 사실 자체를 정확하게 보고 또 사실들의 연관 관계를 설명하는 것이다. 가령 대상이 정치라면, 그것은 실제적인 정치적 입장을 천명하는 것이 아니라 "정치의 구조와 정당의 입장을 분석하는 것"이다. 가령 민주주의가 문제라면, 그것을 옹호하는 것이 아니라 그것을 다른 제도와 대비하여 분석하는 것이 교단에 선 교수가 할 수 있는 일이다. 그리하여 분석의 결과에서 학생이 스스로 구체적인 정치 선택의 옳고 그름을 판단할 수 있게 하여야 한다. 문화가 문제되는 경우에도, 학문의 의무는 "사실을 기술하고, 논리적 수학적 연관 관계, 문화적 가치의 내적 구조를 규명하는 것"이지 그 가치를 옹호하는 것이 아니다.[3] 특정 문화의 가치를 평가하는

객관성, 가치와 정신

것은 보편적인 의미를 갖지 못한다. 문화들은 서로 다른 가치들을 받들어 모신다. 프랑스, 독일, 희랍의 문화들이 높이 생각하는, 서로 다른 가치들, 또는 기독교 신자의 신앙의 내용을 과학적으로 평가할 도리는 없다.

문화 가치/정신　그러면서도 문화적 가치의 근본에 들어 있는 정신의 원리는 문화의 일관성을 유지하는 데 없을 수 없는 중심이다. 문화를 생각하면서 우리는 정신의 문제를 조금 길게 살펴볼 수밖에 없다. 문화는 방금 말한 바와 같이 시비를 가릴 수 없는, 또 서로 차이를 가질 수밖에 없는 가치의 덩어리이다. 그러면서도 문화는 공식화될 수 있는 가치를 넘어 일관성의 원리를 내포하고 있다. 그리하여 그것은 문화와 문화 사이의 차이를 넘어 하나의 근본으로 귀착할 가능성을 갖는다. 그것은 문화의 뒤에 하나의 근본 원리가 숨어 있기 때문이다. 이것은 가치를 만들어 내는 근본적 동력이다. 이것을 우리는 정신이라고 부를 수 있다. 그것은 천박한 것일 수도 있지만, 실로 인간 존재의 깊이에 들어 있는 원리일 수도 있다. 이 정신은 문화 가치를 배제하고자 하는 인간 기획에도 스며 있게 마련인 것으로 보인다. 그리고 이 정신은 그 나름의 구조와 구성 인자를 가지고 있어, 결국 서로 다른 문화 가치 그리고 기획을 서로 대화할 수 있게 하고 하나의 내면의 깊이로 열어 놓을 수 있다.

위에서 말한 대로 베버는 "마술"에서 오는 가치와 학문을 분리하고자 한다. 그러나 그에게서 둘의 관계를 간단하게 분리해 낼 수는 없다. 다만 그의 가치는 문화적 가치라기보다는 그것을 넘어가는 어떤 정신적 태도이다. 되풀이하건대, 학문은 직접적으로는 어떤 정신적 입장이나 가치에 대한 설법과는 엄격하게 분리되는 이성의 작업이다. 그러나 이 분리는 정신을 현실에 뿌리내리게 하는 일이기도 하다. 또는 이것은 바로 정신이 현실에 임하는 또 하나의 방식이라고 할 수도 있다. 뿐만 아니라 정신의 극기(克己) 상태를 벗어날 때 결국은 학문도 타락하게 마련이다.

학문과 정신, 이 두 가지의 연결은 베버의 글에서도 확인할 수 있다. 그의 합리주의 테제에도 불구하고 베버의 글들의 특징은 인간적 요구와 필요를 단순화하지 않은 데에 있다. 합리화에 대한 베버의 관찰에는 사실과 가치의 관계에 대한 변별이 들어 있고, 또 가치를 만드는 인간 정신 그리고 학문을 지탱하는 정신에 대한 직관이 들어 있다고 할 수 있다. 크게 보든지 또는 섬세하게 나누어 보든지, 베버의 학문과 문화 가치에 대한 관찰에는 그 대결의 복잡한 관계가 시사되어 있다. 여기에서 이것을 잠깐 살펴보는 것은 합리적인 문화가 어떻게 그것을 초월하는 인간의 존재론적 요청을 수용하는가, 또는 그 반대로 이 요청을 수용하면서 합리적인 문화가 성립할 수 있는가를 생각하는 데에 도움을 줄 것으로 생각한다. 살아 있는 문화는 그 가치의 보편적 의의에 지탱되고 그 보편성은 가치를 만드는 인간 정신의 한 특성이기 때문이다. 문화의 의미는 상당 정도 이 깊은 의미의 정신과의 관계에 의하여 정의된다고 할 수 있다.

가치 관계/정신의 통일성   과학적 객관성을 강조하면서도 베버의 유명한 테제의 하나는 과학적으로 변별할 수 있는 사실적 명제들이 그 배경에 가치 관계(Wertbeziehung)를 가지고 있다는 주장이다. 연구 대상이 되는 명제의 선택 자체가 가치에 의하여 지배되는 것인

까닭에 모든 사실 명제 뒤에는 가치가 있는 것이다. 그런데 이 주장이 맞는 것이라면, 이 가치는 "마술적인" 것이라고 부를 수 있는 근거, 또는 조금 전에 말한 바와 같이 보편화될 수 없는 문화적 배경에서 나오는 것인데, 거기에 일정한 관계를 가진 사실적 명제들은 어떻게 하여 과학적 타당성을 가질 수 있는가? 이에 대한 답은 여기에서 간단히 주어질 수 없다. 이것은 베버에게 영향을 준 하인리히 리케르트 등의 신칸트학파로부터 시작하여 오늘까지 계속되는 방법론적 인식론적 논의의 대상이다. 다만 우리가 여기에서 확인할 수 있는 것은, 그의 합리주의에도 불구하고 베버에게는 문화적 가치와 사실적 연구 곧 문화의 형식이나 구조를 분석해 내는 것을 포함한 사실적 연구가 별개의 것으로 분리될 수 없는 것이었다는 점이다.(위에 든 민주주의라는 부가 가치의 정치 개념이, 베버가 말하는 것처럼, 가치 선택에 관계없이도 분석될 수 있다는 것은 타당한 것으로 보인다. 그러나 민주주의에 또 그것을 분석하는 입장에 여러 가지가 스며 있다는 것도 부정할 수 없다.)

그리고 또 하나의 확인할 수 있는 사실은, 방법론적 논의에 관계없이 과학과 학문은, 진정으로 주어진 사명에 충실하려는 경우 반드시 문화 가치라고 한정할 수 없는 정신적인 기초가 없이는 성립할 수 없다는 것이다. 이것은 바로 베버가 학문의 작업에 필요한 정신적 자세를 말하는 데에서 분명하게 드러난다. 그러니까 피할 수 없는 것은 방법론에 관계없이 일정한 정신적 자세가 있어야 가치를 멀리하는 ― 스스로는 정신을 멀리하는 것이라고 생각하는 ― 학문이 수행된다는 역설이다. 가치 중립의 자세 자체가 정신적 가치 또는 정신에서 나오는 보다 직접적인 가치의 수호를 요구하는 것이다. 또는 달리 말하면, 사실에 대한 존중도 그 가치를 믿는 데에서 나오는 선택이다. 그러면서 그것은, 그것이 정신 가치의 선택이라는 것을 스스로 알게 될 때, 더 철저한 것이 된다. 엄격하게 말하여 사실 존중은 모든 가치의 근본을 이루는 가치 곧 정신적 통일성의 선택인 것이다.

과학의 소명/양심　과학이 정신 가치의 선택에 의하여 뒷받침된다는 것은, 비록 스스로 그렇게 의식하지 않았더라도 방금 말한 바와 같이 베버가 도처에서 시사하는 것이다. 그는 되풀이하여, 과학의 '진리 탐구' 곧 사실의 논리적 관계, 문화 가치의 구조들을 밝히는 과학적 탐구는 개인적 충실, 도덕적 의무, 양심 등을 요구한다고 말한다. 그 근본정신에 있어서도 과학이나 학문의 연구는 '내면의 부름'에 대한 대답이고, 냉정한 계산의 소산이 아니라 정열의 소산이다. 그것은 냉정한 머리만이 아니라 심장과 영혼을 요구한다. 그것은 정신의 정열을 불러일으킨다. 어떤 것도 "사람의 일로서 뜨거운 헌신으로 추구할 수 있는 일이 아니면, 그것은 할 만한 값이 있는 일이 아니다."[4] 베버는 이렇게 말한다.

불편한 사실/도덕 윤리적 딜레마　성실성의 요구는 학문적 결과를 수용하는 사람에게도 적용된다. 학문이 하는 일의 하나는, 적어도 사회 그리고 문화 과학의 분야에서는 '불편한 사실'을 들추어내는 일이다. 불편하다는 것은 사실이 선입견이나 편견 그리고 당파적 견해에 불리하다는 것이다. 조금 더 확대하면, 학문적 작업 자체가 바로 그러한 것이다. 그것은 우리의 편의와 소원에 맞춘 사실을 보여 주는 것이 아니라 주관적 선호에 관계없이 있는 그대로의 사실을 보여 주는 것을 겨냥한다. 물론 현실적인 관점에서 볼 때, 학문 또는 과학이 하는 일은 삶을 적절하게 통제할 목적으로 물리적 대상과 인간 활동을 계산하는 일이다. 그것을 위하여 사고하는 방법과 도구를 익히게 하는 것이 실용적 관점에서의 교육의 목표이다. 그러나 이러한 관점에서 일을 계획한다고 하여도 학문이나 행동인은 그 일의 전후를 분명히 하는 사이에 불편한 진실에 부딪치게 된다. 사실을 밝힌다는 것은 일단 일정한 입장을 취하고 목적을 추구하는 것이고, 그다음 그에 필요한 수단을 생각하는 것이다. 그러나 그에 관련된 모든 것을 밝히고 나면, 목적과 수단의 선택을 다시 고려하지 않을 수 없게 된다. 수단, 목적의 결과, 부작용 등이 분명해지면, 목적이 포기되어야 하는 경우가 생기기도 한다. 이것은 결과가 현실적으로 반드시 이로운 것이 아니라는 것이 드러나기 때문이기도 하지만, 그러한 선택의 도덕적·윤리적 의미가 의심스러운 것으로 생각될 수도 있기 때문이다. 후자의 경우, 본인은 검토하지 않았을 수 있으나 자신의 마음속에 감추어 있던 윤리 도덕의 척도가 움직이는 것이다. 베버가 학문적으로 가치 판단을 하지 않고, 목적과 수단 그리고 부작용을 밝혀 주는 것이 행동적 선택을 촉구하는 데에 관계된다고 할 때, 그것은 이러한 숨은 감성의 세계나 가치 판단의 세계를 상정하는 것이라 할 수 있다.

더 나아가 반드시 그것을 도덕 윤리적 관점에서 밝히는 것은 아니지만, 사실 해명의 노력이 드러나게 하는 것은 선택된 입장이나 목적이 궁극적으로 겨냥한다고 할 수 있는 세계관이다. 그것을 통하여 정치적 행위자는 그의 행위의 "궁극적인 의미"를 생각할 수 있게 된다. 그리고 그것은 다른 선택의 가능성을 열어 놓게 된다. 베버의 생각에 사실의 객관적 분석을 통하여 학문하는 사람은 "도덕의 힘"에

봉사하게 되고, 행위자의 "자기 투명화"와 "도덕적 책임감"에 이르게 하는 의무를 다하는 것이 된다.[5]

책임의 윤리 불편한 진실의 해명 작업의 의의는, 그의 다른 논문 「직업으로서의 정치」에서 더 강력하게 "책임의 윤리"의 내용으로서 설명되어 있다. "책임의 윤리"는 확신의 행위 — 여기에서 "확신의 윤리"가 나온다. — 또는 구호화된 행위가 아니라 행위의 전후 관계를 완전하게 검토한 정치 행위만이 완전한 도덕적 책임 의식을 가지고 수행되는 것이라는 점을 말하는 베버의 기본 신조를 밝히는 개념이다. 그는 정치 행위는 "삶의 현실을 직시하고 그것을 내면적으로 수용할 수 있게 하는 엄격한 수련"을 조건으로 해서만 책임 있는 것이 된다고 말한다. 이렇게 직시한다는 것은 선택된 정치 행위의 목적과 수단, 그리고 그 수행에 따르는 부작용을 깊이 검토한다는 것이다. 물론 이러한 검토가 없는 정치 행위가 없는 것은 아니다. 이것은 정의의 이름으로 수행되는 정치 행위의 경우에도 해당된다. 그러한 행위도 악의 수단을 사용하지 않을 수 없다는 결정을 내릴 수 있기 때문이다. 그 경우 단순한 정치적 행동자의 눈에 보이는 것은 오로지 세상의 사악함이다. 어떻게든지 그것을 제거하는 것이 지상의 목표가 된다. 그러나 베버의 생각에 그것은 낭만적인 흥분을 제공하는 것이 될 수 있지만, 참으로 책임 있는 정치 행위가 되지 못한다. "성숙한" 인간은 자신의 행동의 경과와 결과에 대한 책임을 알아야 하고 그 책임을 "심장과 영혼"으로 느껴야 한다. 그런 다음에 행동의 결단이 있다. 이 결단의 순간은 사고와 검토의 책임을 초월한다. 책임의 인간도 "나는 달리 어찌할 수 없다."라고 한 루터의 경우처럼, 변호로만 설명할 수 없는 실존적 결단을 맞이하지 않을 수 없는 것이다. 이러한 결단의 순간에 이르러, "궁극적 목적의 윤리"와 "책임의 윤리"는 절대적인 의미의 모순이 아니라 하나로 합치게 된다.[6](베버가 정치 행위가 요구하는 조건으로 "악마의 협상"이란 것을 말한 바 있지만, 이것을 흔히 생각하듯이 마키아벨리즘에 대한 간단한 동의로 보는 것은 지나친 단순화라고 할 수 있다.)

그러니까 베버가 말하는 현실 행동으로부터 초연한 학문적 태도, 또는 가치 중립적이고 객관적인 태도는 반드시 도덕적 가치로부터 멀리 있는 삶의 지향을 말하는 것은 아니다. 초연한 학문적 태도 또는 과학적 태도는 바른 정치 행동에 빼놓을 수 없는 계기이다. 물론 이 계기는 상당히 넓은 시공간, 사회적 공간을 차지한다. 행동은 사실에 대한 자세한 검토, 특히 행동의 경과와 결과에 대한 자세한 검토에 의하여 뒷받침되어야 하고, 학문의 기능은, 물론 그것이 전부일 수는 없지만, 이 검토를 가능하게 하는 것이다. 그러면서도 학문은 정치적 견해를 급하게 발표하거나 지지하는 것을 삼가야 한다. 그러면서 그것으로 나아가기 위한 하나의 단계가 된다.

5 문화의 정신 — 개인의 실존적 결단

불인지심 행동은 어떤 믿음에 입각하지 않을 수 없다. 그것은 어떤 믿음인가? 베버의 경우에 그것이 마술 또는 여러 신들에서 나오는 것이 아니어야 함은 분명하다. 행동 방안을 생각하는 데에는 무엇보다도 삶의 현실을 직시하는 것이 필요하다. 초월적 종교적 관점을 포함하여 삶의 현실 이외에 다른 차원의 관점이 삶의 해석에 지침을 제공할 수는 없다. 그런데 삶을 있는 그대로 받아들인다면, 그것을 개조하려는 정치 행동은 어떻게 정당화될 것인가? 철저한 현실주의는 어쩌면 만인의 만인에 대한 전쟁 또는 전제 정치나 전체주의를 정당화하는 것이 될 수 있다. 그러나 베버가 생각하는 현실은, 이미 시사한 바와 같이, 도덕적 감수성을 포함한다. 베버가 강조하는 행동의 총체에 대한 계산은 단순한 손익 계산일 수도 있지만, 그보다는 인간적 관점에서의 득실과 희생을 생각해 본다는 것을 말한다고 하는 것이 옳을 것이다. 상정되고 있는 것은, 맹자가 말한바, 정치 행동자의 마음에 자연스러운 불인지심(不忍之心), 측은지심(惻隱之心)이다. 즉 행동자, 문제를 널리 통찰하는 행동자는 절로 그의 윤리적 감성과 판단의 능력이 작용하게 되는 것을 억제하지 못하는 것이다.

불인지심의 바탕/인간의 위엄　이러한 심리적 기작(機作)을 상정할 어떤 절대적인 근거가 있는 것인가? 자신의 시대에 베버의 근본적인 판단은, 되풀이하건대, 종교적인 확신이 가고 새로운 세속적인 견해, 그러면서 예로부터 상호 투쟁의 관계에 있던 신들이 새로운 모습으로 나타나게 된 잡다한 견해로 대치된 것이 근대라는 것이다. 절대적인 윤리가 사라진 근대적 상황을 논하면서, 베버는 현실적으로 일어나는 인간 행동을 적까지도 사랑하라는 산상수훈(山上垂訓)의 절대적인 명령에 비교한다. 그리스도의 가르침에 따라 악을 보고 그것에 저항하지 않은 것이 참으로 정당할 수 있는가? 베버의 기이한 답은, 절대적인 근거를 내세우는 "종교의 위엄"에 대하여, "인간의 위엄"이 그것을 허용하지 않는다는 것이다.[7] 그런데 인간의 위엄이란 무엇인가?

　이것은 아마 베버의 생각에 "기사"의 기사도와 같은 것으로 설명될 수 있는 것이라 할 수 있을 것이다. 위에 말한 것은 학문을 논하는 자리에 나오는 것인데, 정치를 논하는 자리에서 베버는 전쟁과 평화의 문제와 관련하여, 전쟁의 결과는 승자든 패자든 옳고 그름을 가릴 것이 없이 사실 그대로를 받아들이는 것이 옳다고 말한다. 그것이 "객관성과 기사도" 그리고 "위엄"에 맞는 것이며 명예로운 것이라는 것이다. 정치인에게 중요한 것은 과거사의 잘잘못이 아니라 미래이고, "미래에 대한 책임"이다. 이미 일어난 일에 대한 얕은 차원의 윤리적 집념은 과거의 잘잘못, 시비에 집착하는 일이다. 그럴 때 "윤리는 진정한 의미에서의 윤리보다도 자기 정당성의 명분을 내세우는 수단이 된다."[8] 좁은 윤리관은 자기 정당성의 구실이 되고 삶의 전체를 보지 못하게 한다. 그보다는 자존의 느낌이 고집하는 진실이 오히려 바른 행동의 바탕이 된다. 이렇게 보면, 위에 말한 "인간의 위엄"은 확실한 근거가 없는 감정의 상태를 말하는 것에 불과한 것으로 생각될 수 있다.

  기사도　　그러나 이것이 반드시 비윤리를 옹호하는 것이라고 할수는 없다. 어떤 좁은 이념에서 나오는 행동보다는 삶의 전체를 생각하고 행동하는 것이 옳다는 것이 그의 논리인 것은 틀림이 없다. 그러나 이 논리는 근거를 제시할 수 없는 기분이나 감정으로부터 유도되어 나오는 것이라고 할 수도 있다. 그러나 이러한 생각에 있어서 베버가 행동과 고려의 축으로 생각한 것은 개인이다. 여기의 개인은 자신의 삶을 가볍게 생각할 수 없는 존재로서의 인간이다. 그것은 베버의 생각으로는 "기사"적인 떳떳함 또는 당당함을 가지고 있는 개인이다. 이 개인은 한편으로는 데카르트적인 사유의 담지자이고, 다른 한편으로 또는 그보다는, 위에 말한 바와 같이, 소신과 명예로 행동하는 기사와 같은 존재이다. 이것은, 베버를 논하는 사람이 더러 지적하듯이, 그의 계급적 관점 또는 편향을 드러내는 것인지도 모른다. 그러나 개인적인 선호를 떠나서, 이것은 윤리적 행동에 어떤 초월적이거나 이념적 근거가 있기 어렵고, 설사 그러한 것이 있다고 하더라도 그것을 공적인 전제로 받아들이게 하기가 어렵다는 것을 인정하는 데에서 나오는 선택이라 할 수 있다. 결국 윤리적 선택은 자신의 삶을 심각하게 받아들이는 개인에 맡겨질 수밖에 없다. 물론 그것은 여러 위험을 무릅쓰는 일이기도 하다. 그것은 개인의 이해타산 또는 권력 의지가 그 기준이 된다는 것도 인정하는 것이다. 결국 갈등 그리고 대결에 의한 해결을 불가피한 것으로 수용하는 것일 수도 있다. 이것은 바르다고 할 수 있는 윤리적 선택에 있어서도 그렇다. 베버가 이미지로 빌려 온 기사는 바로 실력대결 또는 결투로써 문제를 해결하는 사람이다. 이념 또는 이데올로기는 갈등을 넘어설 수 있는 정치 질서를 제시하려 한다. 그러나 그것은 바로 다른 이념적 차이를 무시하는 결과를 가져오고, 그것을 위하여 억압적 질서의 확립을 요구한다. 통일의 질서에 이르기까지의 과정은 더욱 큰 갈등과 탄압을 산출하게 된다. 어떤 경우에나, 개인의 선택 또는 자기 정당성의 선택은, 초월적 가치의 기반이 사라진 시대에 있어서, 도덕과 윤리에 역행하는 행위를 낳을 수 있다. 정치 행동의 사례와 역사는 악과 싸운다는 명분이 악의 수단 곧 폭력과 사술(詐術)이나 교지(狡智)의 사용을 자연스러운 것이 되게 하고, 그것이 지속적인 체제로 발전하는 경우를 너무나 자주 보여 준다. 그러면서 이러한 가능성에도 불구하고 바른 윤리적 선택은 개인의 결단에 의지한다. 이것은 불가피하다. 이것은 윤리의 기초가 존재하지 않는다는 것을 말하는 것이라고, 또는 그것이 쉽게 공식화할 수 없는 인간 영혼의 깊이에 있다는 것을 말하는 것으로 생각할 수도 있다.

6 개인 윤리의 실존적 깊이

정신적 존재로서의 인간 다시 말하여, 개인사에서만이 아니라 집단적 결정이 관계되는 행동에 있어서의 선택을 개인에게 맡긴다는 것은 자의와 갈등의 가능성에 문을 열어 놓는 일이 된다. 그리하여 그것은 윤리를 반윤리의 가능성으로 열어 놓는 일이다. 그러나 개인의 윤리적 선택이야말로 윤리의 깊은 근거를 이룬다고 하는 것도 부정할 수 없는 사실이다. 개인이 없이는 윤리의 진실은 있을 수 없다. 윤리는 개인의 삶에서의 선택으로서만 높은 정신적 의의를 갖는다. 선택의 자유도 그러하지만, 윤리적인 책임도 개인을 떠나서 존재할 수 없다. 종교적, 윤리적 가르침은 사람의 심성에는 인인애(隣人愛), 자비심, 인(仁) 또는 측은지심 등 타자를 고려하는 마음이 있고, 이것이 인간으로 하여금 절로 도덕적, 윤리적 존재가 되게 한다고 한다. 그러나 이러한 타자를 향한 덕성은 어떤 경우, 단순히 타자를 위한 것이 아니다. 그것을 행사하는 일은 행위자가 자신의 삶을 한 차원 더 높은 것이 되게 한다. 그러나 이것이 반드시 업적이나 세속적인 명예를 통해서 자신의 자격을 높이는 것과 같은 일이 된다는 뜻은 아니다. 이러한 덕성의 수행은 정신적 요구를 충족한다. 그것은 어떤 경우 개인이 깊이 내장하고 있는 정신적 욕구를 충족시키는 일이다. 그러한 덕성의 행사를 통해서 행동자는 자신의 정신적 본질에 이르고 정신적 존재로서의 자신을 깨닫게 된다.

개인의 덕성/공동체적 가치 이러한 덕성의 실천은 세속적인 의미에서의 선행(善行)일 수도 있고, 개인의 깊은 실존적 자기 실천일 수도 있지만, 정신적 요구에서 나오는 많은 덕성은 물론 공동체적 의의를 갖는다. 그러나 특히 어떤 덕성과 그 실행 방식은 공동체적 가치와 교환 또는 통섭을 통하여 의미를 갖는다고 할 수 있다. 그리고 개인의 개체성은 사회적 차원을 대표함으로써 성취된다. 시대가 인간됨의 어떤 가치를 추출하고 양식화하여 그것을 개체 속에 구현할 수 있게 하는 것이다. 어떤 경우에나 덕성의 실현에는 물론 강한 개인적 결단이 개입한다. 베버가 "인간의 위엄"을 말할 때, 그것은 일단 분명한 근대적 세속주의의 입장에서, 윤리적 선택을 영웅적인 개인의 행동 양식에 귀속시킨 것으로 말한 것이라 할 수 있다. 물론 그것은 동시에, 그의 생각에 관계없이, 그러한 개인의 강조 자체가 조금 더 복잡한 변증법을 가지고 있는 것으로 이해하여야 하지 않나 한다.

기사와 중세적 가치 베버가 든 "인간의 위엄"의 예로서의 기사의 행동은 개인의 결단에 역점을 두는 것이면서 동시에, 중세 사회의 관점에서 이해되어야 한다. 기사에게 무엇보다도 중요한 것은 명예롭게 행동하는 것이다. 명예는 스스로 선택한 자신의 최선의 이상 곧 현세적 이상에 따라 행동하는 것을 말한다. 그러면서 그것은 군주에 대한 충성, 타인에 대한 공정성, 야비하거나 거짓스럽다고 할 수 있는 일에 대한 혐오, 그리고 이 모든 것이 자신의 손익이나 위험을 무릅쓰고 용기 있게 수행되어야 한다는 심정 등을 포함한다. 이러한 행동 양

객관성, 가치와 정신

식에는 물론 사회적 관습이 스며들어 있다. 그러면서 그것의 근거는 스스로를 높은 이상으로 파악하는 자존심이다.(『롤랑의 노래(*Chanson de Roland*)』등을 비롯하여 중세 기사도의 이야기에는 두루 이러한 명예로운 행동의 규범들이 시사되어 있다.)

루터/"나는 어떻게 달리할 수 없다."　정치에서의 책임 있는 선택을 말하면서, 베버가 드는 결정적 행동의 예에는 기사 이외에 마르틴 루터가 있다. 중세의 기사는 스스로 받아들인 명예에 따라 사는 사람이면서 봉건 사회에서 가능한 인간됨의 가능성을 종합한 사람이듯이, 루터도 자신의 독자적인 실존에 적극적으로 동의하고자 한 사람이다. 그러나 그러한 독자성은 시대적 정신의 본질을 자신 속에서 구성한 결과 형성된 것이라 할 수 있다. 베버는, 위에 언급한 바와 같이, 루터가 보름스 제국 의회에서 했다는 말, "나는 어떻게 달리할 수가 없다."라는 말을 인용한다. 말할 것도 없이, 루터의 발언은 종교 개혁의 역사적 전개에서 중요한 계기가 되는 것이고, 그러니만큼 신앙과 교회 그리고 유럽 중세사의 맥락 안에서 특정한 의미를 갖는 말이지만, 그 말 자체는 가톨릭교회에 대한 입장을 밝히는 그의 발언이 철저하게 루터 자신의 책임으로 말하여진 것이라는 것을 강조한다. 정신분석학자 에릭 H. 에릭슨은 루터에 관한 저서에서 루터가 공적 행동에 대한 책임을 일체 자기 자신으로 돌리는 것을 정신분석적으로 설명하면서, 궁극적인 자아 책임의 태도를 다음과 같이 말하고 있다.

　　보름스에서 루터는 출교(黜教)나 죽음에 직면했다. 그것은 기성 신앙이나 가문이나 전통 때문이 아니었다. 그것은 내면의 갈등 곧 아직도 진행될 갈등으로부터 나온 '개인적 확신' 때문이었다. 그가 말한 양심은 마음에 쌓였던 기존 도덕의 찌꺼기가 아니라 하늘과 지옥과 세상 사이에서 단독자가 알 수 있는 최선의 것을 말한다. 루터가 그 유명한 말 "나 여기에 섰다."라고 했다는 것이 사실이 아니라고 하여도, 그 전설은 그 계기를 적절하게 표현한다. 거기에 표현되어 있는 믿음은 자기 자신의 발을 딛고 서겠다는, 정신적으로나 정치적으로나 경제적으로나 지적으로나 자신의 발을 딛고 서겠다는 굳은 결심으로부터 나오는 자기 정체성을 갖는 사람의 믿음이다.[9]

에릭슨은, 흔히 말하듯이, 루터가 표현한 개인적 정체성이 종교 개혁을 거쳐 근대적 민주 사회의 기초가 되었다고 말한다. 다만 루터에 있어서 그것은 단순화된 이념으로서의 근대적 개인을 되풀이하는 것이 아니라 자신의 내면으로부터 많은 갈등을 통합하고자 하는 노력의 결과로서 획득된 개인적 정체성이다. 그 내면의 과정이 그의 말을 개체적 표현이 되게 하는 것이다.

간디/현장적 현실/우주적 전체 또 하나의 정신 지도자, 즉 간디에 대한 연구에서 에릭슨은 이 홀로서기의 계기를 다시 한 번 확인한다. 개인에 책임을 가지고 떠맡게 되는 윤리의 문제를 생각함에 있어서, 이 경우도 잠깐 참고해 볼 만하다.(진정한 개인적 정체성의 문제에 관심을 많이 가지고 있던 에릭슨이 루터에 이어 간디에 대한 연구를 발표한 것은 우연이 아니다.) 간디는 루터의 경우보다도 더 자신의 시대와 문화 속에 자리했던 사람의 경우라 할 수 있다. 그러면서 더욱 개체적인 인간이기도 하다. 간디가 보여 주는 것은, 적어도 에릭슨의 해석으로는, 전

객관성, 가치와 정신

통적 문화의 행동 윤리 속에 있다고 하더라도 믿음에서 행동으로 이행하는 데에는 개인적인 결단 곧 홀로 해야 하는 개인적인 결단의 계기가 있다는 사실이다. 그 사이에 개인만이 아니라 사회의 정신생활이 새롭게 탄생하게 된다. 이 과정은 자신의 내면 의식의 일체성을 확실히 하는 집중을 요구한다. 이 집중이 개인이 그 실존적 결단을 통하여 현실 행동에 개입하는 계기를 구성한다. 에릭슨은 간디를 "종교적 현실인(religious actualist)"이라고 부른다. 에릭슨은 흔히 진실(real)이라고 부른 것을 둘로 나눌 수 있다고 말한다. 그것은 "옳다고 증명될 수 있는 것" 즉 "사실적 진실(factual reality)"과 "행동 속에서 진실이라고 느낄 수 있는 것" 즉 "(현장적) 현실(actuality)"로 나눌 수 있다는 것이다. 인도의 전통적 사고에서 "진리(sat/truth)"는 추상적인 것이 아니라 현실 속에 움직이는 것이다. 이 진실은 전통적인 종교와 문화 속에 설명되어 있는 것이라 하겠으나, 그것은 개인의 의식과 행동에 밀착해서 존재해야 (또 행동에 일치함으로써) 현실이 된다. 간디는 이 진리를 삶의 모든 부분과 단계에서 현실이 되게 하고자 했다. 그것이 종교적으로 사는 사람의 본분이다. 그것을 위해서는 "한 사람 한 사람이 독자적인 의식과 자신만의 책임을 가지고 존재한다는 포괄적 상황에서 눈을 떼지 말아야 한다……." 이것은 베버가 강조하던 "삶의 현실"을 직시하는 것과 유사하다. 그러면서 이 직시하는 일은 베버의 경우보다 정신적 집중을 요구하고, 또 다른 한편으로 인간의 형이상학적 전체성에 대한 인식으로 확장되어야 한다. 에릭슨은 간디가 이것을 보여 준다고 말한다.

즉 개체적 실존의 각성은 존재의 넓은 테두리에 비추어 인간 존재의 독특한 의의를 깨닫는 것에 관계되어 있다. 그리고 그것이 세상 속에서 행동할 수 있는 힘의 근본이 된다. 여기의 깨달음은 독자적인 존재로서의 인간이 "영(零)의 존재, 아무것도 아닌 존재이면서 모든 것이며, 절대 침묵의 중심이며 종말의 소용돌이에 참여하는 자"라는 것을 아는 것이다. 역사와 문화의 양식과 이념들 그리고 사회적 신분이나 집단적 강대함을 꿰뚫고 보면, 사람은 결국 "인간 존재의 허무함의 진리"에 직면한다. 그러면서 그 허무의 진실로 하여 힘을 얻게 된다. 에릭슨은 이러한 현실 직시와 형이상학적 인식이 간디의 '현장현실주의'의 내용을 이룬다고 설명한다.

간디의 현실현장주의(actualism)는 이렇게 하여 무엇보다도 이 세상에는 의식된 무(無)보다 강력한 것은 없다는 사실에 대한 앎, 그리고 거기에서 힘을 얻을 수 있는 능력을 나타낸다. 물론 이 앎은 현장적 현실을 주고받을 수 있는 자질에 이어져야 한다.

에릭슨은 이렇게 말하면서 자신이 설명한 '힘'이 어떤 것인지 정확히 알 수 없다고 한다. 그것은 과대망상을 낳을 수도 있고 자기 파괴에 이르는 힘일 수도 있다. 그러나 간단히 말하면, 그것은 (프로이트적으로 말하여) "모든 사실 가운데에도 가장 분명한 사실인, 삶이 무(無)에 닿아 있다는 사실을 직시하지 않으려는 기이한 노력으로부터 사람을 구출해 준다."[10] 다시 말하면, 삶의 무상(無常)과 그러니만큼 그것을 완전하게 살아야 한다는 각오에서 나오는 삶의 의지가 힘의 근원이 되는 것이다.

　　　　　　　　　　　　　　　　　객관성, 가치와 정신

7 형이상학적 불확실성 속의 인간

사실/가치/정신의 별　이러한 깨우침의 과정은 상당한 수련과 연구를 필요로 한다고 하겠지만, 실제 사람들이 일상적으로 체험하는 삶의 진실의 하나라고 할 수 있다. 삶의 허약함과 무상과 죽음 또는 광대무변한 우주에서 개체적 삶의 왜소함을 느끼는 순간들은 누구에게나 존재한다고 할 수 있기 때문이다. 다만 그것이 지속적인 의식이 되지 못할 뿐이다. 그리고 그것은 새로운 방향의 지표의 바탕이 되지 못한다. 베버는 현실을 있는 대로 직시하고 어떤 행동이 복합적인 상황 속에서 펼쳐지는 시종(始終)을 헤아려 볼 것을 강조한다. 그만큼 그는 현실주의자이다. 그러나 다른 한편으로, 그는 모든 현실적 행동이 가치에 대한 일정한 관계를 가지고 있음을 안다. 그리고 가치는 다시 한 번 그것을 초월하여 광대한 우주의 어둠 속에서 임의적으로 추출해 낸 것이면서 인간에게 주어진 어떤 직관적인 지표에 이어진 것이라는 것을 의식한다. 물론 이 가치는 가변적이면서, 어떤 직관적인 근원의 계시에서 나오는 것인 만큼 반드시 몰가치에 일치하는 것은 아니라고 할 수 있다. 베버의 사회과학의 객관성을 강조하는 글 「사회과학과 사회 정책에 있어서의 '객관성'」은 이 착잡한 관계를 거의 시적으로 이야기하는 것으로 끝난다. 세계의 불가해성, 가치, 가치에 연관된 사실 탐구의 구도를 이해하는 데에 이 시적인 부분은 많은 시사를 담고 있다. 이 마지막 부분을 인용해 보기로 한다.

전문화의 시대에 있어서 모든 문화과학의 연구는 일단 특정한 문제 설정에 따라 주어진 주제로 방향을 잡고 방법론적 원칙을 세우면, 주어진 자료의 분석 자체를 목적으로 삼게 된다. 그리하여 개개의 사실을 궁극적인 가치 이념과 관계하여 평가하기를 그치게 된다. 궁극적으로 가치 이념 일반에 뿌리를 가지고 있다는 의식을 상실하게 되는 것이다. 그것은 당연한 일이라고 하겠다. 그러나 분위기가 바뀌는 때가 온다. 그때는 무반성적으로 의지하던 관점이 불확실한 것이 되고 황혼이 깃든 시간에 길을 잃는다. 그러면 커다란 문화적 문제들의 빛은 다른 데로 옮겨 가게 된다. 그와 더불어 과학은 그 서 있는 자리와 그 분석의 도구를 바꾸고 사실들의 흐름을 생각의 높은 자리에서 바라볼 준비를 한다. 과학은 그 노동에 유일하게 의미를 줄 수 있는 별들을 따르게 된다.

베버는 이렇게 과학의 특정한 과제, 궁극적인 가치, 그리고 가치의 신비스러운 근원 곧 별로서 상징할 수 있는 신비의 근원을 이렇게 간추려서 설명하고, 정신적 방황과 추구의 환경이 되는 어둠을 『파우스트』에서 인용한 시로써 그의 논문을 마감한다.

> ……새로운 충동이 눈을 뜬다.
> 나는 서둘러 간다, 그 영원한 빛을 마시려고,
> 내 앞으로는 밝은 낮, 내 아래는 어두운 밤,
> 머리 위로는 하늘, 발아래는 물결을 두고.[11]

『파우스트』로부터의 인용만이 아니라, 이러한 부분은 과학과 학문의 현실 이성에 대한 집착에도 불구하고, 베버가 얼마나 시적인 감각을 가지고 있는가를 보여 준다고 할 수 있다. 그런데 이것은 베버

객관성, 가치와 정신

의 지적 그리고 감성적 성향을 나타낼 뿐만 아니라 학문적 추구가, 이미 비친 바와 같이, 얼마나 문화적 가치에 그리고 시적 영감에 그 뿌리를 두고 있는가를 설명하면서 또 그것을 예시해 준다고 할 수 있다. 말할 것도 없이 파우스트는 지혜와 삶의 탐구자이다. 그의 탐구 정신으로 하여 그는 길을 잃고 방황하고 과오를 범하게 된다. 그럼에도 불구하고 그의 방황은 구원으로 끝나게 된다. 이렇게 말하는 것은 지나치게 유사성을 강조하는 것일 수 있지만, 앞에 거론하였던 카로사의 시에서 모든 것이 파괴된 것 가운데에 새로운 시대를 열 수 있는 숨은 빛 그리고 별의 이미지를 상기하게 한다. 그의 시는 하늘의 별과 관계하여, "지구의 별 모양을 짤 수 있다면,/ 우리는 어둠의 세월도 기꺼이 견딜" 수 있다는 말로 끝난다.(카로사의 최초의 시집 제목은 '신비의 별(Stella Mystica)'이다. 이 제목은 삶의 모든 시련을 극복할 수 있게 하고 고향을 알게 하는 별을 가리킨다.)

3 문화의 안과 밖

8 문화의 질서와 혼란/닫힘과 열림

학문/문화/독단론 베버와 같은 합리주의자는 물론 시인들이 어둠과 그 안에 뜨는 별의 이미지로써 말하고자 하는 것은 현실의 불투명 속에서도 정언적 명제로 고정되기보다는 시적으로 암시되면서 존재하는 지침이 있다는 것이다. 그러면서도 그것은 완전히 불확정성 속에 있는 것만은 아니다. 시적으로 표현하여, 그것은 한편으로 인간 존재의 전체 환경 곧 별이 가리키는 우주와 그 아래에 있는 산하(山河)나 초목(草木)이 이루는 환경에 의하여 또는 인간을 에워싸고 있는 포괄자(包括者, Umgreifende)에 의하여, 다른 한편으로 인간 존재의 무의미함의 가능성에 의하여 한계 지워진다. 이러한 한계가 인간의 삶을 일정한 방향으로 규정하면서 불확실성으로 열어 놓는다. 그리하여 그것은 위기가 되어 삶의 과제에 대한 여러 가지 결단 곧 실존적 결단을 요구한다. 물론 이러한 위기적 조건이 평상 상태에 있는 과학적 탐구나 사회의 문화적 존재에 그대로 드러나는 것은 아니다. 베버의 인용이 시사하는 것처럼 그것은 문명사적 전환기에 의식 위로 부상한다. 그러면서도 학문과 문화의 위기적 계기는 학문의 연구나 개인 행동 속에 언제나 개입되어 있다. 그것이 문제를 열고 그 문제를 착실하게 풀어낼 것을 요구한다. 학문의 사실과 사실적 연관의 분석에 요구되는 충실성, 그것을 위한 개인의 학문적 양심, 행동적 선택은 이와 비슷한 윤리적 결단에 근거한다. 그러면서도 다시 말하건대, 그것은 의식의 표면에 드러나지 않는다. 가령 학문에서 객관성의 규칙이 지켜지고 있다면, 또 개인과 사회가 일정한 윤리적 규범에 따라 움직이고 있다면, 구태여 그러한 형이상학적 위기의식이 존재하지 않고 또 존재할 필요도 없다. 그러나 그것이 가장 좋은 상태를 말하는 것은 아니다. 그렇다는 것은 일정한 입장에서 채택된 학문의 규칙이나 윤리 규범은 너무나 당연한 것이 되고 독단론이 되어 학문과 인간 그리고 사회의 보다 유연하고 넓은 가능성을 봉쇄하는 결과를 가져올 수도 있기 때문이다. 뿐만 아니라 인간 존재의 자연적 사회적 개인적 가능성의 탐구에 학문적 연구 또는 과학적 사색이 필수

객관성, 가치와 정신

적이기 때문에, 또 어떤 경우에도 모든 학문적 또는 윤리적 담론은 심리적 그리고 정치적 압력을 수반하는 것이기 때문에, 독단론이 되는 규칙이나 규범은 억압적 정치 질서의 명분이 될 수도 있다. (또 이것은 역설적으로 현실 위기에서 유달리 강조되고 사회 조직을 열파(裂破)하는 역할을 한다.)

문화의 열림과 닫힘 이러한 사실들은 일정한 우주론적 전제 또는 세계관을 수용하면서 발전하게 되는 문화에도 그대로 해당되는 일이다. 문화는 개방적일 수도 있고 폐쇄적일 수도 있지만, 대체로는, 조금 다른 맥락에서 사용한 말이기는 하지만, 베버의 용어를 빌려서, 문화의 "철갑 우리(stahlhartes Gehäuse)"가 된다. 단순히 문화라는 것이, 문화인류학에서 말하듯이 일정한 모형이며 거푸집이 되는 무늬(pattern)를 가지고 있다는 사실만으로 그것을 헤쳐 밖으로 나오기가 쉽지 않게 마련이다. 시도한다고 하더라도, 아무 이정표도 지표도 없는 황무지에 노출되는 것을 각오하지 않고서야, 문화의 거미줄을 어떻게 벗어날 수 있겠는가? 게다가 문화는 대개 국수주의적 자긍심으로 그리고 한 걸음 더 나아가 국가와 민족의 집단 이데올로기적 지상 명령으로 뒷받침되는 것이 보통이다.

문화의 보편성 아이러니는 스스로 보편성의 주장을 담고 있어야 한다는 강박을 지니고 있는 것이 문화라는 사실이다. '유럽 중심주의(eurocentrism)'와 같은 용어는 그러한 주장이 자기 과대의 편견에 불과하다는 것을 가리키는 말이다. 그러나 동시에 참으로 자신을 의식하는 문화가, 유럽 문화의 관점에서든 중국 문화의 관점에서든, 자신의 보편성을 주장하는 것이 반드시 허무맹랑한 것은 아니다. 보편성을 주장하는 문화는 보편성을 향하여 열려 있다는 것을 말한다. 그리하여 설사 보편성의 주장이 억압적이고 전체주의적 성격을 갖는다고 하더라도 그것은 그것을 넘어가는 보편성의 주장에 스스로를 닫지 못한다. 어떤 경우나, 보편성은 경험적 사실의 세계에서 보편성으로의 지향을 나타낼 수 있을 뿐이다. 그러면서 그 지향은 완전히 그 요구를 거부하지 못하는 것이다. (국제 관계에서 제국주의는 늘 보편성의 주장을 가지고 있다. 제국주의와의 대결은 대결일 뿐만 아니라 그 보편성에의 도전이다. 이것은 밖으로부터의 도전이기도 하고 안으로부터의 도전이기도 하다. 국제 관계를 힘과 전략과 대결로만 접근하는 것은 이러한 복잡한 변증법을 잘못 파악한 것이다. 중국이 한국의 종주국이 되었던 것은 단지 중국과 중국적인 것에의 복종이 아니라 중국이 지향하는 보편적 인간 문명의 주장으로 인한 것이다.)

보편성/불확실성/열린 우주/지경　위의 괄호 속의 이야기는 조금 샛길로 들어선 것이지만, 다시 문화의 보편성으로 돌아와서, 문화가 보편성으로 열려 있다는 것은 결국 불확실성으로 열려 있다는 것을 말한다. 이 불확실성은 궁극적으로, 위에서 말한 바와 같이, 정신의 우주적인 열림과 그로부터 지표를 얻게 되는 일이기도 하다. 그리하여 그것은 허무의 의식에 이어져 있으면서, 신비에 대한 경의를 내포한다. 이렇게 하여 얻어지는 마음의 상태는 간단히 말하여 존재론적 의식이라고 할 수 있는데, 이 존재론적 의식은 사람의 존재를 둘러싼 모든 것, 초월자, 주변의 사물이나 생명체 그리고 자신의 삶에 대하여 집중과 조심성을 가지고 생각하고 행동하게 하는 바탕이 된다. 전통적 유학에서 말하던 지경(持敬) 곧 경을 지키고 있는 심신의 태도, 또는 유럽의 윤리 사상에 있어서 더러 강조되는 외경감(Ehrfurcht) 곧 칸트에 있어서 도덕률 앞에서 사람이 갖지 않을 수 없는 경건한 마음, 슈바이처나 환경철학자 한스 요나스의 '생명 앞에서의 외경' 등이 이러한 것이라고 할 수 있다.

9 문화의 질서

문화의 구성/유토피아/낙원　이러한 존재론적 의식은, 이미 말한 바와 같이, 인간 삶의 기획의 출발점 또는 거점이 된다. 그것은 인간이 포용하지 않을 수 없는 존재의 불확실성에 대한 불안한 의식이기도 하고 그로 인하여 오히려 요구되는 윤리적 결단의 필요에 대한 의식이다. 그러면서 그것이 늘 그러한 기획의 목적이 될 수는 없다. 그것은 인간의 개인적 사회적 학문적 기획의 기초를 이룰 뿐이다. 이 기획이 지향하는 것은 사람이 살 만한 안정된, 또는 비교적 안정된 세계의 구성이다. 여기에 필요한 것은 문화와 윤리 가치의 명제들을 수립하는 일이고, 현실의 기술적 과제들을 풀어 나가는 일이다. 다만, 되풀이해서 말하건대, 문화와 윤리의 명제들은 독단론에 이를 수 있고, 현실의 기술적인 과제들은 삶의 전체적인 균형과 조화에 대한 느낌을 잃어버릴 수 있다. 흔히 지적되는 도구적 이성, 물질주의, 소비주의의 폐단은 여기에서 벗어난 곧 존재론적 반성을 벗어난 안이한 태도에 관련된다. 그러면서도 이러한 요소들이 삶의 중요한 층위를 이루는 것임을 간과하는 것은 그 나름으로 사람의 삶에 왜곡을 가져오는 것이라고 하지 않을 수 없다.

　그러나 보이지 않는 삶의 정신적 지표와 물질적 사회적 필요 그리고 그 모든 것을 넘어서 생태 환경의 필요를 종합하는 과제가 쉬운 답을 얻을 수 있다고 말할 수는 없다. 문제를 제기하고 답을 찾는 일을 위한 모든 노력을 유지하는 것만이 가능하다고 할 수 있을는지 모른다. 인간의 문제에 항구적인 답이 있다고 하는 입장 자체가 문제를 만들어 낸다. 그 단적인 예가 20세기에 실험된 그리고 인류 역사상 오랜 주제이기도 했던 유토피아적 정치사상과 계획이다. 날씨를 설명하는 데에 어떤 공간에서 나비 한 마리가 날개를 퍼덕이는 것이 나중에 엄청난 기상 변화의 결과를 가져올 수 있다는 생각이 있다. 인간이 완전한 사회 조직을 구성해 낸다고 하더라도, 새로 태어나는 개체는 이 체제 안에서 새로 퍼덕이기 시작하는 나비와 같다. 모든 개체는 새로운 시작이다. 세계의 이치가 선형이 아니라 복합적인 것이라는 것은 역사적 체험에도 맞는 것이라 할 수 있다. 그러나 여러 복합적인 요소에도 불구하고 사람의 삶은 일정한 질서로 조직되게 마련이다. 그것은 세계 이치의 일부를 비추는 것이기도 하지만, 인간 스스로의 노력으로 만들어 내는 질서의 공간이 없이는 인간적인 삶이 불가능하다. 이렇게 하여 만들어지고 유지되는 것이 사회이고 문화이다.

공공 공간의 투명성/정치 담론/우주적 지표 공론의 광장이라는 말이 있다. 살아 움직임에 필요한 것이 공론의 광장이다. 이것은 개인의 사적인 입장을 초월하여 여러 개인이 공적인 문제를 자유롭게 토의할 수 있는 실제적인 또는 비유적인 공간을 말한다. 이 말은 많은 사람에게 곧 하버마스의 '공공성(Öffentlichkeit, 영어로는 public sphere 곧 공공 영역)'을 생각하게 한다. 하버마스는 이 개념으로 민주주의를 중심으로 한 개인적 이해를 초월하는 이성적 담론의 공간을 말하지

객관성, 가치와 정신

만, 정치를 떠나서도 이해관계의 거래와 협상이 아닌 공적인 토론의 광장이 없다고 할 수는 없다. 사적인 것을 초월한 공적 이성 또는 이치의 변별력은 모든 인간의 사회적 관계 또는 사물에 대한 성찰에 핵심적인 동인(動因)이다. 이것은 개인적인 것이면서 사회적인 관계, 또는 하버마스 식으로 말하여 상호 주관적인 관계에서 활발해진다. 위에 말한 문제, 모든 인간 기획의 균형과 조화를 위하여 생각할 수 있는 것의 하나는 그에 대한 현실적 답이 무엇이든지 간에, 비록 항구적인 답이 되지는 않더라도, 하나의 매개와 교환의 공간을 열고 그것을 유지하는 일이다. 이것은 반드시 정치적인 의미만을 가진 것은 아니다. 그것은 높은 차원의 학문적 윤리적 탐구가 지속될 수 있는 공간이고, 정치적 문제를 합리적으로 해결하고자 하는 노력의 공간이고, 또 일상적 차원에서의 이성적 교환 또는 의견과 견해의 공간이기도 할 것이다. 어떤 것이든지 간에 그것은, 정치적인 합의까지 포함하여, 위에 말한 존재론적 의식 또는 인간 존재의 우주적 지표에 의하여 이끌어지는 것이라야 한다. 그렇게 함으로써만 균형의 유지가 가능하다. 이러한 공공 공간에서 중요한 것은 그것을 넓고 맑은 상태로 유지하는 것이다. 그것은 베버의 학문의 객관성론에서 볼 수 있듯이, 정신의 숨은 존재가 그 장(場)을 떠나지 않음으로써 가능하다. 그러나 필요한 것은 다시 한 번 공공 논의의 장의 객관성, 투명성 그리고 책임성을 유지하는 것이다.

10 자족적 공간과 심미성

공공 공간의 여러 활동 공공 공간이 정치 논의의 공간이 되는 것은 당연하다고 할 것이다. 그러나 그것은 다른 인간 활동이 함께 구성하는 공간이다. 이 활동은 경제와 생산적 노동, 정치, 그에 대한 공공 논의, 자연에 대한 과학적 탐구, 철학적 형이상학적 사색은 물론 예술 등을 포함하여 마땅하다.

심미성 공공 공간은 인간의 삶을 위한 활동의 공간이다. 물론 그 가장 중요한 특징은 그것이 이성의 공간이라는 데에 있다고 할 수 있다. 그것은 활발한 이성적 토의가 오갈 수 있는 공간이 또 정치화하는 것이다. 토의의 목적이 없다고 하더라도 공공 공간이 투사해 주는 투명성은 인간의 자유를 가능하게 하고, 또 공간에 완전히 지표들이 없는 것이 아닌 만큼 규율을 준다. 이와 관련하여, 조금 샛길에 드는 듯하지만, 모든 인간 활동에서 특히 공공 공간에서의 예술의 특별한 기능을 지적할 필요가 있다. 예술은 독자적인 인간 활동의 영역이면서 동시에, 그 미적 특성은 다른 활동에 따르는 부차적인 현상으로 나타날 수도 있다. 그러면서 이 심미적 요소는 다른 활동을 그 자체로 의미 있는 것이 되게 한다. 그리하여 그것은 우리의 생각을 이상적인 상태에서의 인간 활동의 총체가 어떤 것일 수 있는가 하는 데로 이끌어 간다. 이상적인 인간의 상태란 우리가 하는 일이 그 자체로 독자적인 의의와 보람이 되면서 동시에 다른 일들과 합하여 조화된 전체가 된 상태일 것이기 때문이다.

사람이 하는 일의 많은 것은, 분명하게 의식되든 아니 되든, 어떤 목적을 가진 것으로 파악된다. 이것은 높고 낮고의 세간적 판단을 떠나서 모든 인간 활동에 해당한다. 말할 것도 없이 생산 과정에서 만들어지는 모든 물건들은 공리적 목적을 가지고 있다. 그러나 생산 과정

객관성, 가치와 정신

에서 물건의 제조는 완성을 위한 곧 심미적 요소를 포함하는 완성을 위한 노력이 되고, 거기에서 제작자는 일정한 만족감을 얻게 된다. 장인의 공정이 그러한 것은 잘 알려져 있지만, 어떤 제작 과정에도 장인적 만족감은 따르게 마련이다. (물론 상품 생산이 소외 노동의 과정이라는 마르크스의 지적도 틀렸다고 할 수는 없으나, 그것을 완화하는 데에 장인적 요소가 개입될 수 있다는 것도 틀림이 없다.) 이것을 넘어 고급 노동으로서의 지적 과정에 그리고 사회 과정에 심미적인 요소가 강하게 작용하는 것은 당연하다.

과학의 우아함　과학은 삶의 기술적 문제들을 해결하거나——그러한 경우 그것은 과학에 연결되어 있으면서도 별개의 분야로 구성되는 기술로 분류되지만——단순한 지적 호기심의 충족을 위한 활동으로 생각된다. 그리고 과학적 연구가 직업이 되는 경우, 그것은 물론 사회적 분업에서 주어지는 직업적 경제적 보상에 의하여 동기가 부여된다. 그러나 과학 그 자체는 자체 목적적이고 자기 충족적인 인간 활동으로 간주될 수 있다. 그것에서 얻는 만족감은 다분히 과학적 추구의 심미적 완성에서 온다. 이것은 과학자들 자신이 그들의 연구에 대하여 쓰는 표현들에서도 볼 수 있다. 쉽게는 과학을 일반 독자에게 전달하는 책들의 제목, 가령 브라이언 그린의 스트링 이론을 중심으로 한 천체물리학에 대한 저서『우아한 우주(*The Elegant Universe*)』또는 수학자 서지 랭의 저서『수학하는 아름다움(*The Beauty of Doing Mathematics*)』과 같은 데에서 추측할 수 있는 사항이다.

정치와 의례/일상적 예절　오늘날 별로 주목을 받지 못하고 있는 것은 사회적 정치적 행동에서도 심미적 요소가 중요한 기능을 갖는다는 사실이다. 정치는 언제나 의례(儀禮)로서의 의미를 가지고 있다. 오례(五禮)의 제주(祭主)라는 것은 조선 시대에 임금의 위치를 정의하는 일에서 중요한 요소의 하나였다. 의례는 종교적인 의미를 갖는 행사지만, 그것은 다른 사회에서의 의식(儀式)이 그랬던 것처럼 공연(公演, public performance)으로서의 심미적 성격을 가진 것이기도 했다고 할 수 있다. 한나 아렌트가 "행동하는 것을 보게 하자.(let us be seen in action, spectamur agendo)"라는 것이 정치 행동의 중요한 계기라고 보고 그것을 사람이 정치에서 얻는 "공공 행(public happiness)"의 핵심이라고 규정했을 때,[12] 그 이념은 동아시아에서 정치에 공연적인 성격을 부여한 것에 비슷하다고 할 수 있다. 여기에 이어서 예절이나 예의가 조선조에서, 또는 다른 전통 사회에서 중요한 사회 행동의 규범이었던 것도 상기할 수 있다. 사실 오늘날에도 사람과 사람 사이의 예절은, 계급적 이해관계 그리고 다른 이해관계에서 오는 갈등에도 불구하고, 공동체의 공동성을 유지하는 데 긴요한 일상생활의 사회적 교환의 조정 기제라고 할 수 있다.(이것이 완전히 붕괴되어 가고 있는 것이 오늘의 한국 사회이다. 그리고 모든 부정적 감정의 선양이 정의를 위한 투쟁으로서 정당화된다.) 공공 공간은 개인이나 집단이 자기 목적 곧 사회와 정치가 허용하는 목적을 추구하는 공간이면서, 그 자체로 의미가 있는 공연의 공간이다.

11 문화의 이상

인간 활동의 자기 목적화   심미성은 이와 같이 인간 활동의 도처에서 그것을 목적화하는 기능을 맡고 있다고 할 수 있다. 앞에서 본 바

객관성, 가치와 정신

와 같이, 인간 활동에서 많은 미적 요소는 과정으로서의 삶과 자연에서 만족을 찾을 수 있게 하고 그것을 긍정할 수 있게 한다. 그러면서 그것은 과정과 목적 곧 자족적 목적을 통합하여 하나가 되게 하는 삶의 공간을 상상하게 한다. 사람들의 구체적인 활동이 모여 그러한 공간을 이룰 수 있다고 한다면, 그것을 우리는 사람들이 그려 보는 이상적인 문화의 총체라고 할 수 있을 것이다. 현실적인 문화 곧 인류학자가 말하는 문화가 아니라 이상화된 문화란 모든 인간 활동이 승화되어 하나의 조화된 전체를 이룬 상태를 말하는 것으로 생각할 수 있기 때문이다. 그렇다고 예술이 이러한 이상적 인간 조건을 이룩하는 데 주된 역할을 한다는 말은 아니다. 이상적 문화를 이루는 데에는 그보다 훨씬 힘든 작업이 필요할 것이다. 예술이 강조하여 표현하는 자연과 인간의 작업의 심미성은 그러한 이상적 상태에 대한 비유가 될 뿐이다. 그러나 사실에 있어서도 여러 인간 활동은 심미적 완성을 통하여 만족할 만한 것이 된다.

감각에서 형상에로 그에 따르는 위험이 없지 않은 대로, 이 심미적 비유 또는 사실을 더 확대하면 그것은 사회 전체의 문화적 조화의 가능성을 생각하게 한다.(위험이란 사실적 작업을 피상적인 것이 되게 할 수 있다는 말이다.) 아름다움이란 무엇인가? 프로이트가 생각했듯이 예술은 억압되어 있던 관능적 충동에 대한 보상이라는 의미를 가질 수 있다. 그러나 많은 경우 아름다움의 느낌은 단순히 충동의 만족이 아니라 감각적으로 만족의 가능성을 시사해야 한다. 그런 의미에서 억압된 충동이 예술이 되었을 때, 그것은 벌써 객관적 세계로 그 자리를 옮겨 간 상태에 있다. 감각은 인간과 세계의 매개체이기 때문이다. 그리하여 그에 의하여 매개되는 세계는 관조적 거리를 통하여 객관화된다. 그리고 예술의 문전에 이르게 된다. 아마 감각적인 만족을 보다 직접적으로 줄 수 있는 것은 색채일 것이다. 그러나 그것은 동시에 공간적으로 식별될 수 있는 것이라야 한다. 공간적 질서는 불가피하다. 그리고 이것은 공간의 보다 만족할 만한 구성의 가능성을 시사한다. 그것은 순수 형상화를 생각하게 한다. 형상의 세계는 늘 사람의 마음을 떠나지 않는 것으로 보인다.(그런 의미에서 플라톤적인 이데아는 모든 인식론적 움직임에 그 그림자를 비추고 있다고 할 수 있다.)

낙원/권력 의지/관조적 향수　공간적 구성의 가능성이 나타내는 것은 부분적인 만족일 수도 있고 전체적인 만족일 수도 있다. 아름다움 안에 들어 있는 두 가지 요인 곧 관능과 공간적 형상은 전개에 따라 두 가지의 절대적인 경지를 시사할 수 있다. 한 가지는, 한없는 만족을 줄 수 있는 서비스를 제공하는 미인들이 있는 이슬람의 천국의 경우처럼, 관능의 천국이다. 여기에 대하여 위에서 말한바 수학이나 물리학적 알고리즘의 아름다움은 형상적 우아함에 관계되어 있다. 형상적 요소가 두드러지게 하는 아름다움은 완전한 형상의 세계, 플라톤적인 이데아의 세계를 암시한다. 동시에 낮은 차원에서 형상의 강조는 인위적으로 완전하게 설계된 유토피아를 생각하게 할 수 있다. 완전하게 설계된 유토피아는 형상적 완성보다는 기계적 완성에 기초하여 심미감에 못지않게 지배와 조종을 원하는 인간의 권력 의지를 충족시킨다고 할 수 있다. 공간의 심미적 완성과 인과율의 법칙에 따른 기계적 완성은 서로 가까이 존재하고 교환될 수 있는 것이면서, 질적인 차이를 가진 세계를 보여 주고, 그리고 그에 대한 경험을

　　　객관성, 가치와 정신

제공한다. 그 효과에 있어서 형상적 완성감은 심미적 만족감의 평화를 주고, 기계적 완성감은 권력 의지의 만족감을 수반한다. 철학적인 관점에서 수학이나 물리학이 궁극적으로 시사하는 것은, 이미 말한 바와 같이, 플라톤적인 이데아의 세계이다. 그러나 이러한 학문들도 이데아의 세계의 실재 가능성에 대해서는 별로 확신을 주지 못한다. 여기에 대하여 완전한 사이버네틱스의 천국 또는 반(反)천국은 오늘의 기계와 전자 매체의 발달로 보아 실현 가능한 세계라고 할 수 있다. 이러한 가능성에 대하여, 감각과 형상이 조금 더 원시적이고 단순한 관점에서 타협을 이룬 것이 흔히 사람들이 갖는 그리고 지상에서도 실현 가능할 듯한 낙원의 이미지이다. 꽃의 아름다움은 저절로 정원으로 일단의 완성에 이른다. 그리고 그것은 또 하나의 낙원의 이미지가 된다.

아름다움과 그 저급화/낙원 이러한 확대된 아름다움의 이미지들은 여러 가지 의미를 갖는다. 관능적 쾌락의 암시는 쉽게 상업주의 시대에 있어서 판매 전략의 일부가 된다. 현실을 변형시키는 상상력의 힘도 현실을 초월하고자 하는 사람들의 마음을 자극하는 요소가 된다. 오늘날 창조성을 강조하는 것은 대체로 상업적인 의미를 가진 소위 문화 콘텐츠의 생산에 그것이 필요하기 때문이다. 낭만주의 시대에서 콜리지(S. T. Coleridge)가 상상력(imagination)과 기상(奇想, fancy)을 구분하여, 앞의 것을 진정한 창조 행위에 관계되는 것으로, 뒤의 것을 기계적인 인상의 종합으로 구분하였지만, 우리는 이것을 조금 달리하여 상상의 대상에는 사물의 핵심을 밝히는 데 도움을 주는 것이 있고 단지 호기심을 자극하는 데 수단이 되는 것이 있는데,

뒤의 것이 오늘날 상업주의 세계에서의 창조적 상상력과 동일하다고 할 수 있을지 모른다. 유토피아의 실현이 간단히 이루어질 수 있다는 생각이 가져오는 인간적 피해는 역사적으로 유교적 이념 국가에서, 또 더욱 강력한 형태로 현실 마르크스주의의 여러 실험에서 이미 충분히 드러난 바 있다고 해야 할 것이다. 그럼에도 불구하고 그것의 이상 사회를 향한 희망이 사회와 정치에 중요한 자극이 되는 것도 사실이다. 그중에도 위에서 말한 심미적인 이상 사회 가운데 자연의 낙원의 이미지는 인간 삶의 자연과의 조화를 시사하는 비교적 위험성이 적은 이상 사회를 생각하게 한다고 할 수 있다. 서두에 언급했던 한스 카로사가 그리는 유기적 사회 곧 행복한 추억과 자연에서의 노동과 학문과 진리의 추구가 조화를 이룬 공동체, 그러면서 어떤 정신적 깨달음에 의하여 인도되는 공동체의 이상은 사회를 생각하는 데 있어 중요한 모델이 된다고 할 수 있다. 다만 보다 현실적으로 생각할 때, 그러한 공동체를 위한 기본 조건이 사라진 후기 산업화 시대, 세계화 시대에 있어서 그 본질적 의미를 살리는 사회가 어떻게 가능할 것인가 하는 것이 과제로 남는다고 할 것이다.

현실의 자기 승화　이것이 과제라고 하여 물론 이 문제에 대하여 어떤 답을 여기에서 제시할 수 있다는 것은 아니다. 여기에서 주제가 되는 것은 공론의 광장 또는 공공 공간의 구성의 문제이고, 이 공간을 구성하는 것이 여러 분야의 인간 활동의 총체라는 것이다. 그리고 이 총체 중에서 심미적 요소의 중요성을 말하려고 한 것이 마지막 부분이다. 심미적 요소는 전체적으로 말하여 사람이 직면하는 현실과 인간성의 자기실현의 꿈을 조화할 가능성을 시사한다. 그것은 미래를 위한 비전을 제시한다. 그러나 그보다 중요한 것은 그러한 미래의 꿈이 현실을 멀리 떠나지는 않아야 한다는 점이다. 다시 말하건대, 삶의 과정 그리고 자연의 과정 자체가 아름다움을 통하여 보다 높은 차원으로 지양될 수 있는 가능성 곧 자기 승화의 가능성을 암시하는 데 그쳐야 하지 않을까 하는 것이다.

그렇다고 그것이 자기만족을 의미하지는 않는다. 그것의 자족 상태는 다시 삶의 불확실성, 그것이 요구하는 결단을 포함한다. 이것이 있어서 공공 공간의 전체는 표피적인 완성이나 허구에 떨어지지 않는다. 많은 인간 활동을 포용하면서 하나의 조화된 질서를 이루는 전체를 문화라고 한다면, 그 질서의 허구로의 전락을 방지하는 것이 문화의 외면적 질서를 넘어가는 정신의 어둠과 밝음이라고 할 수 있다. 그것이 문화의 실질적 내용을 반성할 수 있게 하는 내면의 원리로 작용한다.

12 정신의 어둠과 밝음 — 고뇌의 조화

학문/정신/광신 우리는 위에서 사회과학의 객관성에 관한 베버의 논문 끝 부분을 인용하였다. 이미 길게 말한 바 있지만, 베버는 그의 과학적 엄정성에 대한 강조에도 불구하고 정신적 맹렬성을 가지고 있었다. 이것을 다시 돌아봄으로써 문화의 조화에 대한 낙관적인 희망의 문화가 내포하고 있는 위기적 계기를 상기하고자 한다. 그는, 위에서 본 바와 같이, 「직업으로서의 학문」 또는 「소명으로서의 학문」에서 강단에 선 교수로부터 현실 정치에 대한 분명한 입장의 천명을 원하고 특히 궁극적인 정신적 가치의 확인을 얻고자 하는 학생들을 나무라면서, 과학의 엄정한 사실 추구와 가치로부터의 중립을 강하게 주장하지만, 실제에 있어서는 스스로 학생들의 요청에 대하여 깊은 공감을 가지고 있다는 것을 도처에서 드러낸다. 사실 위에 언급한 강연의 끝 부분에서 그는 시대정신을 규정하는 합리주의를 유감스럽게 느낀다는 인상을 준다. 자유롭게 선택한다면, 어쩌면 그가 원하는 것은 이성적 학문이 아니라 정신의 세계였을지 모른다. 그는 정신의 후퇴를 다음과 같이 말한다. "독특한 합리화와 지식화(Intellektualisierung) 그리고 무엇보다도 세계의 탈마술을 특징으로 하는 시대의 운명으로 하여 궁극적이고 숭고한 가치들이 공공 공간에서 물러가 신비한 삶의 초월적 세계로 또는 개체들 사이의 형제 동맹으로 후퇴해 가게 되었다." 완전히 세속화된 세계에서, 그가 보기로는, "(지금에 와서) 극히 작고 친밀한 사람들 사이, 개인적인 인간관계에서만, 극히 작은 목소리로, 무엇인가가 살아 있다는 것 곧 옛날에 불꽃처럼 위대한 공동체들을 휩쓸면서 그것을 하나로 묶었던 숨결, 정신, 프네우마(pneuma)에 비슷한 것이 맥동(脈動)한다는 것은 우연이 아니다." 그러나 오늘의 시대에 있어서 "진정한 새로운 예언이 없이" 학문이 그러한 예언을 시도한다면, 그것은 "광신자의 파당을 만들 수는 있을지 몰라도 진정한 공동체를 만들 수는 없을 것이다." 이것은 지금에 와서 거대한 예술품이 거짓이 되고 개인적인 표현을 담은 작품에만 진정한 예술이 존재하는 것과 같은 일이다.

과학과 정신의 양자택일　그러나 개인적으로 정신의 세계, 궁극적인 가치의 세계를 선택하는 것은 개인의 자유에 속하는 일이다. 그리고 그것을 환영하는 곳이 없는 것은 아니다. (베버의 관점에서는 그것이 교회이다.) 이것은 지적인 삶을 제물로 바칠 것을 요구한다. 그러나 "내가 보기로는 그와 같이 종교로 돌아가는 것은 교단에서 (지적인) 예언에 종사하는 것보다는 고고한 일이다." 다만 지적인 일에 종사하는 사람은 그 일에 종사하기로 함으로써 스스로 받아들이는 의무가 있다. 그것은 "순수하게 지적인 떳떳함(schlicht intellektuelle Rechtschaffenheit)"이다. 그리고 그것은 오지 않을 낙원을 고대하는 것보다도 주어진 현실을 받아들이고, 그것을 사실적으로 이해할 것을 요구한다.[13]

이렇게 베버는 정신적 추구의 선택에 공감을 표명하고 그것을 높이 말하면서도 지적인 추구는 궁극적인 정신적 가치의 추구와는 별개의 것이며, 이 구분을 분명하게 지켜야 한다고 말한다. 그러나 이 구분을 지키는 것 자체가 궁극적인 정신적 가치의 세계가 존재한다는 것을 의식하는 것이다. 다만 그것은 오늘의 상황에서 쉽게 접근될 수 없을 뿐이다. 그러나 우리는 그것을 의식하는 것이 결국 지적 정직성 그리고 문화의 내실을 보증한다고 하지 않을 수 없다. 많은 사람들이 함께 살며 서로 다른 생각을 가진 세계에서 모든 사람이 참여할 수 있는 공간을 유지하는 것은 학문과 예술 활동의 기본 사명이다. 이 공간에서 의미 있는 문화가 번성할 수 있다. 그리고 그것은 삶의 어둠 그리고 그 전체의 불확실성과 긴장을 유지하는 일이다. 질서와 긴장을 유지할 수 있는 것은 그 너머에 있는 정신의 존재론적 기초로 인한 것이다. 세속적 사실과 정신의 긴장 속에서 지적 활동과 문화는 건전성을 유지한다. 그리고 문화는 바깥의 장식 이상의 안을 지니게 된다. 어느 쪽에 역점을 두든지 문화는 이 바깥과 안의 전체를 의미한다.

부록

해 지는 땅의 비가(悲歌)[14]

한스 카로사

이제 밤이 오는가, 아, 해 지는 땅이여!

우리가 지금 괴로워하는 것은 이미

그대의 예언자가 겪었고 말한 바 있다.

그들은 멀리서 다가오는 것을 보았다.

그들은 잘못이 무엇인가를 알았지만,

아무것도 하지는 않았다. 운명이 다가왔을 때,

그들은 알아보지 못하고, 구원을 말했다.

나는 예언자가 아니다. 그러나 그대의 벗이고자 한다.

그러나 그대는 그렇게 많은 얼굴을 가졌고,

한 얼굴은 다른 얼굴을 알아보지 못한다.

나는 그대의 숲에서 나이 들었고

나는 그대들의 학교에서 배웠다.

그러나 오늘 나는 기억을 긁어모아서야

나무나 풀, 유리창 앞의 해바라기가 아는 것,

우리가 살고 있는 곳이 별이라는 것을 안다.

누가 이것을 잊게 했는가?

초침이 멈추었는데, 천년 계획을

세워서 무슨 소용이 있을 것인가?

우리는 은총이 없는 것에서 빛을 찾아,

숲 속의 우리 길을 밝혀 줄 것이라 했다.

그리고 깊어 가는 어둠을 의아해했다.

잿빛의 복수 여신들을 부른 것은 우리 자신이다.

이 마녀들은 우리의 고향을 휘몰아 가면서,

공포를 뿌리고, 도시마다 짓눌러 놓는다.

아직도 서 있는 사원은 오직 적들의 자비 때문,

봄이면 언제나 아이들은 그곳에서 불어오는

정신의 바람을 볼에 가볍게 맞고, 그들은

보이지 않는 존재를 예감했다.

높이 선 탑은 스스로의 오래됨을 기뻐하고,

흘러가는 구름에 맞닿은 높이를 기뻐한다.

그러나 어쩌면 이미 용이 하늘에 떠서,

탑들을 그 평안으로부터 끌어낼지 모른다.

마지막 종은 울리고, 무너지는

요람과 무덤이 함께 내려앉고

제단(祭壇)의 성화들은 무덤을 장식할 것이다.

우리는 너무나 많은 부정(否定)을 보았다.

공원 가의 집에 상냥한 불빛이 밝고

생각하는 사람들은 서재에서 갖가지 전통의 저작들에

귀 기울이며 고요히 생각에 잠기고,

사람들은 진리를, 진리만을 찾았거니

이제 그곳에 무엇이 있는가? 부서진 폐허,

숯이 된 들보. 조각난 지구의(地球儀),

화염에 젖혀진 책들에서 연기가 솟는다.

곁으로 검고 어두운 묘지의 화환이 시들고

부서진 것들로부터 썩는 내음이 올라온다.

사람들은 어질러진 일들 가운데 넋을 잃었다.

누가 그들을 위로할 것인가? 누가 말할 것인가,

앞으로 나아감도 증오의 맹서도 소용이 없다는 것을.

빈궁한 사람들은 두려운 일들에 이내 익숙해진다.

얼마 가지 않아 사랑의 촛불은 꺼져 버리고,

한 사람은 다른 사람의 미친 소리를 듣는다.

가슴에 불빛을 지닌 사람, 그 사람은 이를 감춘다.

그래서 나는 나의 삶의 지층을 파내어

잊힌 옛 시절을 다시 굴착해 내린다.

살포시 나도 모르게 내가 자라던 시절을.

올리브 숲은 황토빛 언덕 위에 서 있고,

어둑한 정원에서 감귤이 숨 쉬는데,

태고로부터의 다리 위로 **빽빽**하게

줄지어 있는 금세공 가게가 있는 곳,

나는 그대의 더없이 아름다운 도시로 돌아간다.

바람은 거칠게 성벽을 쓸어 만지고

객관성, 가치와 정신

계단이 여러 색깔의 문장(紋章)의 벽을 타고 오른다.

흘러내리는 분수 소리에서 지복(至福)의 앎이 노래한다.

벗들은 그곳에 가는지? 아무도 만나지 못하지만,

그 서늘한 사원으로 나를 이끌어 가는 것은

조용하게 거대한 나체로 자는 사람, 밤,

우리들의 모든 날의 시간을 넘어 있는 어머니,

그 곁으로 수백 년이 스쳐 지난다.

일찍이 위대한 예술가는 흰 돌에서,

빛나는 흰 돌에서 찾아냈다. 주검의 창백함과

생명의 찬란한 빛이 장엄하게 하나가 되는 자리에서.

그를 그리는 우리의 향수(鄕愁)는 우리의 세 물림.

사랑은 그에게서 하늘을 찾는다.

보라, 젊은이의 석관(石棺) 위에 쉬고 있는 그를,

고개를 숙이고, 달과 별을 머리에 이고,

감은 듯한 눈에는 눈물의 빛!

곁에는 양귀비가 자라고, 요술의 새 지켜 서고,

꿈의 신은 환영(幻影)의 탈을 쓰고

침묵하라고 한다. 이 잠 속으로 말할 것은

아무것도 없다고, 음악으로 변용하는 것 외에는.

완벽한 사랑의 소리를 깨우기 위하여

우리가 무엇을 말하리, 무엇을 찬양하리,

새로운 기적의 이야기를 전할 것인가?

먼 곳으로 달리고 싶은 편편한 도로를?

화물선을? 자랑스러운 디자인의 다리,

세상을 가로질러 가는 비행선을?

엄청난 기술로 만든 파괴의 도구들을?

진실이든 허위이든 관계치 않고

공중으로 전파하는 음파의 도구를?

아, 침묵하라, 이 모든 것은 그대가 아니다.

이것들은 모두 소리를 달리하여 되뇌이는 것.

우리가 궁리하고 세워 놓는 것은 그래도

맞다 할 것인가? 그것은 아직도 내면으로부터의

가르침을 기다리는가? 드높이고 확인을 해 줄 가르침을.

말로 말하는 것은 그대를 괴롭게 하는 것.

밤은, 아름다움과 아픔에 가득하여, 할 말이 없다.

우리는 그대로부터 슬퍼하는 법을 배우리.

위로를 멀리하고 오래 견디는 슬픔을.

그 슬픔에서 생각은 잘못된 길로 들지 않고,

우리는 인간의 모든 노동보다도 오래된

순박한 표지만을 남기리.

옛 희랍 사람들에게는 아테네의

올리브 나무의 기름은 은혜의 과일이었으니,

객관성, 가치와 정신

승리의 대가로 받는 싱싱한 종려나무였으니.

오라, 잠자는 여신에게 꽃을 바치자,

커다란 해바라기를 그 팔에 안기자.

그것은 일찍이 낯모르는 사람이

울타리 너머로 던져 버린 죽어 가는 풀,

뿌리는 마르고 잎은 벌레 먹고,

우리는 급히 그것을 쓰레기 더미에 넣으려 했다.

그러나 한 늙은 정원사 있어 그것을 주어

높이 자란 백합 곁 땅에 심었다.

줄기는 시들어 벌레처럼 꼬였고,

가꾸는 떨리는 손 우리는 우습게 보았다.

그 손은 죽어 가는 줄기에 물을 주고

힘없는 줄기에 막대 받침을 세웠다.

어느 아침 알아볼 수도 없게,

줄기는 빛을 향해 바로 서고

시든 잎의 가장자리에 잎이 움트고,

또 한 개의 잎이 잇따라 나왔다. 오랫동안

닫혀 있던 둥그런 푸른 꽃받침은,

착실하게 성장을 지키면서 숨어 있었는데,

보라, 조심스러운 치유(治癒)로부터의 새로운 탄생을!

불꽃 찬란한 수레바퀴가 개화하였다.

둥그런 씨앗의 바구니에 꽃의 둘레가 짜인다.

합창 속에 목소리들이 짜이듯이.

금빛의 꽃가루가 스스로의 잎사귀 위에 숨 쉰다.

이 표지, 이 작은 반(反)태양,

이 태양은 잠든 이의 꿈을 흩트리지 않으리.

꽃은 죽는다. 그러나 꽃의 의미는 영원하다.

꽃을 통하여 아침의 나라 우리에게 인사하노니

그곳은 성자들이 순치한 호랑이가 빛나고

임금의 순례자가 그대를 그리워하는 곳.

아, 저녁의 나라여! 그대의 빈곤 속에서

눈을 위로 올려 보라. 지난 일은 지나게 하라.

지구에서 땅에 지는 것이 하늘에서도 지는 것은 아니니.

모든 것을 구하고자 하는 자는 아무것도 구하지 못한다.

아직도 운명의 자매들은 세상을 스쳐 간다.

나는 이들에게 말하고 싶다. 빛나는 자들이여!

우리를 잊지 말라. 우리를 위하여 아기를 골라서

잉태의 순간에 아기를 요술의 그물에 싸고

병든 세상에 건강하게 태어나게 하라.

그리고 마물(魔物)과 같은 말벌로부터 지키라,

말벌들은 고귀한 싹들을 찾아 침을 꽂고

뛰어오를 힘이 생기기도 전에

지나감을 주사할 수 있다.

다시 한 번 희망하라, 열병 앓는 서양이여!

객관성, 가치와 정신

용기를 가지라, 보존된 영혼이 다시

맹목으로 파괴된 것을 바로 세울 때,

영혼은 우리 모두에게 사랑의 일감을 주고

폐허에서 다시 한 번 축복의 날이 오르리.

그러면 우리는 빛을 감추지 않아도 되고

다시 한 번 자유로이 태고의 힘을 부릴 수 있으리.

지구의 별 형상을 다 함께 직조하며,

순수한 시작 속에 서는 것이

하루가 아니라, 한순간이라 할지라도,

그렇다면, 우리는 어둠의 세월을

기꺼이 견딜 수가 있으리라.

작은 일과
큰일 사이

오늘의 사회와 문화

유종호

전 연세대학교 석좌교수

한반도를 에워싸고 있는 국제 정치적 상황이 19세기 말 조선 왕조 몰락기와 비슷하다고 주장하는 견해가 설득력 있게 번지고 있다. 우리에겐 생소하지 않은 위기론이요 비상시론이다. 돌이켜 보면 광복 이후 위기가 아니고 비상시가 아니던 세월은 없었던 것으로 회상된다. 사이사이 희망과 기대에 찼던 시기가 없었던 것은 아니나 대체로 불안하고 편안하지 못한 나날의 연속이었다는 것이 20세기의 과반을 살았던 국민들의 실감이리라고 생각한다. 곤혹스러운 지형학적 조건으로 말미암아 빈번하고 혹독했던 외침(外侵)과 더불어 내우 또한 끊이지 않았던 근세 역사를 돌아볼 때 휴전 이후 그런대로 유지돼 온 평화가 이례적인 것이 아닌가 하는 생각이 들면서 잠복했던 불안감이 의식 위로 부상하는 것을 경험하게 된다. 현실 감각의 누적된 피로감에서 오는 안전 불감증이 우리로 하여금 위기의식 없는 생활 영위를 가능하게 하는 것이 아닌가 하는 의구심이 들기도 한다.

아무래도 나는 비켜서 있다 절정(絶頂) 위에는 서 있지
않고 암만해도 조금쯤 옆으로 비켜서 있다
그리고 조금쯤 옆에 서 있는 것이 조금쯤
비겁한 것이라고 알고 있다!

그러니까 이렇게 옹졸하게 반항한다

이발쟁이에게

땅주인에게는 못하고 이발쟁이에게

구청직원에게는 못하고 동회직원에게도 못하고

야경꾼에게 이십 원 때문에 십 원 때문에 일 원 때문에

우습지 않으냐 일 원 때문에

모래야 나는 얼마큼 적으냐

바람아 먼지야 풀아 나는 얼마큼 적으냐

정말 얼마큼 적으냐……

"왜 나는 조그마한 일에만 분개하는가"란 첫 줄로 시작되는 「어느 날 古宮을 나오면서」는 아마도 가장 많이 인용돼 온 현대 시편의 하나가 아닌가 생각된다. 안이한 소시민적 행복의 유혹을 거부하면서도 소시민적 자아로 안주하고 있다는 자의식과 자신에 대한 통렬한 반성을 담고 있는 것이 공감을 자아낸 탓이라 생각한다. 김수영의 많은 시편들이 소시민적 자아에 대한 성찰과 자괴감에 대한 변주라 할 수 있지만 「어느 날 古宮을 나오면서」는 그 갈등을 내부 검열 없이 그대로 드러내고 있다. 큰일에 대해 분개하지 못하고 조그만 일에만 분개하는 것은 현대 사회 소시민들만의 고유 전담 사항이 아니다. 인간 있는 곳에 편재하는 보편적인 심적 성향의 일단일 것이다.

조그만 사안에 대한 인간의 민감성과 커다란 사안에 대한 무감각성

은 괴이한 이상 징후이다.[1]

『팡세』에 보이는 대목이다. 물론 구체적 맥락에 놓고 볼 때 김수영이 말하는 것과 파스칼이 말하는 것에는 큰 차이가 있다. 김수영의 대목은 1960년대라는 역사적 사회적 맥락에서 토로한 말이다. 파스칼의 대목은 가령 "영혼이 불멸 아니면 필멸이라는 것은 의심할 여지가 없다. 이것은 윤리 체계에서 큰 차이를 빚는다. 그런데도 철학자들은 이러한 의문에서 동떨어져 그들의 윤리 체계를 작성한다."[2]라는 대목에서 보게 되듯이 영혼 불멸 여부와 같은 형이상학적 쟁점이 커다란 사안이 된다. 그러나 하나는 사회적 일상적 발언이요 하나는 형이상학적 문제에 대한 발언이라는 차이를 인정하면서도 우리는 그것이 보편적 심성의 성향을 반영하고 있다는 것을 시인하지 않을 수 없다. 영어에 penny-wise and pound foolish란 속담이 있다. "한 푼 아끼고 백 냥 잃는다."라는 뜻인데 결국은 비슷한 인간 심성을 지적한 것일 터이다. 작은 일에 민감하고 큰일에 무관심한 한 한 푼 아끼다 백 냥 잃는 꼴을 당하기 십상일 것이다.

국제 정치라는 관점에서 볼 때 정말 우리가 대한 제국 말년과 비슷한 상황에 놓여 있는 것일까? 보는 시각에 따라 의견은 달라질 수 있을 것이다. 그러나 급박하게 움직이는 국제 상황이나 한반도에서 벌어지는 사태가 심상치 않은 것이라는 점에서 일단 비상시라는 것은 인정해야 할 것이다. 이런 커다란 사안에 대해서 대체로 무감각하면서 상대적으로 조그만 일에는 난리를 피우는 것이 우리의 오늘이 아닌가 하는 생각을 금할 수 없다. 공연한 위기의식을 조성하는 알라

미즘(alarmism)이라고 폄훼할 관점도 있을 것이다. 그러나 조그만 사안에 민감하고 나라의 큰일에 무감각한 사회적 풍조에 대한 우려 표시는 결코 기우가 아니다. 가령 통일이 지상 목표라고 모두 역설하지만 그 통일의 구체적 실질적 내용과 형식이 어떻게 되어야 할 것인가 하는 개괄적 프로그램에 대한 국민적 합의에 우리는 도달한 바가 없다. 그 치열한 모색이 있었다고 할 수도 없다. 당위론의 반복적 복창이 전개되고 있을 뿐이다. 도둑처럼 온 해방과 같이 도둑처럼 오는 통일을 기다리는 것도 괜찮은 일일지 모른다. 그러나 이질적인 체제의 통일에 앞서 동일한 체제 안에서도 갈등과 분쟁은 격심하고 전투적이다. 갈등과 분쟁이 없는 사회는 상상할 수 없지만 그것을 합리적으로 조정하는 기술을 우리는 익히지도 길들이지도 못했다. 커다란 사안에 대해서 극히 민감하면서 조그만 사안에도 민감하게 적정한 대응을 해야 우리 사회가 건강과 안정을 도모하고 건전하고 무던한 사회로 진화할 수 있을 것이다. 그런 맥락에서 우리 사회가 당면하고 있다고 생각되는 몇몇 국면을 검토해 보기로 한다. 이 자리에서 든든한 해결책을 제의할 정도로 담대하지도 현명하지도 못하다. 문제점을 제기함으로써 모색을 위한 공동 노력의 계기를 마련한다면 다행이라 생각한다.

1 아버지와 아들

어느 사회에나 세대 간의 대립과 갈등은 있게 마련이다. 세대 간 대립은 역사의 기본적 리듬이라고 말할 수도 있다. 얼핏 세대 간 대립의 표현이 아닌 것처럼 보이는 서술의 행간에서 세대 간 대립의 징표를 보게 되는 것은 어렵지 않다. 세상이 점점 고약해진다는 일반적 비관론은 연만한 노인들의 일상적 담소에서 흔히 목도하게 된다. 그것이 사실은 무자각적 세대론이며 젊은 세대를 겨냥한 것이라는 것은 쉽게 간취된다. 가령 20세기 시인 T. S. 엘리엇의 「문화의 정의를 위한 노트」에는 다음과 같은 대목이 보인다.

> 우리 시대가 쇠퇴의 시대라는 것, 문화의 수준이 50년 전보다 낮다는 것, 이러한 쇠퇴의 증거가 인간 활동의 모든 분야에 보인다는 것은 확신을 갖고 단언할 수 있다. 문화의 쇠퇴가 더욱 진척되어 문화가 없는 일정 기간의 시대를 예상하는 일이 결코 없을 것이라고 말할 수는 없다.[3]

이러한 문화적 보수주의자의 개탄은 사실상 젊은 세대의 문화 향유 수준의 쇠퇴와 타락을 기초로 한 것이고, 그런 점에서 잠복된 세대론이다. 그런가 하면 기성 사회나 체제에 대한 비판이나 거부가 사실은 선행 세대에 대한 분노나 불만에서 나온 경우도 있다. "나는 스무 살이었다. 그때가 최고 시절이라고 말하게 내버려 두지 않으리라."라는 첫대목이 1968년 학생 운동 때 대대적 구호가 되었던 폴 니장의 『아덴, 아라비』에 붙인 사르트르의 서문에는 이런 대목이 보인다.

> 가장 분명한 욕망은 성과 그 좌절된 욕망에서 나온다. 여인을 노인과 부자를 위해 예약해 두는 사회에서 이 욕망은 가난한 청년의 첫 불행

이며 그의 앞에 놓인 난경의 사전 체험이 된다. 우리 여인들과 동침하며 우리를 거세하려 드는 노인들을 니장은 호되게 욕했다.[4]

동년배 젊은 여성들을 차지하는 돈 많은 선행 세대에 대한 분노도 가난한 청년의 급진주의 수용에서 중요한 계기가 되었음을 보여 주고 있다. 그 거리낌 없는 토로와 지적은 놀랍고 참신하다. 우리는 프로이트 사상의 강력한 영향력을 다시 확인하게 된다. 위에서 보았듯이 세대 간의 명시적 혹은 잠재적 갈등과 거리감은 세계에 미만해 있다. 투르게네프의 『아버지와 아들』은 세대 갈등을 다룬 작품으로 흔히 거론되지만 서구어 역본에서 아버지와 아들이 각각 복수로 되어 있음은 우연이 아니다. 세대 갈등이 보편적이며 도처에 편재한다는 함의가 있다.

한 인간의 탄생에서 시작해서 성숙하여 자손을 마련하기까지의 순환이 세대라고 할 때 그 기간을 대충 30년으로 잡는 것이 보통이다. 3세대가 1세기인 셈이다. 그러나 이러한 생물학적 혹은 계보적인 의미와 함께 사회역사적 차원을 고려할 때 그 기간은 달라진다. 세대 개념에서 귀속 세대 동년배들의 공통 경험이 중요한 변별 요소로 작용하면서 그 기간은 짧아지는 것으로 보인다. 가령 청년 문화란 공통 경험을 특징으로 하는 '통기타 세대'란 말이 있었는데 그것은 휴전을 전후해서 사회 활동을 하기 시작한 '전후 세대'보다는 짧은 시간대를 갖고 있다고 할 수 있다. 우리 사회에서 각 세대의 공통 경험이 되는 것은 아무래도 정치적 사건이나 행동에 관련되는 것으로 보인다. 1960년 자유당 정권 타도에 결정적으로 기여하고 이어서 한일 회담 반대 운동에 참여했던 세대를 4·19 세대라 하고 1980년대 전두환 정권에 맞서 학생 운동을 한 세대를 386 세대라 부르면서 세대의 정치적 구획을 꾀하는 것이 대세가 되어 있는 것 같다. 이에 반해서 아날로그 세대나 디지털 세대란 말은 기술 제품의 향유 시기를 통해서 연대적 세대를 정의함으로써 한정된 맥락에서만 쓰이고 있다.

4·19 세대나 386 세대란 말에 보이듯이 한 세대의 공통 경험에서 그 정치적 국면이 결정적인 변별 요소가 되는 것은 우리만의 고유 현상은 아니다. 베트남 전쟁 반대 운동을 폈던 미국의 반전 세대도 비근한 사례다. 누구도 상상할 수 없었던 이승만 정부의 퇴진을 가져온 세대는 맨주먹으로 사회와 시대를 바꿀 수 있다는 자신감과 함께 합일된 다수의 힘이 얼마나 막강한 것인가를 실감하였다. 산업화 과정에 드러나고 또 한편으로 도출 동원된 '하면 된다'는 자신감 형성에는 4·19 경험이 젊은 세대에게 안겨 준 자신감도 한몫을 담당했다고 할 수 있다. 한편 어느 때보다도 억압적이었던 1980년대에 최루탄 가스를 마셔 가며 거리에서 투쟁을 벌였던 세대는 엄혹한 시기였던 만큼 연대감과 결속력도 강하고, 동아리 학습 활동도 조직적이고 체계적이었다. 특유의 결속력 때문에 동아리 학습에서 익힌 이념 체계의 허구성이 드러나고 구소련 붕괴라는 세기적 사건을 경험했음에도 불구하고 이에 따른 자기 성찰과 세계 이해의 수정 노력은 별로 없었던 것으로 생각된다. 그 시절의 순수한 열정에 대한 향수를 통해서 자아 정체성 유지를 꾀하고 있는 것으로 보인다.[5]

세대마다 역사를 다시 쓸 필요가 있다는 말이 있다. 누구나 상상과 기억 속의 자서전을 수정해 가면서 사는 것이 의식 있는 사람의

　　　　　　　　　　　　　작은 일과 큰일 사이

일생이다. 수정한다는 것은 없었던 일을 날조해 낸다든지 있었던 사실을 없었던 것으로 치부하여 생략의 허위를 집행한다는 뜻이 아니다. 행운이라 생각했던 것이 실은 불행의 씨앗이었다든가 옳다고 생각했던 것이 사실은 착시 현상이었다든가 하는 해석의 수정을 말한다. 혹은 크게 보였던 사안이 사소해 보이는 것 같은 뒷지혜의 수용을 말한다. 가치관과 평가의 수정은 깨어 있는 사람의 삶에 따라붙게 마련이요 그런 과정이 곧 성숙 과정이기도 하다. 한 시기의 편향된 열정에 주박(呪縛)되어 세계의 변화를 외면하고 이에 대응하지 못하는 것은 구시대 미망인의 외통수 수절(守節)을 답습하는 것이나 진배없다. 오늘날 그러한 미망인을 정절이나 절개란 미덕으로 옹호할 사람은 없을 것이다.

구체적 세목을 괄호 속에 집어넣고 대범하게 말하면 우리 사회에서의 세대 갈등은 386 세대와 그 이전 세대 사이에서 가장 현저하게 발견된다고 할 수 있다. 세칭 진보 세력의 주축을 이루는 것은 386 세대라 생각되는데 이들의 동조 세력과 반대 세력을 축으로 해서 우리 사회의 이념적 스펙트럼이 달라진다고 보아도 크게 잘못은 아닐 것이다. 우리는 모든 사회 구성원의 독자성을 존중해야 한다. 그러나 극단적인 이념의 스펙트럼이 세대를 주축으로 해서 갈라지는 사회에서 무던하고 성숙된 사회로의 진화를 기약하기는 어렵다. 격심한 이념 대립을 완화하고 상호 시인하는 최소한의 동의 확립이 필요하다고 생각한다. 그것은 어정쩡한 타협이나 절충을 도모하자는 것이 아니다. 구체적인 사안을 놓고 진지하고 생산적인 대화를 통해서 합의점을 도출하자는 것이다.

단일한 가치 체계를 강요하는 전체주의 사회가 아닌 한 다양한 견해와 입장의 공존은 당연하고도 소망스럽다. 시장에서의 자유 경쟁 체제 속에서 소비자가 상품을 선택 구매하듯이 이념이나 특정 사안에 대한 입장 또한 자유 경쟁 속에서 선택받고 수용되어야 할 것이다. 그러나 이른바 압축 성장에서 야기된 병리적 부작용을 지적하는 것과 산업화 자체를 전면적으로 부정하는 것은 별개의 문제다. 산업화를 이룩한 시대를 민주와 독재라는 정치적 이분법만으로 접근해서 재단하는 환원주의는 사태를 단순화해서 모든 현상을 왜곡한다. 386 세대와 그전 세대의 갈등은 공통 경험의 상위(相違)에서 온다고 생각한다. 산업화 이전의 절대 빈곤을 경험한 세대는 산업화 이후의 경제적 발전에 대해서 외경과 자긍과 안도의 감정을 갖지 않을 수 없다. 많은 병리적 현상을 감안하더라도 그 이전의 비참한 생활 수준과 비교할 때 산업적 성공을 긍정하게 마련이다. 이에 반해서 절대 빈곤 시대를 경험하지 않은 세대들은 상대적으로 산업화의 경이로움을 체감하지 못한다. 따라서 압축 성장 과정의 병리적 측면만이 크게 보이고 이에 따라 우리 사회 전반과 역사에 대해서 매우 부정적인 견해를 갖게 된다.

세대 간 공통 경험의 차이와 거기서 유래한 부수적 가치관의 차이를 가장 단적으로 드러내는 것은 우리 국토의 산림 재생이다. 한반도의 나무 없는 민둥산에 대해서는 19세기 말에 한국을 여행한 이사벨라 버드를 비롯해서 많은 사람들이 기록을 남겨 놓았다. 특히 해방 후 38선 이남에서 산림 황폐화가 극심해져서 1950년대에 한국을 방문한 미국 삼림학자는 이대로 가면 30년 안으로 국토 전체가 사막이 될 것이라고 경고할 정도였다. 실제로 그 무렵 경부선을 타 보면 좌우 양변으로 가도 가도 나무 없는 민둥산이 나타날 뿐이었다. 그러나 1960년대 이후 성공적인 산림녹화 정책의 결과로 오늘날 우리 국토는 문자 그대로 세계에 유례없는 산림 재생에 성공하여 국토의 표상이었던 '붉은 산'을 완전히 퇴출시켰다.《뉴욕 타임스》를 비롯하여 미국의 환경 잡지가 대서특필한 자랑스러운 위업이다. 미국의 비영리 학문 간 연구 기관인 지구정책연구소 소장 레스터 브라운이 2006년에 낸『플랜 B 2.0: 압박받는 지구와 곤경에 빠진 문명 구하기』에는 우리의 산림 재생에 감탄하면서 이로 미루어 "우리는 지구에 산림 재조성을 할 수 있다."라고까지 적어 놓고 있다.[6] 사실 산림 재조성 한 가지만 가지고도 산업화 시대의 지도자는 역사적 기억에 값한다고 생각한다. 그러나 이러한 생각은 전 국토가 붉은 산의 연속이었던 시절의 절망감을 경험하였기 때문에 가능한 것이라 생각한다. 그런 경험이 없는 386 세대에게는 별 감흥이 없는 얘기가 될 것이다. 따라서 그들은 기득권을 가진 노인들의 주책없는 보수주의의 발로라고 폄훼할 공산이 크다. 산업화 이후의 생활 수준 향상에 대해서도 같은 말을 할 수 있을 것이다. 강조하고 싶은 것은 공통 경험의 차이에서 오는 견해 차이를 좁혀서 객관적 사실에 대한 최소한의 사회적 동의를 이루어 내는 일이 필요하고 중요하다는 것이다. 그러한 최소한의 사회적 동의 없이 세대 갈등과 불신이 지속될 때 사회적 분열은 치유될 길이 없을 것이다. 최소한의 객관적 역사적 사실에 대한 사회적 동의도 없는 상태에서 우리가 어떻게 통일이란 지상 과업을 이룩할 수 있을 것인가? 그런 맥락에서 세대 간 갈등과 견해 차이는 역지사지하는 열린 정신과 대화를 통해서 최소한의 세대 간 동의를 이루어 내야 할 것이다. 도둑처럼 온 해방이 민족 분열과 전쟁으로 이어진 민족적 불행의 역사적 재생산을 원치 않는 우리는 대한 제국 말년과 흡사하다는 위기 상황에 현명하게 대처해야 할 것이다.

2 젊음의 칭송

4·19 이후 학생들은 나라의 큰 사안에 대해서 적극적으로 참여하고 행동하여 우리가 말하는 민주화 달성에 크게 기여하였다. 그 과정에서 그들이 감당했던 고난과 희생도 이루 말할 수 없이 무거운 것이었다. 상대적으로 사태를 수수방관했던 구세대들은 절반은 죄책감에서 절반은 구경꾼의 응원 심리로 젊음을 기리고 칭송하기 시작하였다. 한국의 청년 학생은 은연중 도덕적 순수와 정의의 사도 같은 이미지를 갖게 된다. 그리고 그것은 우리 사회에서 학생의 정치 참여를 크게 고무하고 의무화하는 계기가 되기도 했다. "빛나는 4월의 선배 뒤를 따르자."란 취지의 구호는 수시로 등장했고 자연 학생 운동의 전통이 탄탄히 형성되기도 했다. 시민운동이나 노동 운동의 부재 혹은 취약성이 독점적 학생 운동의 배경이 되었음은 물론이다.

물론 젊음에 대한 격려와 찬가는 어제오늘에 비롯한 것도 아니고 우리만의 것도 아니다. 다음 세대에 거는 기대와 희망은 인류 사회에 공통되어 제식(祭式) 흐름의 언어를 낳는다. "청춘! 이는 듣기만 하여도 가슴이 설레는 말이다. 청춘!"으로 시작되는 민태원의 「청춘예찬」은 한때 교과서에 으레 수록되는 단골 문장이기도 하였다. 물론 이러한 청춘 예찬이 청춘 활용을 위한 서곡이 되는 경우도 허다하다. "아저씨, 아저씨, 하면서 짐 지운다."라는 것은 청춘의 경우에 더 절실하게 해당되기 때문이다. 자살 공격의 효시인 가미카제(神風) 특공대를 죽음으로 몰아넣으면서 일본 군부는 비장한 청춘 예찬을 되풀이해 읊조리곤 하였다.

1960년대 미국 히피들의 구호의 하나에 "서른 넘은 사람들을 믿지 말라."라는 것이 있었다. 서른을 막 넘은 처지였지만 그 말에 공명했다. 그로부터 많은 세월이 흘렀다. 미국 대통령 후보가 된 버락 오바마의 나이가 50이 채 안된 것을 알고 그래도 50은 돼야 할 것이 아닌가 하는 생각이 들었다. 당시 70을 넘긴 처지였다. 40대의 존 케네디가 쿠바 위기 때 보여 준, 성공적이었음이 드러난 대담한 결정을 알고 있음에도 그랬다. 자신을 돌아볼 때 단순히 '노인의 이데올로기'라고만 할 수 없는 국면이 있다고 생각된다.

『논어(論語)』「양화(陽貨)」 편에는 "나이 사십이 되어서도 남의 미움을 받는다면 끝장이다."란 대목이 보인다. 그 나이쯤에는 사람됨이 원숙해서 남의 기분도 알고 따라서 남의 미움받는 일은 하지 않아야 한다는 정도로 이해하면 될 것이다. 여기에 유명한 사십불혹(四十不惑)을 첨가해서 생각하면 일단 40을 성숙의 하한선이라 생각해도 될 것이다. 초로(初老)란 말은 요즘 느슨하게 쓰이고 있지만 본시 40을 가리키는 말이라는 것도 참조해야 할 사항이다. 사춘기는 증기 기관과 함께 발견되었다는 말이 있는데, 증기 기관이 발명된 것은 1765년이다. 그 후 근대 사회에서 청년기가 빨라지고 또 길어지는 추세를 보이고 있다. 따라서 평균 수명이 낮았던 공자 시대의 40은 요즘의 50 정도라고 생각해도 무방할 것이다.

연령이란 것은 생물학적 측정 단위이다. 젊음과 늙음은 흔히 연령에 의해서 정의되지만 그것은 심리적 사실이기도 하다. 우리는 주변에서 겉늙은 '애늙은이'를 보게 되기도 하고 또 팔팔한 젊은 노인들을 보기도 한다. 정년퇴직 무렵 흔히들 토로하는 말이 있다. "기운이 빠지고 의욕도 없어지고 정년 나이는 참 기막히게 책정된 것 같아요." 그러나 이것은 주입된 자기 암시에 지나지 않는다. 레스터 서로의 『자본주의 미래』를 따르면 비스마르크가 만든 독일 연금 제도가 모형이 되어 65세 정년이 일반화되었다. 그것이 제정된 1891년에 독일인의 평균 수명은 45세에도 이르지 않았다. 요즘의 평균 수명으로 말하면 연금의 지급 개시를 95세로 책정한 것이란 얘기다.[7] 사실상 수혜자를 극소화하려는 조처인데 그 65세를 우리도 근로 능력의 상한선으로 생각하는 것이고 그러한 자기 암시가 기막힌 책정이란 착각을 낳는 것이다.

이로 볼 때 젊음과 늙음은 사실상 사회적 정의의 문제이다. 40을 초로라고 정의한 옛 동양의 관습도 그것을 말해 준다. 프랜시스 베이컨은 "젊은이들은 판단보다 발명, 충고보다 실행, 정해진 일보다 새 기획에 적합하다. 노년의 경험은 그 범위 안에 속하는 사안에 대해선 노년을 제대로 인도하지만 새로운 문제에 대해선 오도(誤導)한다."라고 「청년과 노년」이란 에세이에서 말하고 있다. 그리고 "도덕적 역할에서는 아마도 젊은이들이 뛰어나지만 정치적 역할에서는 노년이 뛰어나다."라고도 말하고 있다.[8] 판단이나 정치적 역할에서는 노년이 앞서고 창의성이나 도덕성에선 청년이 앞선다는 경험론적 양식(良

識)에 대해서 우리는 이의를 제기하기가 어렵다.

창의성이나 도덕성에서 청년이 앞서고 판단이나 정치적 역할에서 노년이 앞선다는 관찰을 수용할 때 우리는 젊은 유권자들이 정치적 방향을 사실상 결정짓게 되는 사태에 대해서 얼마쯤의 의구심을 갖지 않을 수 없다. 그것이 국내의 지역 간의 문제, 큰 차이가 생기지 않는 우선순위의 문제라면 별문제가 안 된다. 또 그 궁극적 결과를 전혀 예상할 수 없는, 그러나 필요한 개선이나 조처의 사안이라면 역시 크게 문제가 되지 않는다. 가령 19세기 유럽에서 재산과 상속에 관한 법은 인구 동향에 큰 영향을 미쳤다고 홉스봄은 말하고 있다. 장자만이 상속받도록 한 영국 귀족들은 자손을 많이 두었고 또 토지 재산의 크기나 가치가 그대로 유지되었다. 그러나 나폴레옹 법전이 토지를 자식들에게 분배 상속하도록 규정함으로써 인구 감소 현상이 빚어졌다.[9] 보다 진보적인 평등 이념의 적용이 전혀 예상하지 못한 결과를 빚은 것이다. 이러한 문제는 전문가들이 다루는 세부적인 사항이기 때문에 별문제가 되지 않는다. 그러나 궁극적으로 국가 존망이나 사회의 방향을 결정짓게 되는 천하 대사가 사실상 판단력이 취약하고 경험적 현실 감각이 부족하고 이상주의에 흐르기 쉬운 청년층에 의해서 결정된다면 작은 일이 아니다. 도덕적 순결이란 것을 엄밀하게 정의하기는 어렵지만 청년기의 그것은 독선과 자기중심으로 흐르기 쉽다. 청년기에 급진파였다가 장년 이후엔 보수파가 된다는 진부한 속설이 있다. 대체로 경험론적 뒷받침을 받고 있는 것으로 생각된다. 경험에 의해서 계몽되지 않은 순수는 한갓 빛 좋은 무지에 지나지 않을 수 있다.

좌파나 우파를 막론하고 대개의 급진적 운동이 청년들을 동원하고 있다는 것은 흔히 목도되는 역사적 현상이다. 무솔리니의 흑(黑)셔츠단, 나치스의 히틀러 유겐트, 소련의 피오닐, 문화 대혁명기 중국의 홍위병이 대표적인 사례이다. 국제사면위원회 본부 추산 140만 명에 이르는 캄보디아의 인간 도살에서 중요한 역할을 한 것이 청소년이라는 것도 이미 알려져 있다. 오늘날 이슬람 원리주의자들의 자살 공격에도 청소년이 많이 동원되고 있다. 청년들의 도덕적 순결이나 이상주의 성향을 악용하는 것은 국가나 정치 조직의 '앵벌이' 활용 현상이다. 청년들을 정치적으로 동원하고 활용하는 것도 크게 보면 같은 맥락이요 같은 성질의 것이라 생각된다.

젊음의 도덕적 순결성이나 정의감이 정치에 동원될 때 그것은 심각한 비인간화 경향으로 흐를 가능성이 많다. 사례를 프랑스 대혁명에서 들어 보는 것도 괜찮을 것이다. 프랑스 혁명을 어떻게 보느냐 하는 것은 보는 사람의 정치적 입장을 극명하게 밝혀 준다. 프랑스 혁명의 지도자들이 로마 역사를 참조했고, 러시아 혁명의 지도자들이 프랑스의 혁명 과정을 모형으로 해서 혁명 방어를 기획하고 실천했다는 것은 널리 알려져 있다. 프랑스 혁명이 나폴레옹에게 납치기당했다고 생각한 볼셰비키들이 자기 동료 중에서 가장 나폴레옹을 닮은 트로츠키를 경계하고 가장 닮지 않은 스탈린을 선택함으로써 스탈린 폭주 시대가 개막되었다는 E. H. 카 이래의 해석은 정설이 되다시피 했다.[10] 볼셰비키들은 로베스피에르에게서 혁명의 양심과 권화를 보았고 따라서 로베스피에르를 어떻게 보느냐 하는 것은 러시아 혁명이나 그 지도자들을 어떻게 보느냐 하는 문제와 직결되어 있다. 러

작은 일과 큰일 사이

시아 혁명과 소련의 성취에 공명한 사람들은 대체로 로베스피에르에 대해서 긍정적이고 공명적인 태도를 보여 주었다. 그러나 20세기 말 소련과 동구권이 붕괴함에 따라 프랑스 혁명에 대한 시각 변화를 목도하게 된다. 혁명 그 자체에 대해서 이의를 제기하는 사람은 극소수지만 가령 루이 16세의 처형이나 로베스피에르의 공포 정치에 대해서는 비판적인 경향이 그전보다 한결 짙어진 것이 사실이다. 과거의 폭력적 부정 및 단절이 궁극적으로 수용소 군도와 중국의 문화 대혁명과 캄보디아의 대학살로 이어진 것을 인지할 때 자연스러운 일이다.

1793년 1월 16일 오전 10시에서 17일 밤 10시까지 36시간 계속된 국민공회 공개 의사 표시 방식의 투표에서 국왕 무조건 처형은 721명이 투표하여 근소한 차이로 결정된다. 그전에 국왕 유죄 여부를 결정할 때는 마라의 제안으로 대의원 하나하나가 의장석으로 나가서 찬성이냐 반대냐를 구두로 표시하도록 해서 사실상의 공개 투표였다. 급진적 파리 시민을 두려워해서 감히 반대를 못한 것도 사실이다. 혁명에 동원된 것이 젊음의 에너지였다는 것은 1791년 10월에서 이듬해 9월까지 열렸던 입법의회(立法議會) 의원의 평균 연령이 26세였다는 사실에서도 드러난다.[11] 국민공회에서 루이 16세 처형을 역설했고 시종일관 로베스피에르의 충직한 부관이었던 생쥐스트는 처형 당시 27세, 로베스피에르는 36세였다. 국민공회에서 급진파인 산악파의원은 온건파인 지롱드파보다 10년이나 나이가 적었다.

청년기엔 대체로 인간 사회의 복잡성이나 역사의 모호성에 대한 감각이 여린 편이다. 따라서 단순화된 이분법으로 사물을 보는 성향이 있다. 특히 강력한 도덕적 정열이나 정의감으로 충만한 젊은이의 경우에 그러하다. "대혁명이 그렇듯이 로베스피에르는 선인과 악인, 애국자와 범죄자, 감시의 공개적 발언과 대신들의 숨은 음모밖에 인정하지 않는다."라고 프랑수아 퓌레는 『프랑스 혁명을 생각한다』에 적고 있다.[12] 진부하다면 진부한 분석이요 정치 현상을 심리학적으로 접근하는 것에는 문제가 따르는 것도 사실이다. 그러나 이것은 대개의 급진적 정신, 특히 젊은 급진적 정신의 성향과 특징을 단적으로 나타내는 것이라 말할 수 있다. 이러한 과격한 발상법이 공포 정치로 이어지리라는 것은 쉽게 상상할 수 있다. 하워드 멈퍼드 존스의 『혁명과 낭만주의』는 프랑스 혁명과 낭만주의의 동시성과 친연성을 다룬 책인데, 사실 양쪽 모두 청년 정신의 발로라 할 수 있다. 낭만주의에는 항상적인 성숙의 거절 성향이 보이기 때문이다.

젊음의 특성은 책임 의식이 비교적 희박하다는 데서도 찾을 수 있다. 가족부양 책임에서 자유로운 경우가 많고 이 때문에 무책임함 또는 심정적 반항심이 활발할 수 있다. 이 또한 젊음의 과격한 정치 성향으로 합류할 공산이 크다. 따라서 경험이나 사려 깊음에서 취약한 젊음의 성향을 지나치게 부추기거나 계도의 여지가 많은 대상에 대한 일방적 추파는 결과적으로 사회 전체의 이익에 반할 수 있을 것이다.

여담이지만 우리 사회에서 일반적인 젊음 숭상을 조장하는 최근의 또 하나의 사례가 학생들에 의한 교수 평가 제도라 생각한다. 교수 평가 제도는 필요한 것이고 긍정적인 효과를 낳고 있다고 생각한다. 그러나 소수파의 조직적인 사전 담합이 특정인의 평가를 최저치로 만들어 궁지로 몰아넣을 개연성이 충분하다. 교수 평가제 도입 이후 특히 신진 교수들의 학생 계도는 실종되고 눈치 보기가 번지고 있다는 것은 가시적인 현상이다. 연구 실적 압력과 학생 평가 압력으로 위아래에서 조여 오니 심적 갈등이 심하다는 게 사석에서 토로하는 신진 교수들의 공통적인 애로 사항이다. 인간 본성을 이성과 선의로 파악한 계몽주의의 정치적 산물인 근대 민주주의가 마주친 문제는 이성 아닌 충동과 감정이 인간 행동을 추동한다는 사실 앞에서의 곤혹일 것이다. 교육받은 성인의 행동도 예외는 아니고 교수 평가 제도도 청년 파워를 조장하는 데 일조하고 있다. 국지적이고 지엽적인 선거 부정이 따른다고 해서 선거 제도를 폐기할 수는 없다. 마찬가지로 교수 평가 제도는 유지되어야 하지만 평가가 이성적 행위가 되도록 하기 위한 지도는 계속되어야 할 것이다.

세대 갈등이나 젊음 예찬이란 맥락에서 중국에서의 유학(儒學) 재해석을 참조하는 것도 유익하다고 생각한다. 중국에서 유학이 부흥하고 있다는 사실은 보도를 통해 알려지고 있다. 특히 2008년 베이징 올림픽 개막식에서 『논어』를 인용한 소책자를 배포했다든가 독일의 괴테 인스티튜트와 비슷한 기능을 가진 공자 인스티튜트(Confucius Institute)를 운영하고 있다는 비근한 사실은 유학 부흥의 일단을 짐작하게 한다. 이념적으로는 성리학이 지배했던 조선조의 부정적인 국면을 잘 아는 우리 사회에선 솔직히 유학을 경원하는 경향이 농후하다. 유학을 반근대주의의 원흉으로 간주하는 것이 조선조 붕괴 이후 이 땅 지식인의 일반적 풍조였다. 그러나 유학적 덕목이 일생생활의 덕목으로 표방되고 숭상되는 경우가 많다는 사실이 보여 주듯 유학은 우리의 의식과 거동 속에 깊이 뿌리를 박고 있다. 우리에게 익숙한 유학이 지니고 있는 현대적 응용 가치를 중국에서는 어떻게 찾고 있는 것일까? 현지에서 가르치고 있는 미국인 중국학자가 전하는 사례와 배경은 이러한 맥락에서 우리에게 시사하는 바가 많다.

중국 정부가 유학 부흥에 나서는 데는 몇 가지 이유가 있다. 우선 소련 붕괴 이후 공산주의가 영감 부여 능력을 상실했다는 점이 중요하다. 마르크스주의에 근거한 현실이나 미래 설명이 설득력을 발휘하지 못하는 빈자리를 전통적 지혜로 대체 혹은 벌충할 필요가 생겨난 것이다. 또 하나 중요한 것은 경제력을 비롯한 국력이 향상됨에 따라 유럽 원산(原産)의 사상이나 근대적 제도에 대해서 중국 고유의 전통적 가치 체계를 내세워 전 세계에 중국문화의 힘을 보여 주려는 잠재된 의도이다. 서구인의 관점에서 보면 19세기 이후 서구 세력에 의해서 상처 입은 자존심을 회복하자는 국격 회복을 위한 노력의 일환이라 할 수 있다. 많은 학자들이 나서서 유학에 대한 새로운 해석을 시도하고 그것을 대중화하려는 노력을 보여 주고 있는 것으로 보인다. 개중에는 서구 정치 제도의 취약점을 유학의 이념 선용을 통해 보완할 수 있다는 논의도 만만치 않은 것으로 보인다. 돈벌이가 개인의 행복으로 이어지지 않는다는 개방 이후의 새로운 의식이 좋은 삶은 사회적 관계 속에 있다는 것을 강조하는 유학에서 어떤 영감을 얻으려 하는 기운도 보인다. 근대화에 따르는 정신적 공백을 메우는 데 유교 윤리가 중요한 기여를 할 수 있다는 것이다.[13]

유교는 풍요하고 다양한 지적 전통이기 때문에 어떤 국면을 부활시켜야 하는가 하는 문제가 제기된다. 우선 사회 윤리 확립에 활용 가능한 국면이 있다. 가령 유학에서 강조하는 것의 하나는 효(孝)이다.

작은 일과 큰일 사이

너무 익숙하기 때문에 우리는 그 의미를 평가절하하기 쉽다. 그러나 가령 『열국지(列國志)』에 흔히 보이는 왕자(王子)의 부친 왕 살해 삽화나 불교에서 말하는 오역(五逆, 무간지옥에 떨어질 악행으로 부친 살해, 모친 살해, 아라한 살해, 승려의 화합 파괴, 불신(佛身) 손상을 말한다.)을 보면 공자를 위시한 유학의 교부(敎父)들이 효를 강조한 이유가 분명해진다.(敎가 孝에서 나왔다는 것도 유의할 필요가 있다. 孝 자에 사역을 뜻하는 攴 자를 끼우면 '효하게 한다'의 뜻을 갖고 결국 가르침을 뜻한다. 이것은 이모당의 설명으로서 이와는 다른 해석도 있다.) 효의 개념인 부모 존중과 배려를 타인에게 확대하는 감정 이입적 감각으로 발전시킬 수 있다면 그것은 메마른 경쟁적 사회에서 하나의 가능성이 될 수 있다는 의견을 비롯해 유학의 현대적 해석을 통한 새 사회 윤리 정립의 모색은 우리 쪽에서도 필요하다. 사회 변화의 속도가 빠르고 기술 혁신이 숨 가쁘게 전개되는 사회에서 노인은 옛날과 달리 불가결한 지식이나 경험의 전수자 구실을 하지 못한다. 이에 따라 경로사상이나 효제(孝悌) 사상이 쇠퇴를 지나 소멸 상태에 빠진 것이 사실이다. 그러나 노년은 청춘의 연대기적 미래이며 이 미래 앞에서 만인은 평등하다. 연령과 능력에 상관없이 모든 인간에 대한 존중을 우선시하는 사회 윤리 확립을 위해 온고(溫故)의 지혜가 요청된다고 생각한다.

3 절제라는 영감

고령이 되어서 새로 생긴 버릇의 하나는 오늘과 어제를 비교해 보는 일이다. 21세기인 오늘과 20세기 중엽 때의 과거를 돌아보고 비교하는 일이 잦아졌다. 사회 변화가 너무나 격심하고 세태의 변화가 너무나 현격하기 때문에 자연스레 생겨난 개인적 취미인지도 모르겠다. 가령 다이어트를 위해서 눈물겨운 노력을 하는 젊은 여성에 관한 보도를 접하다 보면 체중을 늘리기 위해 적지 않게 노력하지만 신통한 결과를 보지 못하던 중년의 친척을 떠올리며 격세지감을 느낀다. 50년 전에는 대체로 과수원, 양조장, 인쇄소, 양복점 주인이 시골 부자로 통했다. 또 부자라면 그런 사람이 대부분이었고 조금 후엔 연탄공장, 약국 주인이 부자 대열에 가담하였다. 그러나 이들은 이제 시골에서도 익명의 다수 속으로 사라져 행방이 묘연하다. 다양한 알짜 부자들이 도처에 늠름하게 포진하고 있기 때문이다. 당시엔 의복과 신발이 비근한 신분 상징 구실을 했으나 요즘에는 복장과 신발의 평준화로 자가용 차종이나 거주 공간을 점검해 보아야 차이를 알 수 있다.

50년 전과 달리 새 시대의 징표로 드러나는 것의 하나는 가정교육이 사실상 사라졌다는 점이 아닐까 생각한다. 백화점이나 공공장소에서 아이들이 장난치고 소란을 피우는데도 부모들이 말리는 법이 없다. 예의범절에 대한 교육은 사실상 사라진 것 같다. 자유분방한 아메리카 풍조가 들어와서 그렇다는 진단도 있지만 의심스럽다. 공공장소에서 우는 어린이를 호되게 야단치는 것은 그쪽에서도 아주 흔한 장면이다. 식탁에 팔꿈치를 댄다고 식탁 예법에 어긋난다며 아이를 야단치는 것을 목격한 일도 있다. 가족계획 탓에 외아들, 외동딸이 늘어나서 그리된 것이라는 진단이 그럴싸해 보인다.

가정교육이 사라졌다는 것의 사례는 가끔 신문에 보도되는 학부

작은 일과 큰일 사이

형의 항의에서도 발견된다. 가정교육의 부재에 근본적인 원인이 있다고 생각되는 일탈 행동에 대해 학교에서 교정을 시도하는 경우 자녀의 일방적인 말만 듣고 학교로 달려와 교사에게 격렬하게 항의하는 경우가 허다하다. 물론 학교 교사의 교정 시도가 상식이나 도를 넘어선 경우도 있을 것이다. 그러나 그전에 좀처럼 없던 일이 빈번하게 일어나는 것이 실정이다. 일선 교사의 경험담을 따르면 학급의 학생 수가 줄었지만 말을 듣지 않아 학급 지도와 가르치는 일이 점점 버거워진다고 한다. 가정교육이 사라진 터전에서 학교 교육이 바로 교정하지 못한 청소년을 궁극적으로 담당 처리하는 것은 경찰이다. 정신 분석에서는 세 살 때쯤엔 성격이 형성된다고 말한다. 가정교육의 중요성을 다시 한 번 생각하게 되는데 가정 붕괴나 가족 해체가 늘어가는 세태에서 문제는 점점 어려워져 간다고 할 수밖에 없다.

보육원이나 유치원 교육이 사실상 가정교육을 대체한 상황에서 가정교육 실종을 얘기하는 것 자체가 시대착오적인 처사라고 할지 모르겠다. 그러나 그 이전에 가정에서 길들여져야 할 언어 습관이나 기본적 예의범절이 처음부터 잘못된 것이 아닌가 생각된다. 중학생이나 고등학생들이 어울려 가면서 떠드는 것을 보면 태반이 상욕이요 비속어요 그들만의 은어이다. 저들끼리의 배타적 사회 공간을 만들려는 충동은 자연스러운 것이기는 하다. 그러나 동원되는 상욕과 비속어는 한심스러운 저질에 속한다. 물론 욕설이나 비속어가 사춘기의 여러 충동을 억압하는 데서 오는 긴장감을 해소하는 기능을 가지고 있는 것은 사실이다. 또 비속어나 욕설을 통해서 어떤 순간적 해방감을 느끼고 일종의 카타르시스를 경험하는 국면도 있을 것이다. 그러나 이러한 악순환은 결국은 항상적인 것이 되어 저질 인격으로 굳어질 공산이 크다. 대통령 영부인조차 상욕과 비속어를 쓰는 외국 영화도 있으므로 우리만 그런 것이 아니라고 할 사람도 있을 것이다. 그러나 이런 언어 습관이 결국은 막말과 언어폭력의 세계로 진화할 것이고 막말과 언어폭력은 물리적 폭력의 예고 지표가 된다. 걱정스럽고 두려운 것은 바로 이 점이다.

막말이나 언어폭력은 상대를 모욕하려는 의도에서 나온다. 모욕을 가하여 상대방에게 굴욕감을 줌으로써 순간적인 상상 속의 우위를 점하는 쾌감을 맛보기 위해서이다. 모욕하는 자는 모욕을 가함으로써 상대방에 대한 우위(優位)를 증명했다고 생각한다. 세상에서 말하는 예의범절은 대하는 사람을 존중하고 조금이라도 감정이나 자긍심을 상하지 않도록 배려하기를 요구한다. 또 공연한 폐 끼치기를 삼가라고 주문한다. 이러한 예의범절상의 배려는 궁극엔 자기에게로 돌아오는 것이고, 그러한 면에서 실용적 효용조차 있는 미덕이다. 그럼에도 의도적으로 상대에게 모욕을 가하는 것은 공공연한 도발이요 인격 침해요 예의범절의 중대한 범칙 행위이다. 그래서 유럽에서는 모욕에 대한 대응으로 결투를 하는 일이 비일비재하였다. 우리는 러시아 시인 푸슈킨이 결투로 해서 요절했음을 알고 있다. 또 이탈리아인 자유주의적 인문주의자인 세템브리니와 제수이트인 나프타의 저 인상적인 결투 장면을 『마의 산』에서 보게 되는 것이다. (옛 그리스의 법률에서는 모욕 주기나 모욕적 취급이 신체적 학대보다도 더 심각한 중죄였다는 것을 읽은 적이 있다.)

장발이 반(反)권위주의나 반체제의 정치적 기호(記號)이듯이 예

작은 일과 큰일 사이

의법절에 어긋나는 공격적인 무례함이나 막말은 정치적 반항의 형식인 경우도 많다. 서른 넘은 사람을 믿지 말라는 구호를 외쳤던 히피 세대는 기성세대가 위선으로 무장하고 체제의 폭력 장치를 통해서 지배하고 억압하고 있다고 생각했다. 따라서 기성세대의 위선을 폭로하고 거기에 대항하기 위해서는 의도적으로 복장과 언어와 취향과 모든 면에서 점잖은 기성세대의 역상(逆像)을 보여 주어야 한다는 자기 부과적 행동 지침을 마련하고 실천했다. 기성 가치와 사회 전복에 대한 열망을 일탈적 언어 구사와 문법 파괴로 표현한 시인들과 궤를 같이 하는 것이다. 그러나 영원한 청춘이 없듯 영원한 히피가 없다는 것은 일탈이 일시적이고 잠정적일 수밖에 없다는 것을 말해 준다.

막말이나 욕설이나 모욕 주기는 사춘기 학생의 대화나 전투적 정치인의 공격적 발언에서만 발견되는 것은 아니다. 그것만으로도 심각한 수준이지만 더욱 심각한 것은 사이버 공간에서의 익명적인 막말과 언어폭력의 난무 상태다. 수적으로나 내용상으로 보나 간과하기 어려운 수준이다. 옛날엔 기차역 공중변소나 학교 변소 같은 지하 공간에서나 볼 수 있었던 수준의 낙서가 최첨단 문명 이기인 PC에서 여과 없이 또 제어 없이 쓰이고 있다. 인구 비례 대학 진학률이 세계 최고 수준이라는 사회에서 벌어지고 있는 이 역설적인 현상을 보는 관점도 여러 가지가 있을 것이다. 시간이 지남에 따라 자정(自淨) 작용의 효과가 드러날 것이라는 낙관론, 젊은 실업자를 양산하고 불만 세력을 포용하지 못하는 사회에서 당연한 업보가 아니냐는 체제 비판론, 전체 인구 대비 극소수 숫자에 구애받을 필요가 없다는 묵살론에 이르기까지 다양할 것이다. 그러나 이러한 지하적 잠복적 언어

폭력은 무의식의 다이나미즘이 그러하듯 기회 있을 때마다 지상으로 치고 올라올 공산이 크다.

마땅한 놀잇감이 없던 시골에서 어린이들이 즐기는 놀이에 풍뎅이 놀이가 있었다. 풍뎅이를 잡아서 다리를 떼어 내고 엎어 놓으면 풍뎅이는 놓인 자리에서 빠른 속도로 회전을 하였고 그것을 보며 아이들은 희희낙락했다. 다리를 떼어 내는 것이 고통을 주리라는 것을 모를 리 없다. 다리를 떼어 내는 일이 섬뜩해서 물러서는 아이들도 있었다. 인간에 내재하는 공격성이나 잔혹성은 모두 힘에의 의지나 갈망에서 나온다. 이런 공격성을 순치(馴致)하는 것이 곧 사회를 순화하는 방법이 될 것이다. 스포츠란 생존 경쟁의 유희적 형태를 통해서 공격성을 승화하는 것도 방법이고 음악 감상이나 미술 향수와 같은 심미적 마력을 통해서 순화하는 것도 방법이다. 취미의 개발도 마찬가지다. 결국 가정과 학교와 사회가 담당해야 할 몫이요 궁극적으로는 교육의 문제다.

1960년대 후반에 처음으로 내한한 미국 평화봉사단원들이 이구동성으로 감탄한 것은 서울 같은 큰 도시의 밤거리를 위험 의식 없이 걸어 다닐 수 있다는 것이었다. 별로 감탄할 것이 없어서 의도적으로 찾아낸 결과이기도 할 것이다. 반세기가 안 되어 사정은 역전되었다. 오늘날 인터넷의 댓글은 옛 공중변소 낙서에 비해서 한결 유식해졌다. 무학(無學)보다 반(半)교육이 한결 곤란하고 위험하다는 생각을 금할 수 없다. 곰곰이 생각하고 유의해야 적절한 대응책도 나올 것이다. 경제 성장을 이룬 후 평등 의식은 크게 확산되었다. 그러나 청년이 가지고 있는 평등 의식을 뒷받침해 주는 평등의 경제적 기초는 취약한 상태다. 이러한 조건 아래서 증오와 르상티망은 편재해 있다. 과교육(過敎育)을 받은 대대수 청년들의 불만 해소책은 물론 경제력 향상에 있지만 적정한 세계 이해 교육도 필요할 것이라 생각한다. "여기에 있는 것은 중용(中庸)이 아니라/ 답보다 죽은 평화다 나태다 무위(無爲)다"라고 개탄했던 김수영은 명편 「봄밤」에 이렇게 적어 놓고 있다.

> 재앙과 불행과 격투와 청춘과 천만인의 생활과
>
> 그러한 모든 것이 보이는 밤
>
> 눈을 뜨지 않은 땅속에 벌레같이
>
> 아둔하고 가난한 마음은 서둘지 말라
>
> 애타도록 마음에 서둘지 말라
>
> 절제여
>
> 나의 귀여운 아들이여
>
> 오오 나의 영감(靈感)이여

시인은 절제가 곧 영감이라고 말한다. 전자 민주주의 시대의 시민 정신은 모든 면에서 절제를 요구한다고 할 수 있다. 충동의 절제야말로 사회 교육의 핵심일지도 모른다.

참여의 조건과
소명으로서의 사회과학

학문의 중립성과 참여

최장집

고려대학교 명예교수

1 들어가는 말

(1) 학문과 정치의 관계는 매우 큰 주제이다. 따라서 이 문제를 다루기 위해서는 먼저 범위를 말하는 것부터 시작하는 것이 필요하다. 여기에서 학문이라고 말할 때 이 학문은 사회과학에 한정해서 말하는 것이다. 또 필자의 전공 분야이기도 한 정치학을 중심으로 한다. 그리고 참여는 오늘의 한국 정치에 참여한다는 것을 뜻한다. 학문과 정치의 관계, 그리고 학문하는 사람 즉 학자 또는 지식인과 정치의 관계는 다른 말이지만, 여기에서는 구태여 나누어 말하지는 않겠다. 학자 내지 학문하는 사람과 정치의 관계는 매우 다양하다 하겠는데, 보는 이의 관점에 따라 또는 참여의 내용이나 방법에 따라 학문하는 사람의 정치에 대한 관계를 매우 긍정적으로 또 반대로 극히 부정적으로 보는 것이 가능할 것이다. 정치철학자들의 사례로 볼 때 플라톤, 아리스토텔레스, 마키아벨리, 홉스, 로크, 토크빌 등은 현실 정치에 깊숙이 관여하고 참여했는가 하면, 몽테스키외, 루소, 니체, (철학자이지만 또한 정치철학자로서) 현대의 롤스 등은 정치와는 거리가 먼 학문적 노는 지적 영역에서 활동에 전념했다. 따라서 학자들이 그 본질에 있어 파당적인 정치에 참여했느냐 안 했느냐 하는 것은 그 자체로서

참여의 조건과 소명으로서의 사회과학

긍정적 또는 부정적으로 말할 수 있는 성격의 것은 아니다.

(2) 민주화된 오늘의 한국 정치의 조건, 그리고 선진 자본주의의 대열에 합류하는 높은 경제 발전과 그로 인한 사회 변화는 정치적 이슈와 공적 결정에 있어 근본적인 변화를 가져왔다. 이러한 변화는 국가/정부에 대한 사회적 요구의 투입을 양적으로 확대할 뿐 아니라, 정책 발의와 결정에 있어서 높은 수준의 전문적 지식을 필요로 하는 환경을 만들었다. 학자, 지식인, 전문가의 정치 참여, 특히 정책 결정에의 참여가 필요하고 또 바람직하게 된 것이다. 오늘날 학자, 지식인의 현실 참여는 공익을 증진하고, 사회 발전에 기여하는 시민으로서 마땅히 해야 할 공적 역할이라고 할 수 있다. 이 점에서 학자, 지식인의 정치 참여는 긍정적인 것으로 평가될 수 있다. 이미 국가를 중심으로 한 공적 영역과 학문 영역은 과거에 비할 수 없이 유기적, 구조적으로 근접하였고, 그로 인하여 두 영역 사이의 거리가 가까워졌다. 이에 따라 국가의 역할과 권력에 대해 학문의 자율성을 말하고 학자, 지식인의 정치 참여에 대해 부정적으로 말하는 것 자체가 비현실적인 일이 되었다. 이 글에서는 학문이 다른 영역에 대해, 특히 국가 영역이나 정치에 대해 중립성을 갖는다는 말과, 자율성을 갖는다는 말을 혼용해 쓰려 한다.

(3) 그럼에도 불구하고 필자는 학자, 지식인이 정부의 정책 결정 과정에 개입하거나 특정 형태의 사회적 참여를 하는 것에 대해 모든 것을 무조건적으로 승인하려는 것은 아니다. 정부의 정책 결정 과정과 현실의 정당 정치 과정, 그리고 이 과정과 직간접적으로 연결된 사회 운동에 있어서 학자와 지식인의 역할과 영향력이 확대된 것만큼

이나, 거기에는 그에 비례하는 커다란 책임이 부과될 수밖에 없기 때문이다. 그들의 학문적, 전문적 지식이 투입되고 그에 비례하여 사회에 미치는 영향력이 비약적으로 커지고, 그들의 행위의 결과가 보통 사람들의 삶의 내용에 커다란 영향을 미치는 만큼 그들의 정치 참여에는 정치적, 사회적 책임이 동반되지 않으면 안 되기 때문이다. 참여는 필연적이고, 나아가 권장될 수도 있지만, 그것을 위해서는 참여에 대한 조건이 부과된다고 할 수 있다.

(4) 그러나 이 문제와 관련하여 강조할 수 있는 것은 학자, 지식인이 현실 참여를 통해서만 사회에 기여하는 것이 아니라는 점이다. 학문의 정치로부터의 중립성 또는 자율성은 오늘의 정치 현실과 경제적, 기술적, 사회적 구조와는 잘 어울리지 않지만, 오늘날 학문 영역이 지닐 수 있는 중요한 가치임에는 의심의 여지가 없다. 나아가 학자, 지식인은 대학을 지키고, 자신의 영역에서 학문적, 지적 탐구에 몰두하는 것을 통해서, 즉 학문적 방법으로 사회에 기여할 수 있다는 점을 인식하는 것 또한 필요하다. 그렇게 하는 것은 더 어려운 일이지만, 더 바람직하다고 할 수 있다. 이 점에서 학문의 중립성은 커다란 의미를 갖는다. 오늘의 학자, 지식인이 본래의 자기 역할을 하는 것이 현실에 참여하는 것보다 더 어려운 것은 커다란 역설로 느껴진다. 현실에 참여하든, 대학이라는 학문적 공간에서 학문에 전념하든 그들이 모름지기 학자, 지식인이라면, 그들의 학문적 성과와 지적 행위가 사회에 미치는 영향이 그 어느 때보다도 크고 직접적인 것만큼이나 그들의 학문과 행위에 대해 깊은 책임 의식과 아울러 학자로서의 소명 의식을 갖는 것이 필요하다. 이러한 문제들을 보기 위해 필자는 한국

참여의 조건과 소명으로서의 사회과학

사회에서 민주화가 학자, 지식인의 정치 참여를 획기적으로 확대하는 환경을 만들었다는 것, 그리고 이러한 환경하에서의 참여가 갖는 정치적, 사회적 의미에 대해 살펴보는 것에서부터 시작하고자 한다.

2 정치 참여의 확대와 내용

(1) 한국 사회에서 민주화는 세 영역에서 지식인, 학자의 정치 참여를 비약적으로 확대했다. 행정 관료 기구를 중심으로 한 정부 영역, 파당적 권력 경쟁이나 갈등의 중심에 있는 정당 정치 영역, 그리고 사회 운동이나 공론장이 그러한 영역이다. 먼저 정부 영역부터 보도록 한다. 사회 밑으로부터의 시민 참여와 이를 통한 시민 사회적 힘에 기초한 시민의 이니셔티브는 민주주의의 본질이고 원동력이다. 과거 노무현 정부는 정부의 이름을 '참여정부'라고 명명하기까지 했다. 민주주의에서 그만큼 참여의 가치를 강조하고자 한 것이다. 그런데 여기에서 언급해야 할 것은 누가 어떻게 참여하느냐 하는 것이다. 권위주의 시기 정치 참여로부터 소외되었던 사회적 집단이나 소외 계층들의 정치 참여가 양적 질적 측면에서 괄목할 만하게 확대되었다고 말할 수 있을지는 의문이다. 그들이 결사체로 조직화된 이해 당사자로서 정치 과정에 참여했다기보다는, 교육받은 도시 중산층 지식인들의 참여가 크게 확대되었다는 점 때문이다. 참여의 이러한 특성은 한국과 대만 같은 여러 신생 민주주의 국가들에서 발견되는 공통적인 현상이기도 하다.

어쨌든 지식인, 학자의 정치 참여는 민주화 이후 현재의 박근혜 정부에 이르기까지 모든 정부들의 공통적인 현상이라 할 수 있다. 지식인의 정치 참여에 있어 괄목할 만한 변화의 시작이기도 하지만, 노무현 정부는 한때 "위원회 정부"라는 말이 나올 정도로 기존의 행정 관료 조직과 병행하여 정책 결정 과정에서 자문, 심의 역할을 수행할 많은 위원회를 창설했다. 청와대를 필두로, 중앙 정부 기구들은 물론 그 외곽 및 하부 기관들, 지자체를 포함하여 모든 행정적 공적 결정이 발생하는 정치(행정) 과정에 지식인, 전문가의 참여가 비약적으로 확대되었다. 우리는 여기에서 정책 결정/심의/집행 과정에 지식인, 학자가 대거 참여하는 문제에 대해 두 가지 특징을 지적할 수 있을지 모른다. 하나는 참여의 주체로 볼 때 사회 경제적 생활의 현실과 직접적으로 연계된, 그리고 시민 사회로부터의 사회적 집단들의 참여라기보다는, 특정의 지식인 사회 집단이 그들의 전문 지식을 통하여 그들 자신의 의사와 요구를 말하는 참여라는 점이다. 정치학에서 대표의 개념을 빌려 말한다면, 그것은 그들이 대표한다고 생각하는 사회 집단들을 직접적으로 대표하는 '실제의 대표'라기보다는 '사실상의 대표(virtual representation)'인 것이다. 다른 하나는 그들의 참여가 정책 결정의 투입/인풋(input) 과정에 효과를 미치기보다는 산출/아웃풋(output) 과정에 더 효과를 미친다는 사실이다. 즉 행정 관료들 또는 테크노크라트들이 이미 결정해 놓은 정책들을 자문하거나, 보좌하거나, 또는 정당화하는 역할을 하는 것이지, 정책 사인들의 내용에 근본적인 영향을 미치는 새로운 의제를 제출하거나 여러 대안들을 두고 심의하는 것은 아니라는 점이다. 정책 과정에서 이루어지는,

참여의 조건과 소명으로서의 사회과학

지식인, 전문가, 학자, 뭐라고 부르든 이들의 이러한 종류의 참여는 한국 사회가 필요로 하는 중요한 변화나 개혁, 또는 나쁜 개혁의 저지와 같은 일에 기여할 수 있는 여지가 매우 적다고 할 수 있다. 정치 과정에서의 참여자의 입장에서 볼 때, 정부의 정책 과정에 참여하는 것은 참여자의 전문적 지식을 통한 지적인 기여이며, 또한 파당성을 갖지 않거나 그에 초월해 있는 국가 이익 또는 공익에 기여하는 행위로 여겨지기 때문에 참여자 자신, 그리고 사회적 인식에 있어 모두 정치 참여라고 생각하지 않을 수도 있다. 그러나 그것은 엄연히 정치 참여인 것이다. 정책 결정 과정에 참여하는 것 자체도 정치적이거니와, 한 지식인이 행정부에 공직을 갖거나 정책 과정에 참여하는 문제는 한국의 현실에서는 정당이나 정당 정치인들과의 관계를 발전시키거나, 아니면 선거 과정 특히 대통령 선거에서 특정 후보를 지원하는 정치 현장에 참여하는 단계를 거친 다음, 또는 그것을 매개로 하여 발생하는 것이 상례이다.

(2) 한국 사회에서 민주화는 행정부를 중심으로 한 정책 결정 과정에서만이 아니라 본래 의미에서의 정치 과정에 지식인들을 참여토록 하는 일대 전환점을 만들었다. 이 영역에서 정치 참여의 중요한 특징은, 정치 참여의 장(場)이 정당 정치를 중심으로 하여 한국 정치의 갈등 축을 따라, 분획된 경계를 따라 발생하게 된다는 것이다. 한국 정치는 이데올로기적인 양극화, 이데올로기적 갈등 축을 따라 양대 진영으로 나누어진 정치, 그로 인한 정치의 이데올로기화를 특징으로 한다. 여기에서 강조해야 할 것은, 이데올로기적 양극화 자체가 부정적이라기보다는, 그것의 내용과 성격이 민족 문제와 결부된 남

북한 간 이데올로기적 대결 구도에 원천을 갖는다는 점이다. 이러한 갈등 구조는 한 사회에서 있을 수 있는 이념적 갈등 또는 권력 배분이나 경제적 이익 배분을 둘러싼 보통의 정치 갈등을 이내 민족 문제를 둘러싼 갈등으로 극단화하고 과격한 양극화로 치닫게 한다. 이러한 특징은 이념의 문제를 지극히 부정적으로 보게 하고, 이념을 매개로 한 관점이 현실을 협애하게 보도록 만드는 경향을 부추긴다. 이 점에서 한국 사회에서 좌냐 우냐, 진보냐 보수냐 하는 구분은 특별한 의미를 갖는다.

한국 사회에서 민주화는 거의 필연적이다시피 이데올로기적 양극화를 불러왔고, 여기에서 지식인들이 이 양극화를 증폭시키는 데 기여하지 않았다면 완화하는 데 이렇다 할 기여를 못한 것은 분명하다. 왜 그렇게 됐느냐 하는 문제는 이 글에서 다룰 주제는 아니다. 다만 그렇게 된 요인에 대해 두 가지 점을 지적하는 것은 필요하다. 하나는 민주화 이전의 이념적 조건과 깊이 관련된 것으로, 해방 이후 분단국가가 건설된 이후부터 민주화에 이르기까지 민족 문제가 '완벽하게' 해결되지 못했다는 점이다. 민주화 이론의 최초 이론가로 평가되는 당크와트 러스토는 1970년대 초에 쓴 개척적인 한 논문에서 민족 문제가 해결되지 않은 상황에서 민주화는 불가능하다고 말했다.[1] 바꾸어 말하면 민족 문제의 해결은 민주화의 전제 조건이라고 할 수 있다. 이 점을 고려한다면, 한국의 민주화는 특별한 경우라고 자평할 수 있다. 민족 문제의 미해결이라는 제약 조건에도 불구하고 민주화를 성공적으로 이루었기 때문이다. 다른 하나는 민주화에 있어 지식인의 특별한 역할이다. 두루 알다시피 지난 80년대 한국의 민주화는

참여의 조건과 소명으로서의 사회과학

대학생들과 도시의 교육받은 지식인들에 의해 주도된 바 있다. 즉 한국의 민주화에서 노동자, 농민, 도시의 중하층 민중의 역할은 주변적이거나 미미했다. 이 문제는 민주화 이후 한국 사회에서 지식인의 역할을 다른 사회 집단에 비해 더 급격히 증대시켰고, 정치 특히 개혁적인 정치의 중심에 올려놓았다. 민주화는 과거와는 비교할 수 없이 수많은 선출직 공직을 창출했고, 이 정치의 경쟁과 정당 간 갈등에 수많은 새로운 지식인 세대들이 참여하게 되었다는 것은 말할 것도 없다. 그러나 이 글의 주제와 관련하여 중요한 것은, 정치의 장에서 정당이나 정당 정치인을 매개로 정치 과정에 참여하는 지식인, 학자의 역할이 양적으로나 질적으로 크게 증가했다는 것이다. 이들은 정당 내외에서 정당 내 특정 파당으로서의 정치 세력 내지 인물들과의 관계를 통해, 개별적 또는 집단적 싱크탱크를 통해 정책 보고서, 선거 공약, 정치 제도 개혁을 위한 전략적 대안들을 형성하고 작성하는 데 있어 중심적인 역할을 수행해 왔다. 오늘날 한국 정치의 특징이 정치의 이데올로기화 내지는 이데올로기적 양극화로 특징지어진다고 한다면, 그러한 정치 현상과 이들 새로운 지식인 집단의 역할 사이의 상관관계는 매우 크다고 할 수 있다.

(3) 국가 영역에 대응하는 시민 사회의 등장과 공적 문제에 대한 이성적 논의를 가능케 하는 공적 공간의 개방과 확대는 민주화와 병행하는 필연적인 현상이다. 개인의 경제생활 영역이라 할 사적 영역(oikos)과 공동체의 공적 사안에 대한 논의와 토론이 전개되는 공간(agora)으로서의 공적 영역의 구분은 이미 고대 그리스로 거슬러 올라간다. 이성적 논의가 가능한 공공성/공적 공간의 역할과 그 건강한 발전 없

이 현대 민주주의의 발전을 기대할 수는 없다. 민주화 이후 한국 사회에서 지식인, 학자가 공적 영역에 개입하는 방법에 관한 한 이러한 공론장에 참여하는 것이, 정부의 정책 결정 및 심의 과정이나 파당적 정치 영역에 참여하는 것 못지않게, 아니 그보다 더 광범하고 일반적이라고 말할 수 있을 것이다. 신문, 방송, 인터넷 매체, 대중 잡지 등을 포함하여 언론 매체는 공적 공간을 구성하는 매체들이다. 이들 매체를 포함하여 공적 논의의 공간이 엄청나게 확대된 것만큼 한 사람의 지식인이 '공적 지식인(public intellectuals)'이 될 수 있는 기회는 크게 넓어졌다. 우리가 양적 측면에서 공론장의 발전을 말한다면, 한국은 그 어떤 민주주의 국가에도 뒤지지 않을는지 모른다. 하버마스는 공적 이성의 사용을 기초로 그리고 그것의 비판적 역할을 통하여 민주주의는 공공선에 대한 합의를 만들어 낼 수 있고, 동시에 공적 이성의 사용은 이성적이며 과학적인 정합성을 갖는 것이 가능하다고 상정하는, 공공성에 기초한 민주주의 이론을 발전시킨 바 있다. 그러나 하버마스의 비판 이론에 근거한 공공성/공론장의 이상에 한국 사회의 민주주의 현실과 실천이 얼마나 가까이 다가갈 수 있을는지는 큰 의문이다.

오늘의 한국 사회에서 공론장의 역할과 관련하여 두 가지 특징적인 측면에 대해 지적할 수 있다. 첫째는 한국 사회의 정치적, 사회적 영역에서 여론을 주도하는 데 있어, 그리고 정당의 이념과 의제, 정책을 위한 비전과 정책적 대안, 전력 전술을 포함하는 정당 정치 행위에 있어 언론 매체를 중심으로 한 공론장이 정치와 정당을 압도해 왔다

참여의 조건과 소명으로서의 사회과학

는 사실이다. 여론이 중심이 되는 현대 민주주의에 있어 공론장이 정당을 선도하고, 정당을 압도하는 것은 일반적인 특징이라고 할 수 있다. 그럼에도 불구하고 공론장과의 관계에 관한 한 한국의 정당은 일방적으로 수동적이고 따라서 정치적으로 무기력하다. 우리가 정당의 허약함을 한국 정치의 중요한 특징으로 생각한다면, 그것은 무엇보다도 언론 매체로 대표되는 공론장과의 관계에 있어서의 허약함이다. 오늘날 많은 사람들은 한국의 정당 정치가 이데올로기적으로 양극 분화된 진영 간 대립을 특징으로 한다는 데 동의한다. 그렇기 때문에 진영 간 대립의 정치는 정당 간의 관계이기 이전에 공론장의 이데올로기적 양극화의 산물이라고 할 수 있다. 정당에 영향을 미치는 이데올로기적 담론, 언어, 슬로건의 발원지는 정당 그 자체라기보다는 공론장이라고 할 수 있을 것이다. 둘째는 뉴미디어의 발전이 공론장의 질적 향상을 가져왔다고 말하기 어렵다는 점이다. 처음 인터넷, SNS를 포함하는 뉴미디어에 의한 새로운 의사소통 매체가 우리 앞에 나타났을 때 많은 사람들은 뉴미디어가 정치 참여에 대해 가질 수 있는 효과를 크게 기대한 바 있다.

물론 그러한 기대가 완전히 무용한 것은 아니다. 하버마스의 공공성 이론은 국가와 시민 사회를 대립시키는 것을 통하여 사적 영역을 공적 권위로부터 분리시키고, 사적 삶의 세계를 사적 권위의 영역을 초월하는 어떤 것으로 바꾸어 놓았다고 비판되기도 한다.[2] 이러한 비판을 생각한다면, 뉴미디어는 사적 영역과 공적 영역의 거리를 획기적으로 좁히는 데 크게 기여했다. 그러나 뉴미디어의 이러한 기여에도 불구하고, 그것은 두 가지 점에서 한계를 드러냈다. 하나는 뉴미디어가 참여의 확대를 실현했을지는 몰라도 참여의 질적 향상, 즉 참여의 평등을 가져오지는 못했다는 것이다. 뉴미디어는 그것이 아니더라도 참여를 확대했을 사회적 집단, 즉 고학력 중산층, 기술 발전에 문화적 친숙성을 갖는 젊은 세대의 참여를 확대하고 서울 중심적 편향을 나타냈다. 다른 하나는, 공적 이성이 작용할 수 있는 공론장을 확대하고 이성적 논의가 가능할 수 있는 환경을 만드는 데 기여하지 못했다는 점이다. 그것은 많은 사람들이 기대했던 것과는 사뭇 다른 결과가 아닐 수 없었다. 물론 그것은 의사소통 매체의 기술 발전 그 자체가 가져온 결과가 아니라, 그것을 사용하는 사람들의 문제이다. 그러나 뉴미디어는 지식과 정보를 공유하고 전파하면서 공론장을 확대하는 데 기여하는 매체이기보다는, 같은 의견을 갖는 사람들이 서로 경쟁적으로 뉴미디어를 사용함으로써 이견을 수용하거나 인정하지 않는 경향을 강화했다. 따라서 이데올로기적 양극화와 진영 간 대립이라는 한국 정치의 특징을 개선하는 데 기여할 수 없었다는 것이다. 그것은 한 진영 내에서 한국 정치와 민주주의를 이해하는 방식과 태도를 구성하는 폐쇄적이고, 단순하고, 경직적인 사고의 체계와 코드를 만들어 내면서, 그 틀을 벗어난 어떤 비판이나 이성적 논의를 허용하지 않는 일종의 집단 문화를 창출했다. 그것은 상대 진영에 대한 적대 의식을 높이고, 자신의 진영에 결속의 강도를 높이는 결과를 가져왔다. 이 점에서 뉴미디어는 이러한 폐쇄적 사고의 틀을 형성하는 의사소통과, 정서의 공동체를 형성하는 의사소통 수단으로 활용되었다는 비판이 가능하다.

3 지식인의 정치적, 사회적 책임

(1) 여기에서 책임이라는 말은, 정치인이 자신의 공적 행위에 대해 지게 되는 구체적인 정치적 책임을 두고 하는 말과는 다르다. 학자, 지식인이 책임진다고 할 때 의미하는 바는 그들이 가져야 할 내면적 태도로서의 소명 의식이나 윤리적 책임의 범위를 실제로 넘어설 수 없을는지 모른다. 그들에게 정치적인 책임을 묻는다는 것은 현실적으로 어렵기 때문이다. 그럼에도 이 말은 정부의 정책 결정 또는 정치 영역에 참여하는 지식인, 학자가 지녀야 할 특별한 의미에서의 책임을 지칭하는 것으로, 이를 일컬어 지식인의 정치적, 사회적 책임이라고 말하고자 한다. 민주화 이후 대학과 국가 사이, 그리고 직업적인 연구자의 학문 영역과 정부 및 정치의 공적 영역 사이의 관계는 그 이전에 비해 엄청나게 확대되었고, 두 영역 사이의 거리는 매우 가까워졌다. 민주화로 인하여 그동안 억제되었던 사회적 요구들이 밑에서부터 분출하고 정부가 이를 수렴하여 정책으로 만드는 과정에서 공적 결정을 요구하는 새로운 문제들이 크게 증가했다. 사회 경제적 발전의 결과로 과거와는 비교할 수 없이 전문적이고 기술적인 많은 문제들이 제기되는 가운데 전문적 지식에 대한 수요가 그만큼 커졌기 때문이다. 또 다른 이유는 민주주의하에서 관료들만의 폐쇄적 결정이 아니라 전문가들의 폭넓은 참여와 여론의 반영이 정책 결정의 정당성을 갖는 것이라는 일반적 이해가 그만큼 커졌기 때문일 것이다. 물론 그것은 민주화의 한 효과라고 하겠다. 즉 민주화 이후 여러 요인들이 지식인들의 정치 참여 기회를 비약적으로 확대하는 계기를

가져온 것이다. 그러나 그 이유가 어떠하든 간에, 아니 앞에서 말한 그러한 이유들 때문에 학자, 지식인의 학문적 경향과 지적 관심사가 주로 정책 중심적인 방향으로 나타날 수밖에 없는 환경이 만들어진 것이다. 미국에서도 그와 유사한 현상이 구체화된 지 오래되었다. 미국 정치론의 대가인 시어도어 로위는 「정치학 속의 국가: 우리는 어떻게 우리가 연구하는 것이 되었나」라는 제목의 1992년 미국 정치학회 회장 취임 연설을 통하여 미국 정치학이 국가 관료의 원활한 통치에 기여하는 방식으로 변형되었다고 비판한 바 있다.[3]

　　학자, 지식인의 지적 기여가 주로 정책 중심적으로 이루어진다는 것은, 이들의 지적 행위가 전통적인 의미에서의 학문 추구보다 훨씬 더 직접적으로 현실에서 발생하는 문제들을 해결하거나 또는 개혁하는 일에 집중된다는 것을 의미한다. 대학의 역할 변화와 학문 자체의 성격 변화는, 대학에서 학문에만 전념하는 교수들이나 정책 결정에 직접적으로 참여하는 학자들에게 공통적인 것이 아닐 수 없다. 정부 정책에 기여하는 연구 프로젝트에 의한 학문 연구를 하든, 직접 학자들이 정책 결정 과정에 참여하거나 정부 공직을 맡든, 국가 관료와 정치인들의 정책 및 통치 행위에 직접적으로 맞닿아 있으므로 정부와 대학, 정부와 학자들의 관계하는 방법이 어떠하든 정부 정책 내용과 밀접한 연관성을 갖는 것이기 때문이다. 학자, 지식인의 참여를 먼저 정책 결정 과정에 초점을 두고 생각해 볼 수 있다. 정부의 위계 구조의 최상위에 있는 청와대에서부터 사실상 모든 중앙 부서의 정책 영역에서, 모든 행정 관료 체제의 위계 구조에서, 그리고 그 주변의 수많은 자문 기구들을 통하여 지식인, 학자가 참여하지 않는 정책 결

　　　　　　　　　참여의 조건과 소명으로서의 사회과학

정의 경우란 예외에 속할 것이다. 즉 정책과 관료 행정가가 있는 곳에 학자, 지식인이 있다고 해도 과언이 아니다.

(2) 이 문제와 관련하여 한국 사회가 특징적으로 갖는 문제에 대해 언급할 수 있다. 분명 민주주의가 갖는 하나의 낙후성을 표현하는 것으로, 정부의 정책 결정의 특징이 광범한 심의와 소통을 거치지 않는 폐쇄 회로적 결정이라는 것이다. 말하자면 정치 체제는 민주화되었으되, 정책 결정 방식은 권위주의에서 이루어지는 최고 결정자들을 중심으로 한 기술 관료적 결정 방식을 견지하고 있다. 국가의 운영과 국민 생활에 커다란 영향을 미칠 중대 결정들, 예컨대 노무현 정부 시기의 한미 무역자유협정, 이명박 정부 시기의 4대강 사업, 박근혜 정부하에서의 KTX 민영화 문제 들은 공통적으로 시민 사회의 공론장에서 광범하게 심의 토론되고, 이를 통해 여론이 수렴되고, 정책 결정자의 정책 의도가 충분히 설득될 수 있는 정책의 심의 과정을 거치지 않고 폐쇄 회로적 방식으로 은밀하게 이루어졌다. 시민들은 무슨 일이 벌어지는지 알지도 못하는 상태에서 정책이 결정되고 어느 날 일방적으로 선포되는 식이다. 시민들과 이해 당사자들이 문제를 제기할 때 그들은 법의 지배의 이름으로 공권력의 제재 대상이 될 뿐이다. 과거 1980년대 일본의 국철 민영화가 추진되었을 때, 일본에서는 "동경 시내의 까마귀가 울지 않는 날(동경에서는 아침마다 까마귀가 운다.)은 있어도 일본 신문에서 '제2임조'(총리실 산하의 국철 민영화를 다루는 심의 조정 기구)가 보도되지 않는 날은 없다."라는 말이 있을 정도로 수년에 걸쳐 정부 기구와 공론장에서 이 중대 이슈를 논의한 바 있다. 한국 정부에서와 같이 광범한 정치적, 시민적 심의가 생

략된 정책 결정은 그렇지 않아도 정책 결정과 그 결과가 나타나는 시간이 짧고 그 결정이 일반 시민 생활에 직접적인 영향을 미칠 수밖에 없는 상황에서 정책 내용의 부실함과 실패의 위험을 더 크게 안을 수밖에 없다. 여기에서는 정책 자체가 좋냐 나쁘냐가 아니라 공적 심의를 제대로 갖지 않는 결정 방식과 그것이 가져오는 위험을 말하는 것이다. 그리고 그것이 잘못된 결정일 경우 그 결과는 무척 부정적이고 나아가서는 파괴적일 수 있는 것이다. 학자, 지식인이 정책 결정 과정에 지식을 투입하는 경우 그 결과에 책임지지 않으면 안 되는 문제는 이러한 경우에서 더 증가한다고 할 수 있다.

(3) 학자들의 책임은 정부의 정책 과정에 참여할 때만이 아니라, 정치 영역에 참여하는 경우에도 제기된다. 그것은 행정 부서의 참여로서 나타나는 개별 정책 사안이기보다는 민주화의 전체적인 방향과 관련된 것으로, 보다 거시적인 측면에서 책임을 유발한다. 한국 사회에서 학자, 지식인이 현실 정치에 널리 참여하는 문제는, 분명 운동을 통해 민주화를 성취했던 역사적 특성과 관련된다. 민주화를 위한 운동에 참여했던 많은 지식인, 학자가 민주화 이후에도 그 연속선상에서 민주주의를 만들고 실천하는 과정에서 정치에 참여하는 것은 일견 자연스럽다. 그렇기 때문에 이 방향에서의 정치 참여는 대체로 이른바 진보적 성향의 학자, 지식인과 특별히 관련된 문제이기도 하다. 그러나 구체제를 해체하는 것을 중심으로 한 이행의 시기에 민주화 운동이 중심이 됐던 정치와, 민주화가 된 이후 정상 시기의 환경에서 민주주의를 실천하는 것은 정치가 작동하는 원리와 규범에 있어서로 상이하다. 운동 시기의 이념과 가치, 열정과 정서는 민주화 이후

참여의 조건과 소명으로서의 사회과학

민주주의를 실천하는 데는 잘 조화되지 않고 생산적이지도 않다. 운동 시기의 민주주의관은 도덕적, 이상주의적, 낭만주의적 특성을 가지며, 민주주의에 대한 이러한 이해 방식은 민주주의에 대한 기대 수준을 높이고, 어떤 이상주의적 목표를 총체적으로 일거에 해결코자 하는 '정서적 급진주의'를 유발하는 경향을 동반했다. 이러한 민주주의에 대한 이상주의적인 이해 방식은 대의제 민주주의에 앞서 직접 민주주의를, 정당이 중심이 된 정치에 앞서 시민 정치, 운동 정치를 강조하는 경향을 띄었다. 시민 사회, 시민 참여를 강조하는 민주주의에 대한 이러한 이해 방식이 그 자체로서 부정적인 것은 아니다. 그러나 이러한 이해 방식은 일면적인 민주주의관을 강화하는 결과를 가져왔다고 하겠는데, 그것은 이상을 강조하는 동안 현실에서 존재하고 작동하는 민주주의, 밑으로부터의 시민 참여만이 아니라, 통치 체제로서의 민주주의를 이해하고 실천하는 데 있어 한계를 드러낼 수밖에 없기 때문이다.

(4) 이 점에서 우리에게 19세기 전반의 프랑스 정치 이론가 토크빌이나 독일의 대사회학자 막스 베버의 이론이 의미하는 것은 매우 중요하다. 토크빌은 혁명 이후 19세기 초 프랑스 사회에서의 민주화 과정을 분석하면서 민주화가 국가 권력의 집중화 현상을 가속화시켰다고 주장하며 정치권력 또는 정부 권력의 집중화와 행정적 (권력의) 집중화를 구분했는데, '민주적 전제주의(democratic despotism)'라는 말은 행정적 획일화를 동반하는 행정 권력의 집중화의 결과물이라고 말했다. 민주화가 행정 권력의 중앙 집중화를 촉진하면서 '행정 국가' 현상을 불러온다는 것은 진정으로 커다란 패러독스가 아닐 수 없

다.[4] 토크빌이 언급한 행정 권력의 중앙 집중화의 결과로 나타나는 '행정 국가' 현상은, 그 원인은 비록 다르게 설명된다 하더라도 20세기에 들어와 베버가 말하는 합리화의 결과로서 국가 행정의 관료주의화 현상을 예견하는 것이었다고 말할 수 있다.[5] 요컨대 이들이 말하는 것은, 민주주의는 '행정 국가', '관료화', 뭐라고 부르든 민주주의가 추구하는 핵심적 가치로서의 시민적 자유와 충돌하는 원치 않는 어떤 대립적 현상을 동반하게 된다는 것이다. 특히 베버에 있어 관료화는 민주화만이 아니라, 자본주의에 의한 사회 경제적 발전의 결과물이기도 하다. 여기에서 필자가 이들의 이론을 불러오는 것은, 우리가 이상으로 생각하는 민주주의는 시민 사회로부터의 참여적 측면에만 관심을 집중할 수 있는 여유를 잘 허용해 주지 않는다는 것이다. 풀어 말하면, 우리는 참여의 평등과 확대에 노력해야 하지만, 동시에 국가 권력의 집중화가 동반하는 행정 권력의 강화와 그로 인한 관료화에 대응하지 않으면 안 되는 보다 어려운 과제를 안게 되는 것이다. 즉, 우리는 어떻게 민주주의를 통하여 국가 행정 기구의 관료화를 다룰 수 있는가, 어떻게 민주적으로 국가의 관료 행정 기구를 관리하고 통제할 수 있는가 하는 보다 지난한 과제를 대면하게 된다. 이런 문제는 민주화 이전 이미 강력한 국가와 잘 발달된 행정 관료 체제를 가진 조건에서 민주화가 이루어진 한국 사회에 그렇지 않은 서구 국가들보다 더 큰 민주주의의 과제를 안겨 준다고 말할 수 있다. 요컨대 민주화가 다루어야 하는 문제는 한국 사회에서 집중적으로 논의되고 있는 정치적 수준에서의 이데올로기적 갈등 문제보다 훨씬 더 크다고 할 수 있다. 베버와 토크빌은 자유의 확대를 목표로 한 민주주의가 오

참여의 조건과 소명으로서의 사회과학

히려 자유의 제약, 억압을 가져오는 관료적 지배 또는 민주적 전제정을 초래하게 되는 현상에 대해 말하고 있는 것이다. 이들의 이론에 힘입어 우리는 보다 넓은 시야에서 민주주의를 이해하는 것이 가능해진다. 이상적으로 기대하고 규범적으로 정의하는 것을 통해서 이해되는 민주주의와, "현실에서 존재하는 민주주의(real-existing democracy)"는 같지 않다.[6] 이 점에서 민주주의를 바라볼 때, 그것은 결코 이상적인 통치 체제라고 말하기는 어렵다. 처칠은 민주주의에 대해 "그동안 실천하고 경험해 본 여러 형태의 통치 체제를 제외하고는, 최악의 정치 체제"라고 말했지만, 그것은 현실적으로 존재하는 민주주의에 대한 그다운 날카로움과 위트를 갖는 최상의 정의로 여겨진다.[7] 여러 측면에서 볼 때 민주주의는 결함이 많고 결코 이상적인 정치 체제는 아니지만, 보통 사람들을 위한, 그리고 그들이 쉽게 실천할 수 있는 체제로서는 최상의 것이다.

(5) 현실적으로 존재하는 민주주의에 있어 최대의 과제는, 국가를 어떻게 민주적으로 관리하고 운영할 것인가 하는 문제로 모아진다. 민주주의를 실천하고 운영하는 데 있어 중요한 것은, 무엇이 중요한 사회 경제적 문제인지를 정의하고, 그 해결책을 발견하려고 시도하고, 그 과정에서 발생하는 사회적 갈등을 어떻게 제도화할 것인지, 이를 위해 어떻게 정당의 역할을 강화하고 활성화할 것인지, 그리고 어떻게 선출된 정부가 국가를 민주적으로 통제할 것인지 등등의 문제들일 것이다. 그 중심에 국가와 시민 사회를 연결하는 자율적 정치 결사체로서 정당이 위치한다. 민주주의가 이상적 정치 체제가 아니듯이, 정당 또한 이상적인 정치적 결사체는 아니다. 그럼에도 불구

하고 정당 이외에는 서로 충돌하는 이익과 열정을 수렴하고 대표해서 제도의 틀 속에서 갈등을 조정하고, 경쟁하는 세력 간의 합의와 협력을 통해 집합적 결정에 도달할 수 있는 수단을 발견하기 어렵다. 그리고 정당 이외에는 국가, 정부를 운영할 집단적 리더십을 형성, 배양하고 훈련할 수 있는 어떤 것을 발견하기 어렵다. 그러나 그동안의 선거, 정당, 정치 자금을 규율하는 일련의 정치적 제도 개혁들은, 참여를 억제하고 정당 활동을 규제하는 것을 통해 정당을 약화시키는 결과를 가져왔다. 시민 참여의 확대와 여론의 반영을 목적으로 한 정당 구조의 개방, '부패한' 리더십을 부정하는 당내 민주주의의 확대, 부패 방지와 효율성 제고를 목표로 한 정당 구조와 선거 제도 개혁 등등 그 명목이 어떠하든 결과는 그러했다. 이른바 보수적 정당이 아니라, 개혁적 또는 진보적 정당들이 쇠락하고, 그로 인하여 한국 정당 정치 전체가 퇴행하는 모습을 드러내게 된 것은, 앞에서 말한 정치관과 그것을 반영했던 제도 개혁의 결과라고 이해할 수 있다. 이 모든 과정에서 학자, 지식인의 역할은 사실상 중심적인 것이었다. 정당 정치인들은 여론의 심판이라든가, 선거라는 제도를 통해 그들의 결정과 정치적 행위의 결과에 대해 책임지게 된다. 아니면 선거에 패배했을 때 최소한 지난 선거에 대한 평가 보고서를 통해 비판의 대상이 된다. 그러나 학자, 지식인의 경우, 그들이 비록 제도 개혁의 중심적인 역할을 했다 하더라도 그 역할에 대해 책임지게 하는 어떠한 제도적 장치나 메커니즘이 존재하지 않기 때문에 그들은 어떤 형태로든 책임으로부터 자유롭다.

(6) 학자, 지식인이 자신의 사회과학적 지식 또는 어떤 전문 지식

참여의 조건과 소명으로서의 사회과학

을 통하여 그것을 수단으로 정책 결정 과정이든 정치적 운동이든 현실 문제에 참여할 때 그것이 가져오는 시민 생활에 직접적인 영향을 미치는 사회적 결과나 보다 광범위한 정치적 결과에 대해 책임지는 문제의 중요성, 말하자면 어떤 책임 의식 내지 소명 의식에 대해 필자가 여기에서 말하고자 하는 바와 유사한 문제의식은 앞에서 언급한 바 있는 시어도어 로위에 의해 제시되고 있다. 그는 미국 정치학회장 취임 연설인 「정치학 속의 국가」[8]의 연장선상에서 「공적 지식인과 공익: 소명으로서의 정치학의 정치를 향하여」라는 논문을 통해 이 문제를 다루고 있다.[9] 미국의 학자 및 교수들과, 그들의 학문 연구가 정치와 사회에 어떻게 긍정적으로, 또 어떻게 부정적으로 작용하는가 하는 것을 비판적으로 검토하는 가운데 그는 "소명으로서의 정치학의 정치"를 제시한다. 학자들이 여러 형태로 현실에 참여하면서 정치학의 이론과 지식을 현실에 적용하는 것을 통해 사회에 직접적인 영향을 미치는 것에 대해 '책임 윤리'를 핵심으로 하는 소명 의식을 갖는 것이 필요하다고 주장한다. 바꾸어 말하면 정치학이 학자들의 현실 참여에 의해 현실에 적용될 때 그것은 곧 정치학을 수단으로 한 정치가 되는 것이다. 그러므로 거기에는, 베버가 정치인에게 '목적 윤리'에 동반되는 '책임 윤리'가 요구된다고 말했듯이[10] 학자들이 정치학을 통해 정치를 하는 한 책임 윤리라는 소명 의식을 필요로 한다는 것이다. 여기에서 소명이라는 말은, 학자들이 현실에 참여하여 공적 지식인으로 역할하는 경우, 그의 학문과 지식의 사용이 공익에 봉사하는 것이 되지 않으면 안 된다는 것을 의미한다.

4 소명으로서의 사회과학 (1)
─ 학문의 중립성과 가치 중립성

(1) 학문의 중립성과 학자의 소명 의식은 왜 필요한가? 이 문제는 보편적인 문제이지만, 어디까지나 한국적 조건, 즉 한국의 사회 문화적 그리고 정치적 조건에서 먼저 답해져야 할 문제이다. 이 문제에 대해 말하기 위해 막스 베버의 '소명/직업'을 주제로 한 유명한 두 개의 대중 강연 「소명/직업으로서의 학문(*Wissenschaft als Beruf*/ *Science as a Vocation*)」(1917)과 「소명/직업으로서의 정치(*Politik als Beruf*/*Politics as a Vocation*)」(1919) 가운데 먼저 「소명으로서의 학문」에 대해 언급하는 것이 필요할 것 같다.[11] 여기에서 베버는 직업으로서 학문을 하는 학자들이 대학 강단에서 이데올로기나 정치적 프로파간다를 선전하는 데마고그나 예언자가 되는 것에 대해 단호히 비판하면서, 강단을 이데올로기의 선전장으로 삼아서는 안 된다는 점을 강조했다. 그리고 모름지기 사실의 객관적 탐구에 천착하는 것이 학자로서의 윤리라는 점을 강조한 바 있다. 그러나 여기에서 유념할 것은 교수, 학자가 취해야 할 윤리 내지 태도로서의 정치적 중립과 사회과학의 방법론으로서의 "가치 중립성(Wertfreiheit/value-freedom 또는 value-neutrality)"이 서로 중첩될 수도 있지만, 엄연히 다른 문제라는 것이다.[12] 베버에 대한 가장 깊은 해설자이기도 한 철학자 야스퍼스는 베버가 정치적 중립성을 말할 때 무엇을 의미했는지에 대해 이렇게 설명했다. "진실을 발견하려는 과학적/학문적 충동과 자신의 이상을 옹호하려는 실천적 충동은 다른 것이다. 그러나

이 말은 두 충동이 서로 독립적으로 움직이는 것을 뜻하는 것은 아니다. 베버는 단지 두 충동을 혼동해서는 안 된다는 점을 말한 것이다. 이 두 동인이 분명하게 구분될 때만이 두 요소들은 효율적으로 작용할 수 있는 것이다. 과학적 객관성과 기회주의 사이에는 어떤 관계도 없다. 이 두 요소가 혼동된다면 학자의 신념과 학문적 객관성은 동시에 파괴되고 말 것이다."[13] 베버가 사회과학에 있어 가치 중립성을 말하듯이, 가치 내지는 이데올로기의 개입이 사회과학적 탐구를 왜곡하고 저해할 때가 분명히 있다. 그러나 여기에서는 어느 시점에서 어떤 조건에서 사회과학적 탐구로부터 가치를 배제해야 하고, 또 어떻게 가치 중립적인 연구가 행해져야 하는 것인지에 대해서 말할 수는 없다. 다만 야스퍼스가 말하듯이 베버의 가치 중립성의 의미가 사회과학적 탐구와 가치 판단을 과격하게 구분하는 것에 있다기보다 그 둘이 혼합되는 것에 대해 경고하는 것이라고 이해하는 것이 필요하다. 소명/직업을 주제로 한 학문과 정치에 대한 두 강연에서 말한 바대로, 학자가 진실의 추구라는 학문적 이상을 성취하기 위해서는 가치 중립적인 방법 내지 태도가 필요하듯이, 정치인 또한 자신의 정치적 신념을 실현하는 데 있어서는 자신이 서 있는 현실을 객관적으로 이해하고 실현 가능한 수단을 강구해서 목적을 성취해야 하는 것과 같은 이치라 할 수 있는 것이다. 학자와 정치인은 직업의 종류가 다르다 하더라도, 그들의 행위가 다른 방법으로 정치와 사회에 그 어떤 직종보다 광범하고 직접적으로 영향을 미치기 때문에, 유사한 '목적 윤리'와 '책임 윤리'를 지녀야 한다고 할 수 있다.

(2) 한국 사회에서 학자, 지식인은 민주화라는 격동기를 거치면

서 민주주의의 이상과 가치에 헌신하고 그 실현에 투신하는 동안 이 념적 가치에 깊이 침윤된 바 있다. 이러한 이념적 가치를 갖는 것과 이를 행동에 옮겨 실현하는 것, 즉 이념적 가치와 행동의 결합이 일종 의 도덕적 의무감으로 이해되는 시기가 있었고, 지금도 어느 정도 그 전통이 유지되고 있다. 이러한 환경하에서 '행동하는 양심'은 한 단 계 높은 수준의 '깨어 있는 시민'을 의미한다. 한 사람의 지식인이 참 여를 통해 그 이상과 가치를 실현하기 위해 행동할 때, 그는 '행동하 는 학자' 또는 '실천적 지식인'으로 호명되고 사회에서 일정한 존경 을 불러오기도 한다. 지식인의 현실 참여에 대해 요구되는 이러한 인 식과 태도는 한국 사회 고유의 것이 아니라 19세기 러시아 인텔리겐 챠의 전통을 따르는 것이라고 볼 수 있을 것이다. 현대 민주주의 사회 에 있어 지식인에게 기대되었던 전통적인 역할은 더 이상 긍정적으 로 나타나기 어렵게 되었다. 민주화가 제도화되고 일상적 정치가 회 복되면서, 그리그 그 정치가 이념적 양극화와 그에 기초한 진영 간 대 립을 통해 정치의 이데올로기화를 불러오면서 학자, 지식인은 결과 적으로 진영 간 대립의 어느 한편에 위치하게 될 수밖에 없게 되었 다. 그리고 누군가가 그 중간에 위치한다 하더라도 대부분의 경우 기 존의 갈등하는 이념과 가치 사이에서 적절하게 스스로를 위치 짓거 나 그로부터 거리를 두는 것이지, 기존의 정치적, 정신적, 이념적 갈 등 축을 넘어 어떤 다른 종류의 보편적인 가치, 사상, 전망을 제시하 는 경우란 흔치 않게 되었다. 그러나 이러한 근묵지흑(近墨者黑)의 태 도를 중립적인 것이라고 말할 수는 있을지 몰라도 그 중립은 어디까 지나 수동적이거나 도피적인 것에 불과한 것이다.

　　　　　　　　　　　　참여의 조건과 소명으로서의 사회과학

(3) 이러한 현실에서 그들은 하나의 분열증적 상황에 서 있는 스스로를 발견하게 되는데, 한편으로는 보수든 진보든 기존의 어느 하나의 이념에 지속적으로 복무하거나 어느 하나의 진영에 갇히게 되는 것이고, 다른 한편으로는 강력한 합리화의 힘에 종속되는 것이다. 요컨대 현실 참여라는 것은, 한 사람의 학자, 지식인이 정치권력과 이념으로 양극화된 어느 하나에 편입되는 연계의 기회라는 의미를 갖는다. 왜냐하면 민주주의의 선거 경쟁은 정당을 중심으로 조직되고, 그들이 실제로 어떠한 능력을 가졌든 선거에서 승리한 정당이 민주화 이후 더욱 확대된 국가/정부를 관리하고 운영할 권력과 권한을 시민들로부터 위임받기 때문이다. 그리고 경쟁하는 정당들 가운데 어느 하나가 시민 사회에서의 다른 자율적 힘들을 압도하면서 사회적, 문화적, 정신적 자원을 통제하고 배분하는 권력을 획득하기 때문이다. 그러므로 이러한 조건은 한 사람의 지식인, 학자가 어떤 형태로 정치에 참여하든, 정당으로 대표되는 갈등하고 경쟁하는 양극화된 진영의 어느 하나에 편입되도록 한다. 그러나 상황은 여기에서 끝나는 것이 아니다. 대학 자체가 그 힘의 엄청난 영향력하에 있기 때문에 한 사람의 학자, 지식인이 정치에 참여하지 않는다고 해서 권력으로부터 자유로울 수 있는 것이 아니기 때문이다. 이러한 환경하에서 교수, 학자들은 학문 생산에 대한 가중하는 양적 평가가 부여하는 요구에 부응하기 위해 학문적 아웃풋을 내는 데 몰입하지 않으면 안 된다. 이러한 현상은 오늘날 한국의 사회과학과 학자들의 분열증적 양극화라는 결과를 가져왔다. 즉 현실 정치에 참여하든가, 아니면 계량화되고 규격화된 평가 기준에 부응하기 위해 연구실을 지키며 논문 생산

에 몰두하든가 하는 것이다. 또한 그들의 역할은 현실 정치와 정책이 요구하는 지적, 정책적 작업에 참여하는 정책 전문가가 되든가, 아니면 현실 정치의 전략, 전술 전문가가 되든가 어느 하나일 경우가 많을 것이다. 윤리적 정합성과 거시적 전망을 상실한 협애한 마음의 전문가들의 양산, 베버가 말했던 "영혼 없는 전문가, 가슴 없는 감각주의자"[14]들의 양산을 가져오고, 우리는 그들에 의해 지배되는 세상을 대면하게 된다. 아니 우리 모두는 그 속으로 던져지게 된다. 학문적인 연구와는 거리가 먼 현실 정치와 지적 작업 간의 간격 없는 상황이 만들어 내는 것은, 이탈리아의 사회학자이며 경제학자인 파레토가 기술적 학문(technocracy)에 대해 말했던 비판적 논평과 같이 "무지 때문에 잘못을 저지를 수도 있지만, 이익이 걸려 있기 때문에 또한 잘못을 저지르는" 결과를 가져올 수 있다. 다른 표현이지만 같은 뜻으로 로버트 달은 "기술 전문가들은 본질적으로 도덕적 판단을 하는 사람들보다 더 자격이 있다고 말할 수 없을 뿐 아니라 오히려 자격을 덜 갖췄다."라고 말한다. 또한 나아가 사람들이 보통 우리의 "수호자라고 인정하는 사람들이 자신들의 이익을 위해서가 아니라, 공익을 추구하기 때문에 우리의 신임을 받을 수 있는 자격이 있는지 없는지"에 대해 볼 필요가 있다고 말하고 있다.[15] 설사 목적이 좋다 하더라도 수단을 잘못 사용할 때, 그것은 무용한 것이거나 해악이 될 것임은 분명하다. 베버식으로 말한다면 이상과 목적이 아무리 훌륭하다 하더라도 학사로서의 학문적 윤리, 정치인으로서의 책임 윤리가 보다 중요하다는 점을 일깨운다. 정치인과 마찬가지로 학자 또한 자신의 사익을 위해 진실을 왜곡하거나 깊이 탐구하지 않는, 학자로서의 소명

참여의 조건과 소명으로서의 사회과학

의식을 결여한, 책임 윤리 없는 가치와 신념의 추구가 얼마나 위험한지, 얼마나 공익에 위배되는지를 인식하는 것이 필요하다.

(4) 한 사람의 학자, 지식인이 정치적으로 자율적이고 독립적인 자세를 견지하면서 학문적 탐구에 전념하고 헌신하는 것이 현실 정치에 참여하는 것보다 바람직한 까닭은, 정치, 사회, 경제와 같은 사회의 다른 영역에 대한 학문의 역할을 강화하는 데 기여하고, 학문의 효과와 지식의 확대를 통해 사회에서의 이성적 논의와 판단의 지평을 확대하고, 공적 판단을 도울 수 있는 공정한 심판자이자 교육자로서의 사회적 역할을 증진하고, 그 역할에 권위를 부여하는 데 기여할 수 있기 때문이다.[16] 그것은 학문의 중립성과 학자, 지식인으로서의 학문에 대한 헌신이 가져오는 커다란 보상이라고 할 수 있다. 한 사람의 지식인, 학자가 이데올로기적 양극화와 정치의 이데올로기화를 특징으로 한 한국 정치 현실에 참여하는 것이 가져오는 결과는 그에게 어떤 명성과 영향력, 권력, 다른 부수적 이익을 가져다줄지는 몰라도 그것의 결과는 부정적인 것이거나, 매우 미미한 것에 지나지 않을 것이다. 무엇보다 정치 참여는 학문이 정치권력과 영향력의 하위 역할을 감수하게 하고, 오늘의 한국 정치가 직면하고 있고 또 해결해야 할 이데올로기의 양극화 문제를 풀어 나가는 데 기여하기 어려운 것으로 보인다. 그보다는 오히려 그것의 원천이 되거나, 또는 그것을 정당화하면서 지속시키는 역할을 할 가능성이 크다고 말할 수 있다.

(5) 그러나 여기에서 필자가 학문의 중립이 아닌 정치적 편향성에 대해, 그리고 학자의 정치 참여에 대해 비판적으로 말하는 것이 학자, 지식인이 사회적 문제 해결 또는 사회적 발전을 위해 현실에 참여

하는 것 자체를 부정적으로 보는 것이라고 이해할 필요는 없다. 그렇지만 사회적 영향력을 행사하는 것이 반드시 현실 참여를 통해서만 이루어지는 것이 아니라는 점을 이해하는 것 또한 필요하다. 참여냐 아니냐 하는 것보다 더 큰 문제는, 정치 또는 현실에 학자들이 자신의 학문적 결과 내지 전문 지식을 투입할 때 그것이 얼마나 정치를 향상시키고, 사회에 좋은 영향을 가져올 수 있느냐 하는 참여의 내용이라고 할 수 있다. 어떤 '공적 지식인'으로 역할하지도 않고, 그렇다고 어떤 형태로든 현실 참여를 하지 않으면서, 대학에서 학문 연구에 전념하면서도 공익에 얼마든지 기여할 수 있다. 아니 오히려 참여하는 것보다 더 훌륭하게 기여할 수 있다. 학문에 전념하는 것이 그의 학문과 지식을 더 깊고 넓게 만들어 줄 수 있기 때문이다. 앞에서 언급했던 로위의 논문 「공적 지식인과 공익: 소명으로서의 정치학의 정치를 향하여」는 한국에서도 다원주의를 비판하는 엘리트 이론으로 잘 알려진 사회학자 C. 라이트 밀스를 이러한 방향에서의 한 이상적인 모델로 제시한다. 밀스는 60~70년대를 통하여 미국 사회과학계에서 진보적 사회학을 대표하는 학자였다. 그는 대학만이 아니라 현실 정치와 일반 독자, 대중들에게도 큰 영향을 미쳤기 때문에 사람들은 그를 대학교수일 뿐 아니라 공적 지식인으로 생각하는 경향이 강했다. 그러나 그는 전혀 그렇지 않다. 그의 엘리트 이론은 진보적인 것임에 분명했지만, 마르크스뿐 아니라 자유주의적 베버는 물론 모스카, 미헬스, 피레토 같은 엘리트 이론을 취합한 것이어서 특별히 좌파 이론에 편향적이지 않았다. 밀스는 어떤 형태의 운동에도 참여하지 않았고, 대학이라는 학문 세계 밖으로 나가지도 않으면서 철저하게 고립된

참여의 조건과 소명으로서의 사회과학

학자로서 활동했기 때문에 '소외된 지식인'이었고, 학생 지도와 학문 활동에 전념한 진정한 의미에서 '대학 지식인'이었다. 오직 책과 논문으로 그 자신의 학문적 결과를 말했기 때문에 '공적 지식인'이 아니었고, 더더욱이 '운동 지식인'은 아니었다.

5 소명으로서의 사회과학 (2) ─ 그 이상

(1) 베버가 말하고 있는 독일어의 Beruf는 '소명'이라는 뜻과 '직업'이라는 뜻을 동시에 갖는다. 그리고 소명이라는 말은 기독교의 칼비니즘(Calvinism)에서 의미하는바 하느님의 명령 내지 부름에 따르는 것으로 도덕적 의무를 갖는다는 뜻을 함축한다. 우리말에 '천직(天職)'이라는 말은 그것과 의미는 다르지만, 한 사람의 직업을 하늘이 내렸다는 뜻을 갖는다는 점에서 그리고 한 사람이 자신의 직업에 관한 모든 것에 헌신적으로 임한다는 점에서 유사한 면이 있다. 소명감을 동반하는 직업의식은, 자신의 직업이 사회적으로 어떻게 평가되든, 그 직업에 대한 경제적, 금전적 보상이 어떠하든, 그 직업이 요구하는 노고가 얼마나 힘들든 혼신의 노력으로 자신의 직업에 전념하고, 전념해야 하는 태도를 말하는 것이다. 그렇게 할 때 그러한 행위는 사회에 봉사하는 것이 된다. 정치인과 학자, 지식인이 매우 다른 직업이라는 것은 말할 것도 없다. 그럼에도 불구하고 정치인과 학자들이 책임 윤리를 가져야 한다는 것, 그리고 그 내용이 같다는 것은, 그들이 의도했든 의도하지 않았든 각각 그들의 행위가 다른 방법으

로 사회에, 그리고 많은 사람들의 삶의 내용에 엄청난 영향을 미치기 때문이다. 필자는 학문 외적인 정치적, 사회적 영향으로부터 학문의 중립을 강조하고, 학자, 지식인이 정치에 참여하지 않는 것이 오히려 바람직하다고 말하고 있다. 그렇게 말하는 이유는, 지식인의 학문 행위와 그 결과가 가져올 책임으로부터 자유로운 상태에서 정치 영역에서 발생하는 부정적이고, 예측 불가능한 문제들과 쉽게 접맥될 수 있는 여지를 차단하는 것이 좋다고 생각하기 때문이다.

(2) 여기에서 한국 사회에서 소명 의식을 갖는 학자, 지식인이 지닐 수 있는 바람직한 태도에 대해 생각해 보는 것이 필요할 것 같다. 이 점에 대해 필자는 세 가지를 말해 보고자 한다.

첫째, 경험적 사실 추구에 기초하여 진실을 탐구하고 추구하는 열정이다. 베버가 말했던 사회과학 방법론으로서의 '가치 중립성'은 많은 논쟁을 불러온 이론이기도 하다. 그러나 가치 중립성이 큰 의미를 갖는 것은, 그것이 경험적 사실과 그것을 기초로 한 진실을 추구하는 열정을 실현할 수 있기 때문이다. 그것은 가치를 부정하거나 의미가 없다고 치부하는 것이 아니라 학문적 수련을 통해 획득된 경험적 사실에 의해 가치를 구체적인 현실로 만들 수 있기 때문에 중요하다. 학문하는 사람이 추구하는 가치의 궁극적 실현이 그 목적에 이르는 과정에서 가치의 개입을 중단하지 않고서는 가능하지 않다는 것은 커다란 패러독스라 하겠다. 어떤 가치, 규범, 이념을 추구하는 열정은 강하지만, 사실적 진실을 추구하는 열정이 약한 것은 한국의 학문적, 지적 전통으로 이해된다. 한국의 학문 세계에서 경험주의적 사실 추구를 바탕으로 한 사회과학의 발전은 사회과학적 현상, 역사의 이해,

참여의 조건과 소명으로서의 사회과학

철학적 이념적 사유와 성찰의 지평을 확대하고, 과도한 이상주의가 가져오는 이념적 경직성을 완화하는 데 기여할 것으로 믿어진다.

둘째, 도덕과 닿아 있는 비판적 이성이다. 이는 사회적 정의와 공공선을 정의하고, 무엇이 옳은 것이고 정당한 것이냐 하는 것을 판단하고, 그것을 추구할 수 있는 성찰적이고 비판적인 지적 판단력을 말한다. 그것은 여러 정치철학자들과 사회 이론가들이 생각해 왔던 순수 이상으로서가 아니라, 실천 가능한 "최선/최고의 정치 체제 내지 사회 체제(best regime)"를 상상하고, 정의하려는 지적 노력을 포함한다.[17] 이 말은 사회의 부분적 이익 갈등과 그로부터 발생하는 문제를 발견하고 해결하는 것이 중요하지 않다는 것은 아니다. 설사 개인의 개별적이고도 실존적 문제와 아울러 구체적이고 경험적인 사회 경제적 문제를 이해하고 판단하고, 해결하려고 시도한다 하더라도, 그 경우에도 무엇이 가장 바람직한 사회 체제냐 하는 것을 상상할 수 있고, 정의하려고 노력할 수 있다. 즉 비판적 이성이란 전체와 부분, 개인과 사회 사이의 변증법적인 관계를 이해하면서 문제를 발견하고 해결하려는 지적 과정 내지 판단력을 뜻한다.

셋째, 실천적 지혜/절제의 지혜이다. 학자 또는 지식인에게 있어서도 아리스토텔레스가 말했던 "실천적 지혜 또는 실천적 이성(phronesis/ prudence)"이 중요하다.[18] "지식인에게 있어서도"라고 말한 것은, 실천적 지혜나 절제는 순수하게 인과 관계를 발견하고 설명하는 과학적 영역에서 필요로 하는 지적, 논리적 이성과는 달리 정치와 같은 행위의 영역에서 요구되는 이성이기 때문이다. 그러므로 사회과학이라는 과학적 학문에 있어 지혜를 말하는 것은 다소 어색하고 어울리지 않는다. 그러나 이러한 종류의 이성, 지혜는 사회과학을 하는 사람을 위해서도 요구된다.[19] 그렇지만 이 말은 지혜가 과학적인 지식, 논리를 대체해야 한다는 뜻은 아니다. 지혜는 사회과학, 정치학의 탐구의 결과가 사회에 적용될 때 사회의 실천적 영역과 접맥되고, 그에 직접적으로 커다란 영향을 행사하기 때문에 요구되는 이성이다. 그리고 사회과학이 정태적인 사회 구조만이 아니라 경험 과학으로서 인간 행위의 문제와 직접적으로 연관된 것이기 때문에, 사회 현상은 인과 관계를 자연과학과 같이 정확하게 예측할 수 없고, 언제나 의도하지 않은 결과, 예상하지 않았던 현상 그리고 패러독스를 만들어 낼수 있다. 따라서 학자, 지식인은 의도하든 하지 않든 자신이 행사하는 사회적 영향력에 대해 절제하는 지혜가 필요하다. 그러한 이성과 태도는 학자, 지식인의 책임 윤리의 핵심적 부분이기도 하다.

(3) 위에서 말한 세 요소를 합쳤을 때, 하나의 이상적 모습이 그려진다. 학자, 지식인은 현실에서의 권력과 돈의 영향력뿐만 아니라 사회의 지배적인 가치나 여론의 압력으로부터도 자유롭고, 또 그것을 추구하는 욕구로부터 자유로운 사람이다. 그렇지만 그는 현실에서의 정치적, 사회 경제적 조건에 무관심하거나 거리를 두는 것이 아니라 그에 깊이 관여하고 개입한다. 이 말은 현실 정치나 사회에 참여하거나 또는 어떤 운동의 방식으로 자신의 의사나 이론, 또는 이념이나 가치를 사회에 적극적으로 전파하고 그것을 실현코자 노력하고, 이를 통해 영향력을 획득고자 하는 실천하는 지식인, 학자가 되기를 추구하는 것을 말하는 것은 아니다. 이는 한 사람의 학자, 지식인이 자신의 어떤 가치나 이상, 이념을 갖지 않는다는 뜻이 아니다. 다

참여의 조건과 소명으로서의 사회과학

만 그는 특정 이념, 이데올로기에 열광하지 않고, 이성을 통해 그것들과 적절한 긴장 내지 균형을 유지한다. 학문으로서의 사회과학은 정치와 사회를 탐구의 대상으로 하지만, 그 영역에서의 실천과 객관성의 추구를 본질로 하는 학문 영역은 분리돼야 한다고 믿는다. 다시 말하면 학문의 자율성이 현실에 참여하는 실천에 우선한다고 생각한다. 그러므로 학자, 지식인은 정치와 사회에 대한 객관적이고 비판적인 관찰자 즉 참여적(정치 참여와는 다른 의미에 있어서) 관찰자의 역할과, 아울러 이성적, 합리적 판단을 통한 정치에 대한 심판관[20] 역할이 그 자신이 갖는 적절한 역할이고 위상이라고 생각한다.

한국경제와
공공영역

경제와 공공사회

이정우

경북대학교 경제통상학부 교수[1]

1 머리말

한국 자본주의는 지금 중대한 기로에 서 있다. 1960~1980년대에 우리가 경험했던 고성장은 이제 더 이상 기대하기 어렵다. 경제성장률이 현저히 낮아졌을 뿐 아니라 양극화도 심해졌다. 저성장과 양극화는 현재 한국경제가 당면한 2대 과제라 말할 수 있다. 이 모든 문제가 1990년대 말부터 시작됐다. 1997년 말 불어닥친 아시아 금융 위기는 한국을 비껴가지 않았다. 유례를 찾기 어려운 경제 위기와 그로 인한 대량 실업, 일상용어가 되다시피 한 구조 조정과 민영화, 노동 시장의 유연화는 우리나라의 경제 체제를 근본적으로 바꾸어 놓았다.

과거의 한국 자본주의가 관치 경제의 특징을 갖고 있었다고 한다면 1998년 이후 한국 자본주의는 시장만능주의 색채가 강하다. 이것은 미국과 IMF가 한국에 요구한 새로운 체제다. 모든 것을 시장에 맡긴다고 하는 경제사상은 한국에는 없던 것인데, 지난 15년간 워낙 강하게 각인되어 지금은 많은 사람들이 이를 당연시하고 있으며, 심지어 시장의 대척점에 서 있다고 할 수 있는 정부 관료들조차도 상당수가 이런 사조를 신념으로 갖고 있는 것으로 보인다. 한국경제를 지배

한국경제와 공공영역

하고 있는 대기업, 재벌 집단이 이런 사조를 선호하는 것은 두말할 필요도 없다. 보수 언론들은 매일같이 시장 신화를 보도한다. 모든 것을 시장에 맡기는 것이 최선이며 이에 거역하는 것은 결국 비효율을 낳고 현실에서 도태되고 만다는 사상은 상당한 설득력을 갖고 있는데, 한국만큼 이 사상이 깊이 뿌리를 내리고 있는 나라도 드물 것으로 짐작된다.

물론 시장은 한 나라의 경제를 움직이는 대단히 효율적이고 유효한 수단이며, 어떤 자본주의 체제이든 시장을 경시하고는 존립할 수 없다. 과거 사회주의 체제도 결국 시장의 기능을 지나치게 무시한 나머지 실패했다고 볼 수 있다. 그러나 자본주의 체제는 시장만으로 굴러갈 수는 없으며, 시장과 정부, 공공영역이 적절히 조화를 이루며 역할을 분담하는 것이 가장 바람직하다. 그런 관점에서 볼 때 한국은 1998년 이후 매우 짧은 시간 안에 급속히 시장 쪽으로 기울어 버린, 그리하여 공공영역이 지나치게 빈약하여 제대로 역할을 못하고 있는 불균형이 심한 나라라고 진단할 수 있다. 이 문제는 앞으로 한국 자본주의가 건전하게 발전해 나가기 위해서 반드시 짚고 지나갈 대단히 중요한 문제라 하지 않을 수 없다.

2   경제에서 공(公)과 사(私)의 문제

경제에서 공공영역의 문제를 생각할 때 먼저 머리에 떠오르는 것은 갤브레이스(John Kenneth Galbraith)의 '풍요 속의 빈곤(poverty amidst plenty)'개념이다. 제도학파 경제학의 거두였던 하버드 대학의 갤브레이스는 『풍요한 사회(*The Affluent Society*)』(1958)라는 명저를 출간했는데, 이 책에서 갤브레이스는 미국 자본주의에서 개인의 소비는 지구 상의 어떤 나라보다 더 풍성하고 번영하는 모습을 보이고 있지만 그 대신 공동 소비가 가능한 공원, 학교, 병원, 도로, 철도 등에 대한 투자는 상대적으로 빈약하다는 점을 지적했다. 갤브레이스는 이를 사회적 균형(social balance)의 문제라고 부르는데, 미국에서는 사적 재화는 풍부한 반면 공공 서비스는 빈약하다는 점에서 사회적 균형이 깨진 것을 비판하고 있다.

어떤 가족이 색깔이 화려하고 냉난방 장치가 된, 파워 조종 장치와 파워 브레이크가 장착된 자동차로 소풍을 간다고 생각해 보자. 그들이 통과하는 도시는 도로 포장이 엉망이고 쇠락한 건물과 벌써 지하로 옮겼어야 할 전선에 대한 표지판으로 볼품이 없다. 시골로 나가면 광고판들 때문에 경치가 보이지 않는다. 그들은 더러운 개천가에 차를 세우고 휴대용 아이스박스에서 예쁘게 포장된 식사를 꺼낸다. 공원에서 밤을 보내는데, 그 공원이야말로 공중위생과 공중도덕을 위협하는 존재다. 썩은 폐기물의 악취 속에서 나일론으로 만든 텐트를 치고 공기이불을 펴고 자려다 보면 뭔가 이상하게 앞뒤가 안 맞는다는, '진정 이것이 미국일까?' 하는 생각이 막연히 들지 모른다.[2]

갤브레이스는 2006년 타계 직전에 이 책을 전면 수정하여 개정판을 냈는데, 그 서문에서 1958년 초판에 쓴 이 문장은 그대로 두겠다고 밝혔다. 책의 초판이 나온 지 반세기가 지났지만 미국 자본주의의 사회적 불균형은 별로 달라지지 않았다고 생각한다는 뜻이었다.

사실 자본주의 체제에 속하는 수많은 나라 중에서도 미국은 특별히 사회적 불균형이 심한 나라다. 자본주의 시장경제라 하더라도 나라에 따라서 사회적 (불)균형의 정도와 성격이 크게 다르다. 덴마크의 사회학자 에스핑-안데르센(Gøsta Esping-Andersen)이 1990년에 쓴 『복지 자본주의의 세 가지 세계(Three Worlds of Welfare Capitalism)』라는 책이 이런 연구의 효시가 되었다. 그 뒤 '자본주의 다양성(varieties of capitalism, VOC)'은 사회과학 전반에 걸쳐 매우 중요한 연구 주제가 되었다. 이 문제를 연구하는 학자들은 자본주의 경제를 몇 개의 주요 유형으로 나누고 있다.

(1) 자유시장경제: 미국, 영국, 아일랜드 등이 중심으로서 일명 영미형 모델(Anglo-Saxon model)이라고 한다. 경제 원리로 시장에서의 자유 경쟁이 강조되고, 이를 수정하는 정부의 역할은 작은 편이다. 세금을 적게 내고, 정부의 복지 서비스는 약하다. 따라서 사회적 불균형이 크다. 특히 대처의 보수당이나 레이건의 공화당 같은 보수 정당이 집권하면 더욱더 시장의 역할을 중시하고 '작은 정부'를 추구한다. 일자리 창출과 경제성장에서 다소 장점이 있으나 삶의 질이 떨어지고 정부의 소득재분배 효과가 낮기 때문에 경제적 불평등은 큰 편이다.

(2) 북유럽형 사민주의: 노조가 강하고, 사민주의 정당이 강해서 사회 민주주의의 전통이 확립되어 있는 스웨덴, 노르웨이, 핀란드, 덴마크에서 볼 수 있는 자본주의 유형으로서 시장의 역할은 비교적 작

고, 정부가 경제에 적극 개입한다. 국민 소득 대비 국민들이 내는 세금이 거의 50퍼센트에 가까울 정도로 세금이 높고 큰 정부를 지향한다. 당연히 공공 서비스가 발달하여 사회적 균형이 달성되고 있다. 보육, 교육, 의료 등 공공 서비스가 무상에 가까워 이들 나라는 '탈상품(de-commodification) 사회'라는 별명을 갖고 있다. 소득 수준을 따지지 않고 모든 국민이 평등한 혜택을 보는 보편적 복지가 특징이다. 최근 세계적 경제 위기 속에서도 비교적 건실한 성장을 지속하고 있어서 성장과 분배의 두 마리의 토끼를 잡고 있다는 평가를 받고 있다.

(3) 유럽 대륙형 복지국가: 독일, 프랑스, 네덜란드, 이탈리아 등이 여기에 속한다. 이들은 자유시장경제와 북유럽형 사민주의의 중간쯤 위치하는데, 전자보다는 후자에 더 가깝다. 역시 세금을 많이 내고, 복지국가가 발달돼 있다. 그러나 복지의 중심이 공공 서비스의 무상 공급보다는 실업, 연금, 의료, 산업 재해 등에 관한 사회 보험 중심으로 되어 있고, 이들 사회 보험은 가입자들이 사회계층상 비교적 안정된 일자리를 갖는 노동자들, 즉 중산층을 주축으로 하기 때문에 빈부 격차 완화라는 점에서는 북유럽형 사민주의에 미치지 못한다. 그런 점에서 이를 보수적 복지국가 혹은 일명 비스마르크형 복지 자본주의라고 부른다. 유럽 대륙의 가장 큰 고민은 노동 시장의 과잉보호로 인한 높은 실업률이다.

(4) 남유럽형 자본주의: 최근 재정 위기를 맞은 소위 PIGS 국가(포르투갈, 아일랜드, 그리스, 스페인) 중 아일랜드를 뺀 세 나라가 여기에 속한다. 일명 지중해 자본주의라고 한다. 원래 에스핑-안데르센의 3대 분류에는 없었으나 그 뒤 다른 학자들이 남유럽의 고유한 특징을

177

감안해서 하나의 독자적 모델로 추가했다. 이들 나라는 유달리 가톨릭의 영향력이 크고 가족의 유대가 강하다는 특징이 있다. 이들 국가가 금융 위기 이후 일제히 재정 적자가 심해져서 국가 부도의 위기에 빠지자 우리나라 보수 언론에서는 과도한 복지가 위기의 원인이라고 주장하고 나섰는데, 실제 이들 나라는 유럽에서 복지에 관한 한 북유럽형, 대륙형에 이어 가장 낮은 수준에 머물 뿐이다. 위기의 원인은 과도한 복지가 아니고, 사회에 만연한 연고주의와 부패, 인기 영합주의, 탈세와 방만한 재정 기율이라고 보는 것이 옳다.

네 가지 유형의 자본주의 중에서 특별히 공공영역이 취약하고 사적 자본주의, 시장만능주의 경향이 강한 나라는 제1유형의 자유시장 경제다. 이를 대표하는 나라가 미국이다. 바꿔 말하면 미국은 사회적 불균형이 가장 큰 나라다. 이 유형을 흔히 영미형 자본주의(Anglo-Saxon capitalism)라고 부르는데, 한 묶음으로 분류되는 영국과 미국의 자본주의는 실제로는 상당한 유사성과 더불어 상당한 차이점을 가진다는 점에 유의할 필요가 있다. 대처나 레이건 식의 시장만능주의가 활개를 친 전례가 있고, 금융 자본주의적 성격이 강한 것이 두 나라의 공통점이다. 그 반면 두 나라 사이의 차이점으로는 국민 소득 중 세금의 비중이나 복지지출의 비중은 영국이 미국보다 상당히 높고, 특히 의료 제도에서 영국은 사회주의라는 별명을 가진 국민 보건 서비스(National Health Service, NHS)를 갖춘 반면 미국은 의료에 관한 한 가장 시장만능주의가 강한 나라라는 점을 들 수 있다.

몇 년 전 상영됐던 「식코」라는 영화는 미국 의료의 속살을 적나라하게 드러내 보여 주었다. 미국에는 의료보험에 가입하지 못한 국민이 7분의 1이나 되며 오바마 대통령이 아주 타협적이고 미온적인 형태로 의료보험의 사각지대를 없애려고 분투노력하고 있지만 그마저 쉽지 않은 상황이다. 클린턴 대통령이 부인 힐러리를 앞장세워 의료개혁에 나섰지만 실패한 전례에서 보듯이 미국에서 의료개혁을 하기는 쉽지 않다. 공화당은 의료개혁이 있을 때마다 항상 '사회주의'라는 상투적 비난을 퍼붓고 있다.

한국 자본주의는 위의 네 가지 유형 어느 곳에도 속하지 않는데, 구태여 분류하자면 동아시아형 자본주의가 될는지 모르겠다. 이 모델은 분배, 복지를 무시하고 경제성장을 중시하며 세금과 정부지출이 낮고 많은 부분을 시장에 의지하고 있어 복지국가와는 거리가 먼 체제다. 그러면서 동시에 경제에 대한 국가의 개입은 강한 편이다. 환경, 인권, 기본권에는 둔감하며, 부패와 가족 연고주의가 강하다. 이렇게 본다면 동아시아형 자본주의는 영미형 자유시장경제의 특징(작은 정부, 저복지)과 남유럽형의 특징(부패와 가족 연고주의)을 동시에 가진 하나의 독자적 자본주의 모델이라고 할 수 있다. 어쨌든 한국 자본주의는 공공영역이 대단히 빈약하고, 웬만한 것은 사적 영역에 맡기는 유형이며 그 결과 시장만능주의 속에서 소수의 경제적 강자들은 승승장구하지만 경제적 약자, 서민, 중산층은 살아가기가 힘겹고 고달픈 정글 자본주의다. 이제 한국 자본주의에서 공공영역의 빈곤상을 복지, 교육, 주택, 의료, 교통의 다섯 주제를 중심으로 살펴보도록 하겠다.

한국경제와 공공영역

3 한국경제와 공공영역

1 저복지 현상

지금까지 한국의 복지지출 수준에 대한 논란은 끊임없었다. 보수 학자들은 한국의 조세 부담률이 너무 높고, 복지지출도 과다해서 경제성장을 저해한다고 주장한다.[3] 또 우리나라의 국민 부담률과 조세 부담률은 아직 국제 수준 아래에 있고, 적정 수준에도 미달하는 수준이지만, 그 증가 속도가 빠르고 또 한국의 낮은 복지지출 수준을 생각하면 조세 부담률과 국민 부담률은 오히려 적정 수준을 상회한다는 주장도 있다.[4] 약간의 차이는 있지만 보수 측 주장은 결국 우리나라의 국민 부담률과 조세 부담률이 과다하다는 것이다.

그러나 반대로 한국의 복지지출은 아직 낮기 때문에 더 늘려야 한다는 주장이 더 많다. 박능후는 한국의 복지지출이 1990년대 후반의 경제 위기 이후 공공 부조 급증과 더불어 빨리 상승한 것은 사실이지만 여전히 국제 비교상 낮은 수준이라고 주장했다.[5] 그의 추계에 의하면 1999년 현재 한국의 사회복지지출 규모는 국민 총생산(GDP) 대비 11.8퍼센트이고, 논란이 되는 퇴직금을 빼면 7.5퍼센트에 불과하다. 국제 비교에서 얻는 적정 복지지출 수준에 비해 한국의 복지지출은 저지출국 기준의 절반에 불과하다.[6] 한국 복지지출의 또 하나의 특징은 공공 부문 지출은 지극히 낮은 반면 민간 부문 부담은 다른 나라에 비해 높다는 점이다.[7]

그 뒤에 나온 남상호 · 최병호의 연구는 경제협력개발기구(OECD) 국가의 횡단면 자료와 패널 자료를 이용한 회귀 분석을 통해 국민 부담률과 복지 재정 지출 수준을 추정하고 한국의 실제치와 비교했다.[8] 횡단면 분석에서 한국의 국민 부담률은 2006년 현재 25.7퍼센트이지만 기대치는 34.5퍼센트다. 2006년 한국의 공공사회지출은 7.5퍼센트로서 기대치 21.9퍼센트에 크게 미달이다. 이 연구에서 한국의 공공사회지출은 국제 표준의 3분의 1에 불과한 것으로 나타났다. 한국 복지지출은 OECD 평균에 비추어 매우 낮은 것으로 나타났다.

한국의 복지지출이 낮으므로 복지 재정의 소득재분배 효과도 작을 것으로 예상된다. OECD는 세계화 시대 세계 각국의 소득 불평등 심화 경향에 대한 보고서를 내놓았다.[9] 이 보고서에 의하면 세계적으로 소득 불평등이 심화하는 나라가 많지만 반드시 그런 것은 아니며, 오히려 불평등이 줄어든 나라도 있다. 우리의 관심은 조세 및 재정 지출이 갖는 소득재분배 효과다. 표 4-1에는 OECD 24개국의 조세 및 재정 지출의 소득재분배 효과가 요약되어 있다. 표의 왼편은 지니 계수의 축소 비율(%)을 보여 주며, 오른편은 지니 계수의 축소 크기 자체(%p)를 보여 준다. 조세 및 재정 지출의 시장 소득 불평등 축소 효과는 OECD 평균 33.8퍼센트인데, 한국의 경우에는 7.8퍼센트에 그친다. 한국은 24개국 중에서 소득재분배 효과 면에서 홀로 외로이 떨어져 있어 '별유천지비인간(別有天地非人間)', 즉 현실과 동떨어진 별세계 같은 느낌을 준다.

앳킨슨에 의하면 정부 예산이 소득재분배를 가져오는 경로는 두 가지, 조세와 소득 이전이다.[10] 어떤 나라를 막론하고 조세는 소득재분배 효과가 작은데, 그 이유는 직접세에 의한 소득재분배 효과를 간접세의 역진적 효과가 상쇄하기 때문이다. 이에 반해 정부가 운영하

181   한국경제와 공공영역

	지니 계수 축소 비율(단위: %)		지니 계수 축소(단위: %p)	
	가처분 소득 기준	시장 소득 기준	가처분 소득 기준	시장 소득 기준
한국	5.1	7.8	1.7	2.6
이스라엘	13.7	24.1	4.3	8.9
체코	14.1	21.8	4.4	7.7
일본	13.3	27.7	5.1	12.3
폴란드	16.9	34.5	7.4	19.6
프랑스	21.8	41.7	7.7	20.1
호주	23.4	38.7	8.1	16.8
미국	18.5	16.6	8.4	7.6
캐나다	24.0	27.3	9.8	11.9
룩셈부르크	27.9	43.2	9.8	19.6
핀란드	28.2	30.3	10.3	11.7
뉴질랜드	26.5	29.2	11.8	13.8
노르웨이	31.0	36.3	12.0	15.7
이탈리아	26.1	36.8	12.1	20.5
네덜란드	31.3	35.9	12.1	15.2
슬로바키아	32.2	41.6	12.2	19.1
영국	27.4	27.2	12.4	12.5
독일	31.1	41.2	13.2	20.9
아일랜드	30.5	21.0	14.0	8.8
오스트리아	32.6	34.3	14.2	15.7
체코	36.3	43.4	15.1	20.6
스웨덴	40.0	45.8	15.3	19.8
벨기에	37.0	45.1	15.6	22.3
덴마크	41.3	44.2	16.0	18.4
OECD 평균	**26.6**	**33.8**	**10.5**	**15.1**

표 4-1 OECD 각국의 조세 · 재정 지출의 소득재분배 효과
출처   OECD, Growing Unequal?: Income Distribution and Poverty in OECD Countries(2008).

는 각종 소득 이전 제도는 직접 소득 분배에 영향을 미치므로 조세보다는 공공지출이 더 큰 소득재분배 효과를 갖는다. 한국 복지국가의 특히 약한 고리는 바로 소득 이전을 가져오는 복지지출이 낮다는 점이다.

결국 한국의 조세 및 재정 지출의 소득재분배 효과가 다른 나라보다 현저히 낮게 나오는 이유는 조세 부담률이 낮고, 사회 보장 기여금이 적은 것도 있지만 무엇보다 정부의 복지지출이 낮기 때문이다. 한국의 경우 조세의 소득재분배 효과도 다른 나라에 비해 낮은 편이지만 특히 정부의 재정 지출에 의한 재분배 효과가 낮다. 이는 한국의 재정 지출 구조가 아직 복지국가와는 거리가 멀다는 사실을 보여 준다.

한 나라가 복지국가인가를 판별하는 기준 중에 복지 예산의 크기는 결정적으로 중요하다. 스웨덴의 사회학자 테르보른(Goran Therborn)에 의하면 복지국가는 정부 예산 중 복지지출의 비중이 50퍼센트를 넘는 나라라고 정의된다.[11] 이 정의에 따를 때 1980년 현재 OECD 국가의 평균값은 52퍼센트로서 드디어 50퍼센트의 분수령을 넘어섰고, 미국, 일본과 남유럽 국가 몇몇을 제외한 대부분의 OECD 국가가 복지국가 범주에 들어가게 됐다.

한국은 중앙 정부 예산에서 복지지출이 차지하는 비중이 오랫동안 20퍼센트에 불과했다. 참여정부가 이 숫자를 28퍼센트로 끌어올리는 과정에서 좌파니 분배주의니 복지에 집착해서 성장을 훼손하느니 하는 온갖 비방을 들었다. 이명박 정부는 5년 동안 이 숫자에서 한 걸음도 나아가지를 못했다. 그래서 이 숫자는 여전히 28퍼센트다. 그러니 한국은 복지국가로 분류될 날이 요원하다. 그럼에도 불구하고 보수 쪽에서는 한국이 이미 과잉 복지인 양, 복지의 후유증이 심각하다고 선전하고 복지를 포퓰리즘이라고 매도하는 게 버릇이니 한국 자본주의의 공공성 빈곤이 여실히 드러난다고 하겠다. 빈민들이 최후로 의지할 수 있는 것이 국가 복지일진대 한국은 개인의 빈곤 탈출이 거의 개인의 노력에 맡겨져 있어 사람들이 살아가기가 더욱 고달파질 수밖에 없다.

2014년 초 미국 퓨리서치센터에서 22개국을 대상으로 노인의 생활 보장이 누구 책임인가를 물었는데 개인 책임이라고 대답한 비율이 50퍼센트가 넘은 나라는 한국밖에 없었다. 다른 나라에서는 개인 책임이라는 대답이 응답자의 10퍼센트 내외에 불과했다. 한국은 현격하게 다른 나라와 떨어져 있는 별종의 자본주의다. 이런 숫자는 바로 공공영역이 실종된 한국 자본주의를 적나라하게 보여 주고 있다.

2 사교육의 번창

한국 자본주의에서 사적 영역이 비대하고 공공영역이 위축된 실상을 드러내는 또 하나의 현저한 예로서 교육을 보기로 하자. 한국은 세계적으로 교육열이 높은 나라로 알려져 있다. 세계은행 통계에 의하면 현재 한국의 대학 (총) 취학률은 101퍼센트로서 세계 1위다. 고소득국 평균 73퍼센트, 유로(Euro) 국가의 평균 62퍼센트보다 훨씬 높다. 한국에 근접하는 나라로는 핀란드(96퍼센트), 미국(95퍼센트), 스페인(83퍼센트) 정도가 있을 뿐이다. 한국의 취학률이 1960년대까지만 해도 중고등학교는 겨우 30퍼센트대, 대학은 6퍼센트대에 머물렀다는 것을 생각한다면 단기간에 비약적으로 상승하였음을 알 수

	초등	중등	대학
저소득국	108	43	9
중하위 소득국	106	61	19
중상위 소득국	111	84	33
고소득국	100	100	73
유로 국가	105	109	62
한국	104	97	101

표 4-2 각급 학교 취학률의 국제 비교(2011, 단위: %)
출처   World Bank, *World Development Indicators*(2013).

있다. 한국의 고속 경제성장과 꼭 마찬가지로 한국의 교육은 양적으로 급팽창을 거듭해 왔다.

　한국의 취학률이 이와 같이 세계 최고 수준인데도 실제 한국 정부가 교육비로 지출하는 몫은 다른 나라에 비해 높지 않다. 한국의 GDP 대비 공교육비는 최근 5.0퍼센트로서 고소득국 평균 5.6퍼센트, 유로 국가 평균 5.8퍼센트보다는 약간 낮은 편이다.[12] 취학률은 매우 높으면서 공교육비 지출은 낮다는 것은 바로 학생 1인당 교육비 지출이 낮다는 뜻이고, 그만큼 학교 교육이 부실하다는 뜻으로 해석할 수 있다. 교사 1인당 학생 수를 보면 한국만큼 높은 나라는 선·후진국을 막론하고 찾기 어렵다.

　정부의 교육비 지출이 낮음에도 불구하고 우리나라의 교육이 양적으로 엄청난 성장을 계속해 온 비결은 어디에 있을까? 그것은 다름 아니라 교육비 중 개인이 직접 부담하는 몫이 컸기 때문이다. 바꾸어

국가(연도)	국공립	사립	합계
미국(1979)	0.3	100.0	11.2
서독(1978)	0.0	0.0	0.0
일본(1980)	1.8	56.2	5.5
한국(1989)	19.5	71.6	31.3

표 4-3 초중등 교육비 중 사부담 비중의 국제 비교(단위: %)
출처   이지혜, 「납입금 정책과 학부모 부담」, 한국교육연구소, 『학교는 왜 가난한가?』(우리교육, 1991), 69쪽.

말하면 우리나라에서는 국가가 교육을 위해 할 일을 개인이 대신 해왔다는 뜻이다. 아주 오래된 자료이긴 하지만 선진국 몇 나라와 비교할 때 한국에서 사부담 교육비가 매우 높다는 것을 표 4-3에서 알 수가 있다. 외국에서는 세금으로 교육비를 지출하는 비중이 크다는 점과(예를 들어 유럽 여러 나라에서 교육은 전적으로 정부가 부담한다.) 많은 나라에 과외가 있긴 하지만 우리나라만큼 과외가 극성을 부리는 나라가 없다는 점이 이런 차이를 가져왔다. 다른 나라의 과외가 선택적인 것이라면 우리나라의 과외는 거의 결사적인 것이라고 해도 좋다.

한국교육개발원이 1990년 전국의 약 4000가구를 대상으로 우리나라의 교육비를 조사했더니 사부담 교육비 총액은 12조 8000억 원으로 추계되었다.[13] 이 돈을 우리나라 전국 1135만 7000가구로 나누면 월평균 9만 4000원이란 액수가 나오는데, 이것은 동년 『도시 가계 연보』에 나타난 도시의 가구당 월평균 교육비 지출 5만 7600원보다 훨씬 더 높다. 9만 4000원을 도시의 소비 지출 총액 대비로 계산해 보면 교육비가 소비 지출에서 차지하는 비중은 13.0퍼센트이므로 농촌까지 감안한다면 실제 전국의 비중은 이보다 높다고 할 수 있다. 따라서 우리는 우리나라 가계의 소비 지출에서 교육비가 차지하는 비중은 실제는 13~15퍼센트에 달한다고 추측할 수 있다. 외국의 수치, 즉 중상위 소득국의 9.7퍼센트, 고소득국의 12.6퍼센트와 비교하면 우리나라의 교육비 부담이 높다는 것을 알 수 있다.[14]

이와 같이 우리나라의 가계 지출 중 교육비의 부담이 큰데, 사실 과외비 지출은 정확히 파악되지 않고 있다. 과외 열풍은 위의 조사 이후에도 해가 갈수록 더욱 기승을 부리고 있으므로 교육비 부담은 위의 계산보다 훨씬 더 높을 가능성이 농후하다.

보다 최근 자료를 보면 통계청에서 2007년 전국 사교육비 규모를 조사한 것이 있다. 초중고 사교육비 규모는 20조 400억 원, 학생 1인당으로는 22만 2000원이었다. 학생들은 주당 평균 7.8시간의 사교육을 받고 있었다. 20조 원이란 액수는 GDP 대비 2퍼센트에 해당한다. 다른 연구에 의하면 2006년 현재 한국의 사교육비는 230억 달러로서 GDP 대비 2.8퍼센트라고 하며, 프랑스는 2006년 현재 22억 1천만 유로의 사교육비를 지출했는데, 이는 GDP 대비 0.1퍼센트에 불과하다.[15] 터키는 2004년 사교육비로 29억 달러를 썼는데, 이는 GDP의 1퍼센트에 해당한다.[16] 한국은 대략 GDP의 2~3퍼센트를 사교육비에 쓰고 있는데 이런 나라는 거의 없을 것 같다.

그렇다면 공교육비 GDP 대비 5퍼센트, 사교육비 2퍼센트, 합치면 7퍼센트로서 교육에 대한 지출로는 아마 세계 최고 수준이 될 것이다. 공 대 사의 비율이 5대 2가 되는 나라는 지구 상에 드물 것이다. 이웃의 일본, 대만이 한국과 비슷하게 사교육의 광풍이 몰아치는 나

한국경제와 공공영역

라인데, 과연 어느 나라가 더 심한지 숫자로 비교하기는 어렵다.

이렇듯 약간의 자료만 보더라도 우리 사회의 특수 구조에서 발생하고 있는 큰 사교육비가 가계에 심한 압박 요인이 되고 있다는 것을 알 수 있다. 나아가 이와 같이 사교육이 번창하는 곳에서는 적어도 두 가지 심각한 사회적 문제가 파생된다는 점에 주목하지 않을 수 없다. 첫째, 이것은 사회적으로 자원과 시간의 낭비를 의미한다. 과외, 입시 관련 산업은 한국의 성장 산업이 되어 있는데, 거기에 종사하는 그 많은 고급 인력과 자원을 생각한다면 이것은 대단히 큰 사회적 낭비다. 정상적으로 교육이 이루어지는 나라라면 이런 산업이 번창할 이유가 없다. 둘째, 과외비 지출이 소득 계층별로 상이하고, 그것이 입시 결과에 중대한 영향을 준다는 점을 생각한다면 결국 교육 기회의 불평등을 통해 경제적 불평등이 세대 간에 이전될 가능성이 크다는 점을 알 수 있다.

역대 정부가 다 교육 문제 해결에 실패했지만 특히 이명박 정부의 실패는 두드러진다. 이명박 정부는 대학에 시장만능주의를 대거 도입하여 학교를 황폐화시켰다는 점이 특기할 만하다. 양적인 업적 평가, 성과급적 연봉제 등을 도입하여 교수들을 모두 늑대와 늑대의 투쟁의 장으로 내몰고 있다. 교수들은 매년 점수 따기에 급급하여 저자와 심사 위원 이외에는 아무도 읽지 않는 논문 쓰기에 매달리고 있는데, 이것은 학문 발전과는 별로 관계가 없다. 이런 풍토에서는 역사에 남을 만한 장기적, 근본적 연구는 아예 기대할 수 없다. 칸트는 46세에 처음으로 대학교수가 되어 60세가 넘어서 비로소 『순수 이성 비판』, 『실천 이성 비판』 등 소위 3부작을 써냈다. 만약 칸트가 한국에 온다면 아예 대학교수조차 되지 못할 것이고 된다 해도 금방 재임용에서 탈락할 것이다.

초중등부터 대학에 이르기까지 우리의 교육 제도는 지금까지의 파행성, 불합리성, 비인간성을 벗어날 수 없고, 이를 유지하는 한 한국은 선진국이 되기 어렵다고 말할 수밖에 없다. 오바마는 걸핏 하면 한국 교육을 칭찬하는데, 그것은 실상을 몰라서 하는 소리다. 만일 오바마가 두 딸을 한 달 동안만 한국 학교에 전학을 보낸다면 한국 교육의 참모습을 알게 되고 다시는 한국 교육을 칭찬하지 않을 것이다.

교육은 인간을 만드는 과정이므로 물건을 만드는 다른 산업보다 더 중요하다. 그러나 교육 부문은 다른 모든 부문이 발전하는 동안 후퇴해 온 느낌이 들 정도로 많은 문제를 안고 있다. 과연 30년 전보다 지금의 교육이 나아졌다고 말할 수 있을까? 지금의 한국 교육은 이기적, 근시안적인 점수 따는 기계를 대량 생산하고 있다고 해도 지나친 말이 아니다. 이 산업의 생산량이 늘어날수록 한국의 국민 소득이 높아지고, 인간 개발 지수(HDI)도 높아지지만 그 과정에서 인간은 고통받고, 비인간화되고 있음은 지극히 역설적이다.

3 주택 문제

한국에서 서민들이 살아가는 데 어려움을 겪는 것이 한두 가지가 아니지만 주택 문제는 특별히 더 중요하다. 해방 후 60년 동안 한국의 주택, 토지 가격은 급격한 상승을 거듭했기 때문에 집 없는 서민들이 집 장만하는 것은 하늘의 별 따기처럼 큰 노력이 필요하다. 자기 집이 없는 국민이 현재 45퍼센트 정도인데, 이들은 매달 상당한 주거

구분	자가 비율	공공임대 비율	임대 중 공공임대 비율	공공 3분위 이하 비율
스웨덴	54	21	49	49
덴마크	53	20	43	-
핀란드	63	18	53	-
노르웨이	77	5	22	-
네덜란드	54	35	76	44
스위스	35	3	5	-
독일	43	6	11	44
오스트리아	58	21	53	-
프랑스	56	19	43	38
벨기에	68	7	23	52
아일랜드	79	8	38	-
영국	69	21	68	62
호주	71	6	23	-
뉴질랜드	71	5	22	-
캐나다	64	6	17	-
미국	67	1	3	100
스페인	82	1	9	-
그리스	74	0	0	-
이탈리아	75	5	26	-
포르투갈	55	3	14	-
일본	61	7	21	-
한국	55	2	4	81

표 4-4 주요 국가의 공공임대주택 성격(단위: %)
출처   김수현, 「부동산은 끝났다」, 215쪽.

비를 지불해야 한다. 물론 자가 보유자들도 기회비용으로서의 주거비는 지불하는 것으로 간주해야 한다. 한국의 주거비 수준은 높은 집값을 반영해서 대단히 높은 편이다.

선진국에는 서민들의 주거 문제를 해결해 주기 위해 취해 온 여러 가지 정책이 있다. 예를 들어 공공임대주택의 확대라든가 집세 통제 정책, 그리고 주거비 보조 정책 등이 대표적이다. 한국의 경우 이들 정책은 아직 크게 미흡하다고 말하지 않을 수 없다. 한국의 공공임대주택의 수량은 전체 주택의 2퍼센트에 불과해서 국제적으로 비교할 때 가장 낮은 편에 속한다. 표 4-4에 보이듯이 이 비율이 한국과 비슷하게 낮은 나라는 미국, 스위스, 스페인, 그리스 정도밖에 없다. 그런데 미국은 자가 보유 비율이 67퍼센트로서 한국보다 높고, 그리스와 스페인은 각각 74, 82퍼센트나 되므로 집 없는 사람의 고통은 우리보다 훨씬 적다.

같은 아시아권으로서 한국과 비슷한 면이 많은 일본도 공공임대주택의 비중은 7퍼센트로 우리보다 훨씬 높고, 게다가 회사에서 제공하는 사택이 3퍼센트나 되기 때문에 우리보다는 사정이 한결 낫다고 할 수 있다. 나머지 선진국들에서 공공임대 비중은 10~20퍼센트 정도이며, 네덜란드는 무려 35퍼센트나 된다. 한국에서 자기 집도 없고 공공임대주택에서 살지 않는 사람은 국민의 43퍼센트나 되는데, 이들은 매년 반복되는 집세 인상이 여간 고통스럽지 않다.

많은 선진국에서 취해 온 집세 통제 정책도 우리나라에서는 1980년대 말부터 처음으로 도입되어 매우 짧은 역사를 갖고 있다. 그리고 아직은 세입자보다 집주인의 발언권이 강하기 때문에 제대로

한국경제와 공공영역

된 통제가 이루어지지 못하고 있다. 최근의 특징은 소위 '전세 대란'이다. 해방 후 습관적으로 나타나던 주택 가격 폭등 현상이 최근 몇년간 잠잠해진 것은 집 없는 사람에게 하나의 희소식이지만 그 반면전세가가 매년 폭등하고 있어서 전에 없던 새로운 고민이 생겼다. 과거 투기가 일상적이었던 시절에는 집값과 전세가가(이론적으로는 비슷한 수준이어야 한다.) 현격한 차이를 보였다. 그때는 집값 상승의 기대가 낮은 전세가를 보전해 주고 있었다고 할 수 있다. 이제 집값이 오르지 않는 시대가 오면서 집값과 전세가가 점차 접근하는 현상을 보이는 것은 자연스러운 추세인데, 문제는 이것이 집값 하락보다는전세가 상승으로 나타나고 있다는 사실이다. 전에는 집 없는 사람이집값 상승으로 인한 고통과 상대적 박탈을 겪었다고 한다면 지금은전세가 상승이란 새로운 형태의 고통을 당하고 있다. 이래저래 집 없는 사람이 고통받는 구조가 지속되고 있다.

집 없는 서민들의 고통을 줄여 주는 방법은 좀 더 강력한 집세 통제를 실시하는 것인데, 이런 정책에 대한 여당과 보수 언론, 보수 학자들의 반발이 워낙 커서 실현이 어렵다. 선진국 중에는 주거비 지출이 소득의 30퍼센트를 넘는 경우 정부가 임대료 보조금을 지급하는정책을 가진 나라도 있는데, 우리나라에는 아직 그런 정책도 없다. 그러니 집 없는 사람들이 살아가기가 정말 어렵다. 이들은 집값이 하도비싸서 집을 사기도 어렵고, 수시로 셋집에서 쫓겨나기 때문에 자주이사를 다녀야 하며, 최근에는 폭등하는 전세가 때문에 고통당하고있다. 이런 문제에 대해 정부는 강 건너 불 보듯 손을 놓고 있다.

독일은 자가 비율이 43퍼센트로서 한국보다도 낮고, 공공임대

비율도 전체 주택의 6퍼센트로서 낮은 편이다. 그런데도 독일 사람들은 주택 문제에 별로 신경을 쓰지 않고 자기 집을 갖겠다는 생각도 없이, 월급을 받으면 소비 지출을 하기 때문에 경기가 좋고 경제성장에도 플러스의 영향을 준다고 한다. 그 비결은 정부가 강력한 집세 통제 정책을 실시하기 때문에 집세가 크게 오르는 일이 없고, 또 주거비가 많이 나가는 가구에 대해서는 정부가 임대료 보조금을 지급하기 때문에 집 없는 사람들이 집 문제로 고통을 당하는 일은 없다는 것이다.

우리도 이런 외국의 사례를 참고하여 집 없는 서민들이 주택 문제로 고통당하는 것을 최소화하려는 정부의 적극적 노력이 필요하다. 다른 나라에 비해 턱없이 부족한 공공임대주택을 확대하는 것이 필요함은 두말할 나위도 없다. 그런데 과거 노태우 정부 때 추진했던 영구임대주택이 급한 불을 끄는 데 급급해서 극빈층에게만 입주 자격을 주는 바람에 슬럼화하는 부작용을 남겼다. 이 때문에 우리나라에서는 공공임대주택이라 하면 으레 가난한 사람이 사는 곳이라는 선입감이 생겨나 버렸다. 그러나 표 4-4에서 보듯이 선진국의 경우에는 공공임대주택의 입주자가 반드시 빈곤층이란 등식이 성립하지 않는다. 잘못된 정책으로 인해 발생한 낙인효과를 없애 나가도록 공공임대 입주자의 적절한 사회적 혼합(social mix)을 추구하는 정책도 우리나라에는 필요하다.

뿐만 아니라 전세가 폭등을 견제할 보다 강력한 집세 통제 정책도 고려해야 할 것이다. 그리고 과도한 집세 부담으로 생계가 어려운 한계 가구에 대해서는 정부가 집세 보조금을 지급하는 정책도 도입할 만하다고 하겠다. 어쨌든 주택 문제를 그냥 시장에 맡겨 놓고 방치

할 것이 아니라 적절한 범위 내에서 정부가 나서서 공공의 역할을 확대하는 것이 요구된다 하지 않을 수 없다. 한국에서는 너무 많은 것이 시장에 맡겨지고 있는 것이 문제인데, 주택도 그 예외가 아니다.

4 공공의료의 빈곤

지난 반세기 동안 한국의 의료는 전반적으로 크게 발전하였다. 표 4-5에서 보듯이 한 나라의 보건 상태를 나타내는 대표적 지표인 기대 수명과 영아(1세 미만의 어린이) 사망률에서 큰 진전이 있었음을 알 수 있다. 영아 사망률을 보면 1965년에 1000명 중 65명이던 것이 최근에는 5.3명으로 선진국 수준이다. 한국의 기대 수명은 20세기 초에는 25세에 불과했고(이것은 많은 후진국에서 공통적으로 나타나는 현상이다.) 1965년에만 해도 57세에 지나지 않았으나, 1990년에는 71세로 늘었고, 최근에 와서는 물경 81세로서 선진국 평균을 능가하게 됐다. 기대 수명이란 중요한 한 가지 건강 지표를 갖고 평가할 때, 한 세기 동안 우리나라는 비약적 발전을 해 온 것임에 틀림없다. 이처럼 기대 수명이 크게 늘었다는 것은 생활 수준이 높아져서 식사와 섭생이 개선되고, 의약 수준이 발달해서 사람들이 그만큼 장수하게 되었다는 점도 있지만 가장 큰 이유는 뭐니 뭐니 해도 유아 사망률이 크게 떨어진 데 주로 기인한다는 점을 기억해 둬야 한다.

이와 같이 한국의 의료는 장족의 발전을 해 왔음에도 몇 가지 중대한 문제점을 안고 있다. 첫째, 보건 의료에 대한 정부지출이 미약하고, 대부분의 지출은 개인에 의해 이루어지고 있다. 우리나라 GDP 대비 보건 의료비는 약 6퍼센트에 불과한데 이것은 선진국의 6~12퍼

	미국	영국	스웨덴	독일	프랑스	OECD	한국
기대 수명(세)	77.8	79	80.6	79	80.3	78.6	78.5
영아 사망률(천인률)	6.8	5.1	2.4	3.9	3.6	5.4	5.3
1인당 의료비 (미국 달러, PPP)	6,401	2,724	2,918	3,237	3,374	2,759	1,318

표 4-5 의료의 국제 비교(2005년 기준 값)
출처   이상이, 「이명박 정부의 의료 민영화 정책, 어떻게 볼 것인가」, 31쪽.

센트에 비하면 아직 낮은 수준이다. 또 의료비 안에서도 공공지출을 빼고 남은 개인 지출의 몫이 아직 상당히 크다는 점도 문제로 지적된다. 이는 공공의료가 약하다는 하나의 증거다. 의료비 지출을 정부가 부담하지 않고 민간이 대부분 부담한다는 것은 또한 예방보다 치료에 중점을 둠을 의미한다. 예방의학에 지출을 한다면 아주 적은 비용으로 훨씬 큰 효과를 거둘 수 있으나 이 효과가 개인이 아닌 사회 전체에 미치기 때문에 개인이 그 비용을 부담할 수가 없게 되어 있다. 따라서 이런 경우에는 정부의 지출이 요구되는데, 한국의 경우 정부의 보건 의료 예산이 너무 빈약하여 이런 긍정적 효과를 기대하기 어렵다.

의료의 공공성을 평가하는 두 개의 지표가 있다. 의료 제공 체계의 공공성과 의료 재정의 공공성이 그것이다. 먼저 의료 제공 체계를 보면 한국의 전체 병원 중에서 공공 병원의 비중이 10퍼센트에 미달되는데, 선진국은 이 비율이 대개 60~90퍼센트이다. 다만 미국은 이 비율이 25퍼센트에 불과해 선진국 중에서 아주 예외적이다. 의료 재정의 공공성을 보면 한국은 의료비 중에서 공공이 부담하는 비율이 53퍼센트인데, 유럽 선진국들은 이 비율이 대개 80퍼센트 이상이고

한국경제와 공공영역

	의료비 중 공공지출의 비중(단위: %)		실질 보건 지수(1980년)	
	1960	1990	지수	순위
좌파 담합주의	**74**	**85**		
스웨덴	73	80	14.0	1
노르웨이	78	95	12.0	5
핀란드	54	81	6.0	13
이스라엘	–	–	5.0	15
덴마크	89	83	11.0	7
좌파 가톨릭	**66**	**76**		
네덜란드	33	71	12.5	3
벨기에	62	89	8.0	11
오스트리아	69	67	3.0	19
가톨릭 담합주의	**75**	**75**		
이탈리아	83	78	8.5	9
서독	66	72	4.0	17
노동 배제적 담합주의	**60**	**72**		
프랑스	58	75	10.0	8
일본	60	72	12.0	5
스위스	61	68	13.5	2
비담합주의	**60**	**71**		
미국	25	42	8.0	11
영국	84	84	6.0	13
뉴질랜드	81	82	4.0	17
호주	48	68	8.0	11
캐나다	43	72	12.0	5
아일랜드	76	75	5.0	15

표 4-6 각국의 정치 경제와 의료비 공공지출 비중
출처 Harold L. Wilensky, *Rich Democracies*, p. 596.

다만 미국은 45퍼센트에 불과하다. 두 가지 지표에서 볼 때 한국은 유럽 선진국과는 거리가 멀고 미국과 가깝다. 미국은 공공 병원 비율은 한국보다 높지만 의료 재정에서는 한국보다 더 공공성이 낮다. 결국 한국과 미국은 난형난제인데, 하버드 대학의 샤오 교수는 한국 의료의 공공성이 미국보다 더 낮다고 평가한다.[17]

미국보다 더 공공성이 낮다면 그것은 심각한 문제다. 왜냐하면 미국은 선진국 중에서도 의료 공공성이 가장 낮은 나라로 평가되고 있기 때문이다. 윌렌스키는 선진국을 정치 경제 유형에 따라 분류하고 각 유형에서 의료의 공공성이 어떻게 달리 나타나는가를 분석했는데, 여기서 미국은 다른 나라와 너무나 동떨어진 예외적 나라로 나타났다.[18] 의료비 중 공공지출의 비중은 윌렌스키가 좌파 담합주의라 부르는 북유럽형 사민주의 국가에서 가장 높게 나타났고 영미형 비담합주의 국가에서 낮게 나타났는데, 그중에서도 가장 낮은 나라가 미국이었다. 미국은 선진국 중에서 의료비 중 공공 부담 비율(42퍼센트)이 50퍼센트가 안 되는 유일한 나라다. 한국은 이 숫자가 53퍼센트인데, 미국보다는 높지만 다른 나라에 비하면 아직 많이 낮은 편이다. 이런 나라에서 의료를 민영화하는 조치는 방향이 틀린 것이다.

한국의 의료 서비스 공급 체계가 거의 민간 병원으로 이루어져 있음에도 불구하고 미국과 차이가 나는 점은 영리법인이 허용되지 않고 있다는 점이다. 그러므로 이 점은 한국 의료의 공공성을 지키는 최후의 보루라 불러도 좋다. 그러나 이명박 정부는 무무하게도 영리 병원 도입을 큰 정책 목표로 정하고 우선 1단계로 제주도에서 그것을 시도했다. 당시 김태환 지사는 영리병원 도입이 제주도 발전에 도움이 된다고 반상회에서 홍보하는 등 적극적으로 영리병원 도입을 추진했고, 이 문제는 2008년을 뜨겁게 달구었다. 결국 이 문제는 주민들을 대상으로 한 여론 조사에서 간발의 차이로 찬성보다 반대가 많이 나옴으로써 수포로 돌아갔다. 이 일은 한국에서 의료 민영화의 최초의 시도였고 의료 공공성을 둘러싼 큰 싸움이었는데, 여론 조사에서 간발의 차이가 한국 의료의 큰 둑이 무너지는 것을 막아 준 것은 천만다행한 일이었다. 한국에서 여론 조사가 역사적으로 큰 역할을 담당한 것은 이 사례와 2011년 서울시 무상 급식 찬반 주민 투표를 들 수 있겠다.

최근 박근혜 정부는 형태를 달리 해서 원격 진료와 서비스 산업 선진화 문제를 둘러싸고 다시 의료 민영화를 추진하려는 움직임을 보이고 있어서 경계를 요한다. 원격 진료는 의료 사고 가능성 등 문제가 많으며, 의료를 서비스 산업 규제 완화 차원에서 접근하는 것 역시 설득력이 없다.

최근 박근혜 대통령은 두 가지를 주로 이야기하는데 하나는 '통일 대박', 다른 하나는 '규제 완화'다. '통일 대박'이란 맞는 말이고, 특히 북한 퍼 주기, 천문학적 통일 비용 운운해 온 보수들을 설득하는 데 상당한 효과가 있지만 너무 천박한 표현이라는 문제가 있다. 또 하나가 규제 완화. 박근혜 대통령은 대선에서 스스로 강조했던 경제 민주화나 복지국가를 잊었는지 요새는 기회 있을 때마다 규제 완화를 끄집어낸다.

최근에도 대통령이 규제 완화에 앞장서겠다고 천명했는데, 이는 문제가 많다. 첫째, 현재 총리와 민간인이 공동 위원장으로 있는 규제

개혁위원회의 위상이 이상하게 될 것이고, 규제개혁위원회가 다년간 활동으로 웬만한 불필요한 규제는 이미 완화되었으므로 더 이상 완화해 줘야 할 규제는 그리 많지 않다. 여기에서 규제를 더 풀면 안전, 보건, 환경을 지키기 위해 꼭 필요한 최후의 보루 성격을 갖는 규제마저 무너질 위험이 있다.

실제로 한국의 규제는 국제적으로 비교해서 그리 심하지 않다. 세계은행이 매년 발표하는 '기업하기 좋은 나라(Doing Business)' 순위에서 한국은 2013년 현재 세계 7위에 올라 있다. 실제로 한국이 세계에서 7위 하는 것은 이것 말고는 거의 없지 않은가. 이런 나라에서 규제 때문에 기업하기가 어려우니 규제를 더 풀겠다고 하는 것은 별로 설득력이 없다. 이명박 대통령도 임기 내내 '전봇대 뽑기'라고 규제 완화를 강조했고, 이번에 박근혜 대통령도 규제 완화에 매진하고 있는 것은 근본적으로 오진이다. 누군가 대통령에게 잘못 주입한 지식 때문에 잘못된 방향으로 경제를 이끌고 가고 있다고 볼 수밖에 없다.

지금 박근혜 정부는 의료 서비스 규제 완화 차원에서 영리병원 추구, 원격지 진료 등을 추진할 태세라서 크게 걱정스럽다. 다만 한 가지 위안을 주는 것은 최근 의사협회가 일반적 예상을 깨고 의료 민영화에 반대하는 성명서를 발표하고 파업을 예고한 점이다. 이는 높이 평가할 만하다. 우리나라에서 의사협회가 국민에게 감동을 준 최초의 사례가 아닌가 싶다.

흔히 우리나라에서는 의술이 인술이 아니라 상술이라고 비난받고 있는데 그 책임은 다분히 의사, 약사들과 그 행정을 담당하는 사람들에게 돌아갈 수밖에 없다. 과거 사회주의 국가에서 의사는 보수

한국경제와 공공영역

가 낮은 대신 가장 존경받는 직업이었고, 자본주의 국가 중에도 영국의 국민 보건 서비스처럼 의사들이 비영리적으로 국민에게 봉사하면서 존경을 받는 나라도 있다. 우리나라에서는 병원 하면 먼저 돈을 생각하고, 의사들은 열쇠 3개를 가진 부유층으로 인식된다. 한국 의사들은 돈은 많이 벌지만 존경은 받지 못하고 있다. 한국 의료도 지극히 열악한 공공성을 높이는 방향으로 나아가야 하며, 그렇게 되면 자연히 의사들에 대한 사회적 인식도 개선될 것이다.

5 교통의 공공성 문제

한국의 자동차 대수는 2000만 대 돌파를 눈앞에 두고 있다. 그 중 7할이 자가용이다. 자동차가 100만 대 증가하는 데 걸리는 시간은 계속 짧아져서 지금은 1년밖에 걸리지 않는다. 자동차는 현대 문명 최고의 이기이며 풍요한 생활의 상징이다. 이렇게 자동차가 늘어난다는 것은 우리의 생활이 점점 풍요하고 편리해지는 것을 의미하는 것일까?

일반적으로는 말한다면 아마 그 답은 긍정적일 것이다. 그러나 우리나라의 경우에는 반드시 그렇지는 않은 것 같다. 왜냐하면 한국에서는 자동차의 증가가 사람들을 편하게 해 주기도 하지만 반대로 고통을 주는 면도 적지 않기 때문이다. 숨 막히는 교통 체증, 교통사고의 빈발, 주차난, 공해 등등 자동차의 증가가 우리 생활에 끼치는 악영향은 결코 가볍게 볼 수 없는 단계에 와 있다.

표 4-7에서 보듯이 전국 도로의 교통 혼잡으로 인한 직간접 비용을 추계한 최근의 연구 결과에 의하면 1년간 교통 혼잡 비용은 28조

구분		유류 비용	시간 비용	고정 비용	계
지역 간 도로	고속국도	1,556	22,954	6,090	29,700
	일반국도	2,121	37,035	13,480	52,636
	지방도	4,388	13,572	4,066	22,025
	소계	8,065	72,660	23,636	104,361
도시부 도로	서울	1,923	66,572	11,047	79,542
	부산	869	30,025	5,331	36,226
	대구	452	12,672	1,419	14,543
	인천	691	19,821	4,112	24,624
	광주	262	7,869	1,185	9,316
	대전	317	10,053	719	11,089
	울산	173	4,467	751	5,390
	소계	4,687	151,478	24,564	180,729
총계		12,752 (4.5%)	224,138 (78.6%)	48,200 (16.9%)	285,090 (100.0%)

표 4-7 2010년 구성 요소별 교통 혼잡 비용(단위: 억 원)
자료   조한선, 「2010년 전국 교통 혼잡 비용 추정과 추이 분석」, 64쪽.

5000억 원인데, 그중에서 가장 큰 비중을 차지하는 것은 시간 비용으로서 전체의 79퍼센트다. 지역 간 이동에 드는 비용이 10조 원인데 비해 도시 내부에서 발생하는 혼잡 비용이 18조 원으로 후자가 압도적으로 크다. 지역을 보면 수도권에서 발생하는 비용이 전체의 6할을 차지한다.

교통사고로 인한 비용도 막대하다. 도로교통공단이 최근(2014. 2. 4) 발표한 자료에 의하면 2012년 한 해 동안 도로 교통사고로 인한

한국경제와 공공영역

사상자는 178만 2996명(사망자 5392명, 부상 177만 7604명)이었고, 매 18초마다 사상자가 발생했다. 178만 명은 국민 전체의 3퍼센트에 해당하는 엄청난 숫자이고, 우리 국민은 확률적으로 평생 2~3번 교통사고를 당할 가능성이 있다는 뜻이다. 교통사고로 인한 비용을 금전으로 환산하면 총 23조 5900억 원으로 우리나라 GDP의 1.9퍼센트에 해당한다.

하루에 18명이 교통사고로 죽고 있다. 현재 한국인의 사망 원인 1위는 다름 아닌 교통사고이다. 다른 나라와는 비교가 되지 않는다. 이렇게 교통사고가 빈발하는 것은 무엇보다 우리나라에서 도로가 부족하고 길이 비좁은 까닭도 있지만 우리나라 사람들의 운전 습관에도 상당한 책임이 있다고 생각된다. 우리나라의 운전자들이 운전대 앞에만 앉으면 용맹하기 이를 데 없다는 사실은 널리 외국에까지 소문이 나 있을 정도다. 평소에는 온순한 사람도 운전대만 잡으면 전혀 딴사람이 된다.

교통 문제의 해결을 위해서는 무엇보다 자가용 승용차를 억제하고 대중교통 중심의 원칙을 세우지 않으면 안 될 것이다. 지하철을 확충하고, 버스 전용 도로도 대폭 늘려서 승용차에 비해 상대적으로 대중교통수단을 이용하는 것이 유리하도록 적극 유도할 필요가 있다. 그리고 보행자 우선의 원칙이 확립될 필요가 있다. 선진국에서는 신호기가 없는 건널목이나 골목길에서 보행자와 자동차가 마주치면 반드시 보행자 우선이다. 한국에서는 이것이 거꾸로 되어 있어서 만일 보행자가 그냥 길을 건너다가는 차에 치일 위험이 크다. 차보다는 사람이 우선이라는 원칙을 확립하지 않으면 안 된다.

좀 오래된 자료이지만 한국 자가용 승용차의 1년 평균 운행 거리는 2만 4000킬로미터로서 일본의 2배가 넘고 미국이나 독일보다도 높다. 이것은 그만큼 한국 사람들이 자가용을 많이 타고 다닌다는 뜻이다. 외국에서는 걸어갈 거리도 우리나라 사람은 구태여 차를 타는 경우를 많이 본다. 1킬로미터도 안 되는 거리를 걸어가지 않고 차를 이용하는 비율이 전체 차량 이용의 7.5퍼센트나 된다는 통계도 있었다.

왜 한국 사람들이 이렇게 자가용 운행을 좋아하는가를 이해하려면 휘발유 가격과 세금을 볼 필요가 있다. 한국의 휘발유 가격은 일본, 프랑스보다 싸고 이탈리아의 절반밖에 안 된다. 그 대신 승용차보유에 따르는 제세공과금은 몇백만 원이나 되는데, 일본, 프랑스, 독일의 2~3배나 된다. 흔히 하는 이야기로 자동차 한 대의 세금이 고급 아파트 세금보다 높다고 하지 않는가? 어차피 비싸게 산 차이니많이 타야 본전을 뽑는다는 심리가 작용하기 쉬운 가격 및 세금 구조가 세워져 있고, 이것이 교통 체증을 더욱 조장하고 있는 것이다. 앞으로는 자동차의 보유에 대한 과세를 낮추고, 주행에 대한 과세를 높이는 방향으로의 전환이 필요하다고 생각된다.

승용차 한 대가 시속 50킬로미터의 속도로 달리면서 앞 차와의 안전거리를 유지할 때 차지하는 도로 면적은 240제곱미터로서 이것은 버스 승객 한 사람이 차지하는 면적의 160배라고 한다. 런던은 원래 교통 체증으로 악명 높았는데, 이를 크게 해결한 것은 '빨갱이 켄(Red Ken)'이란 별명을 가진 켄 리빙스턴(Ken Livingstone)이 런던 시장으로 있던 2000~2008년 시기에 도입한 체증 과징금(congestion charge)과 교통 카드(Oyster card) 제도였다. 독일에서도 교통 체증의 주요 원인인 승용차 운행을 줄이기 위해 '자동차로 시내 안 들어오기' 캠페인을 벌이고 있다. 버스 전용 차선 및 전용 도로를 대폭 확장하여 대중교통을 이용하는 사람들에게 보다 편의를 주고, 자가용을 타는 것이 불편하도록 만들어 나갈 필요가 있다. 결국 교통 문제는 대중교통 우선의 원칙을 확립함으로써만 해결이 가능할 것이다.

교통 문제에서 가장 극적으로 공공성 문제가 부각된 것은 철도 문제였다. 2013년 연말 온 국민의 눈과 귀를 사로잡은 것은 수서발 KTX 자회사 설립 문제였다. 이 문제는 원래 이명박 정부 때 추진하려다가 코레일의 반대로 실패로 돌아간 것인데, 박근혜 정부가 들어서자마자 국토교통부에서 앞장서고 코레일이 적극 동조하면서 밀어붙인 사안이다. 정부는 이를 철도 민영화가 아니라고 주장하지만 노조에서 보기에는 민영화의 첫 단추가 아닌가 의심이 든다는 것이다.

이 과정에서 벌어진 사건은 모든 매스컴을 통해 너무나 널리 알려졌기 때문에 여기서 다시 반복할 생각은 없다. 그러나 몇 가지 언급하지 않을 수 없는 것은 정부는 민영화가 아니라고 하지만 민영화 말고는 수서발 KTX 자회사를 설립할 이유가 없다.[19] 한때 세계은행은 민영화를 신봉해서 세계 각국에 민영화를 설교하고 다니는 전도사 역할을 했는데, 1990년대 영국, 미국에서 연이어 철도 사고, 정전 사고 등을 경험하고는 입장을 바꾸었다. 그래서 망 산업(network industry)에 대해서는 더 이상 민영화를 주장하지 않는다. 철도는 대표적인 망 산업이고, 여기서는 워낙 시설 비용이 크기 때문에 동일 노선에 두 개의 회사가 성립할 수 없다. 하나의 회사가 초기 거대한 시설 비용을 들여서 적자를 보되 그것을 다른 노선의 흑자, 혹은 국민의 세금으로 보상하게 된다. 이를 경제학 교과서에서는 자연 독점(natural monopoly)이라 부른다.

지금 정부는 국민들 사이에 민영화가 인기가 없다는 것을 알고는 교묘히 경쟁 도입이란 다른 표현을 쓰고 있는데, 민영화를 할 생각이 없다면 이런 자회사를 차릴 이유가 없다. 그리고 수서발 KTX하고 서울역발 KTX는 서로 경쟁하는 관계도 아니다. 수서발 KTX는 노른자위 노선으로 만약 자회사를 차린다면 코레일의 유일한 흑자를 대부분 흡수해 갈 것이므로 앞으로 코레일의 적자는 더욱 커질 것이며, 그렇게 되면 결국 경영 압박에 몰린 코레일은 시골의 적자 노선을 폐쇄한다든가 요금을 인상한다든가 하는 조처를 취하기 쉽다. 이런 것이 민영화의 대표적 폐해다.

세계적으로 철도를 민영화해서 성공한 사례가 드물다. 흔히 일본을 들지만 일본의 철도 요금은 너무 비싸서 탈 엄두가 나지 않는다. 오죽하면 일본은 '이동의 자유가 없는 나라'라는 별명이 있겠는가. 한때 민영화의 성공 사례로 꼽히던 영국은 다시 공영화로 돌아섰고, 한때 철도 개혁의 세계적 대세라고 불리던 상하 분리(운영과 시설의 분리)도 지금은 평가가 다르다. 원칙적으로 망 산업의 민영화를 반대한다는 입장을 정했던 노무현 정부도 당시 추세라고 해서 철도의 상하 분리를 도입했지만 프랑스처럼 상하 분리를 했다가 다시 통합으로 돌아선 사례가 있기 때문에 다시 연구할 필요가 있다.

이명박 정부 때 추진했던 수서발 KTX 자회사 설립을 비판하는 칼럼을 썼던 최연혜 코레일 사장이 이번에 본인의 소신과 정반대되는 길을 걸어간 사실은 특이하기 짝이 없다. 최연혜 사장은 과거 철도

대학 교수 시절부터 철도 민영화에 반대했던 학자인데, 최종적으로 철도 민영화의 첨병 노릇을 하게 된 것은 세계 지식인 역사에 기록될 만한 특이한 사건으로 보인다.

지금 이 사건은 법정에 가 있다. 다수의 노조 지도자들이 오라에 묶여 재판을 받고 있다. 죄명은 불법 파업인데, 한국에서는 노조가 임금이나 근로 조건을 이유로 파업을 하면 죄가 되지 않지만 그것 이외의 이유로 파업을 하면 불법으로 규정되는 탓이다. 이것 참 이상하지 않은가. 철도 민영화만큼 장차 철도 노동자들의 임금과 근로 조건에 영향을 줄 사안이 또 있겠는가? 지금 당장의 임금이나 근로 조건을 이유로는 파업해도 좋지만 미래의 임금이나 근로 조건으로 파업하면 위법이 된다고 하니 어불성설이다.

정부가 교묘한 언어로 포장해서 위장 민영화를 추진한다고 노조가 믿는다면 그것을 반대하는 것은 당연하다. 노조는 원래 그런 일을 하라고 만든 조직이다. 국민은 아직 전문적 내용을 모르고 철도에 종사하는 노동자들은 잘 안다면 노동자들이 이를 국민에게 알리기 위해 파업을 불사하는 것은 공익적 활동이다. 국민의 장기적 이익과 행복을 지키려는 행동일진대 이것을 위법이라 할 수는 없다. 한국의 노동법 자체가 너무나 보수적이고 협애하게 노동자의 권리를 정의하고 있기 때문에 노동자들을 사회 문제에는 눈감고, 자기 자신의 임금과 근로 조건만 지키는 이기적 존재가 되라고 강요하고 있다. 노조가 국리민복을 지키는 대승적 행동을 하는 순간 범법자가 되는 이 모순을 직시하고 근본적으로 노동법 체계 자체를 바꾸고 억울한 범법자들이 나오지 않게 해야 한다.

4 맺음말: 더불어 사는 사회로

미국 사회과학의 거장 립셋(Seymour Martin Lipset)은『미국 예외론(*American Exceptionalism*)』(1996)이란 저서에서 왜 미국은 사회주의가 없고, 노조가 약하며, 작은 정부를 가진 특이한 나라가 됐는지를 분석했다. 미국은 선진국 중에서 전 국민 의료보험이 없는 유일한 나라이고, 그것을 만들기 위해 분투노력하는 클린턴이나 오바마는 공화당과 보수파로부터 '사회주의'라는 공격을 감수해야 한다. 미국은 봉건제가 없고, 영국으로부터의 독립전쟁 혹은 혁명을 거친 특이한 역사적 배경을 가진 나라다. 그러다 보니 다른 선진국과는 많이 다른 예외적 나라가 됐다. 미국에서 공공영역은 협소하고 경제적 불평등과 사회적 불균형은 심하다. 한국은 공공영역이 협소하고 사회적 불균형이 크다는 점에서는 미국과 난형난제의 나라인데, 그 역사적 이유는 전혀 다르다. 한국이 이렇게 된 데는 무엇보다 일본 식민지와 미국의 전후 영향력이 결정적일 것이다. 한국은 전후 일본과 나란히 미국의 핵우산 속에 편입되면서 동아시아 반공의 보루로서 출발했는데, 이것이 한국의 극단적인 보수적 정치 경제 모델을 규정했다고 볼 수 있다.

과거 일본에 대해 흔히 '경제 대국, 생활 빈국'이란 표현을 썼는데, 한국의 문제는 일본과도 성질이 다르다. 한국의 국민 생활은 빈곤한 것도 문제지만 지나치게 개인화, 상품화되는 바람에 공동체가 붕괴되고, 더불어 사는 삶이 실종된 것이 더욱 문제라고 규정할 수 있다. 일본은 현재 여러 가지 위기 상황이지만 그래도 한 가지 위안은 공동체적 정신이 살아 있다는 점이고, 그것이 일본이 세계에 내세울 수 있는 강점이기도 하다. 한국만큼 이렇게 전면적으로, 그리고 그것도 아주 짧은 시간에 공동체가 붕괴해 버린 나라는 세계적으로 드물 것이다.

우리의 삶은 제법 흥청거리고 있으나 잘 사는 것은 결코 아니다. 잘 사는 사회란 더불어 사는 사회다. 더불어 사는 사회를 우리는 경제 개발 이전의 우리나라에서, 현재의 가난한 많은 나라에서, 그리고 또 잘 사는 선진국에서도 찾아볼 수 있다. 예를 들어 연변에 사는 조선족에서 우리는 과거 우리의 순박했던 모습의 원형을 찾을 수 있다. 그들은 비록 가난하나 순박한 인간성이란 무한한 가치의 자산을 가지고 있다. 그러나 지금 한국에서는 순박한 사람을 찾기 어려워졌다. 돈은 좀 벌었지만 한국 사람들의 사는 모습은 온통 반칙투성이고, 우리의 정신은 나만 잘 살면 된다는 이기주의에 깊이 물들어 있다.

지금은 한풀 꺾였지만 반세기를 지배했던 부동산 투기의 열풍. 선진국 중에서 공공임대주택의 비중이 가장 낮은 나라. 내 자식만 잘 봐 달라고 돈 봉투를 가져가는 학부형과 당연한 듯 챙겨 넣는 교사. 인간 교육, 참교육은 엄두도 못 내고 도무지 쓸데없는 지식의 암기와 시험만 반복하는 학교, 돈에 비례하는 과외 수업. 아픈 사람에 대한 봉사보다 돈을 앞세우는 의약계. 수돗물을 불신한 채 산으로 들로 물 뜨러 다니는 사람들. 교통이 막히든 말든, 대기 오염이 심해지든 말든 늘어만 가는 자가용. 자기는 반칙 운전을 예사로 하면서 다른 운전자에게는 단 1초도 못 참고 화를 내는 사람들. 이런 것이 우리의 삶의 모습이다. 이것은 잘 사는 사회의 모습과는 거리가 멀다.

지금까지 논의한 이런 모든 현상은 서로 관련이 없어 보이지만 사실은 중요한 공통점이 있다. 그것은 삶의 중요한 문제를 사회 구성원들이 모여 공공의 방법으로 해결해 나가는 것이 아니라 뭐든지 사적으로 해결하고, 나만 좋으면 된다는 극단적 개인주의와 뭐든지 돈으로 살 수 있다는 극단적 상품화 경향을 보인다는 것이다. 물론 개인주의는 자본주의의 기본 철학이며, 자본주의는 모든 것을 상품화하는 속성이 있지만 자본주의와 개인주의의 발상지이자 우리보다 경제적으로 앞서 있는 구미 선진국에서조차 우리나라만큼 이렇게 개인주의화, 상품화가 진행된 나라는 없는 것 같다.

그러므로 우리의 문제는 반드시 '자본주의의 문제'라고만 볼 수도 없다. 우리는 공공의 영역이 빈약한, 극단적 시장만능주의가 지배하는 자본주의 국가다. 이런 자본주의는 강자는 살기가 괜찮지만 약자는 살아가기 어려운 정글 자본주의다. 그런데도 시장만능주의를 극복하고 공공의 영역을 확대하자고 주장하면 으레 우리나라의 보수 언론과 보수 학자들은 좌파라고 매도하고 나서는 것이 버릇이 됐다. 언제까지 이런 기형적 자본주의를 옹호하고 고수하자는 것인지.

자본주의라고 해도 학부형이 교사에게 돈 봉투 내미는 나라는 없으며, 과외가 이처럼 번창하는 나라도 흔치 않다. 주택, 의료 부문도 부분적으로 사회화된 자본주의국이 많이 있다. 환경 문제, 교통 문제도 공공의 원리에 따라 해결하는 자본주의국이 얼마든지 있다. 그러나 우리의 자본주의는 극단적인 개인주의와 상품화의 자본주의다. 이제는 극단적 개인주의, 상품화의 세계에서 공동체주의, 탈상품화의 세계로 바꾸어 가지 않으면 안 된다. 시장만능주의를 지양하고, 공

한국경제와 공공영역

공의 원리가 시장을 제어하는 자본주의 시장경제를 도입하지 않으면 안 된다.

턱없이 부족한 사회 안전망을 조속히 확충하여 사람들이 무자비하게 시장의 칼날에 내몰리는 비극을 견제해야 한다. 범람하는 과외를 학교 안으로 끌어들이고 학교가 인간을 만드는 참교육의 장이 되도록 해야 한다. 개인 주택에서 공공 주택으로, 개인 병원에서 공공 병원으로, 대기와 수질의 문제를 사적 방법이 아닌 공공의 방법으로 해결해 나가고, 개인 교통보다 대중교통을 우위에 두는 원칙을 세우자. 한마디로 말해 파편화된 개인의 세계에서 더불어 사는 대동의 세계로 가자는 것이다. 시장만능주의 세상에서 공공의 원리가 시장을 제어하는 단계로 발전하자는 것이다.

문제는 이것을 가능하게 할 정치적 세력이 부족하다는 점이다. 이명박, 박근혜 정부는 말로는 늘 민생을 이야기하지만 민생을 살릴 방법을 모른다는 것이 거의 드러났다. 더 위험한 점은 이들은 기회만 있으면 민영화를 하려고 호시탐탐 노린다는 사실이다. 철도와 의료는 보수의 민영화 노력 중 최근 사례다. 보수 세력에게 정치를 맡기면 경제를 살릴 능력이 없을 뿐 아니라 무분별하게 규제 완화에 나서기 때문에 지극히 위험하기조차 하다는 것이 명백해졌다. 세월호 참사는 그것을 너무나 충격적이고 비극적인 모습으로 우리에게 보여 주었다. 그렇다고 진보 세력이 정권을 잡기에는 한국의 정치 지형이 너무나 우편향이 심하다. 이것이 한국 정치 경제의 딜레마다.

물론 어느 나라도 완전한 사회는 없다. 그러나 한국과 같은 '반칙 사회', 한국만큼 살아가기 고달프고 죽어라고 경쟁을 벌여야 하는 나라도 드물 것이다. 해방 후 70년간 한국은 국민적으로는 '극대 성장', 개인적으로는 '잘 살아 보세'라는 신기루를 좇아 허겁지겁 달려온 나머지 그 목적지에는 꽤나 가까이 왔으나 결과적으로 잘 사는 사회로부터는 오히려 멀어진 느낌이 든다. 과거와 지금의 우리가 사는 모습을 되돌아보면 잘 산다는 게 과연 무엇인가라는 질문을 던지지 않을 수 없다. 도대체 우리는 무엇을 위해 일하고, 어디를 향해 달려왔던가?

과거의 경제 개발 5개년 계획도 지금의 창조경제도 여전히 성장 지상주의에 매몰되어 있을 뿐 공동체를 건설한다는 철학은 찾아보기 어렵다. 지금 우리나라의 경제성장은 과거의 활력을 잃고 교착 상태에 빠져 있는데, 일이 이 모양이 된 것도 상당 부분은 공동체의 붕괴에서 원인을 찾을 수 있다. 노사 분규, 쓰레기 소각장 분쟁, 고압 송전선 문제, 핵폐기물 처리장 문제에 이르기까지 온갖 사회 갈등이 경제성장을 저해할 가능성이 분명히 있지만 그 뿌리를 거슬러 올라가 보면 결국 공동체의 붕괴에서 비롯된 측면이 많음을 알 수 있다. 그러므로 지금은 정체 상태에 빠진 경제성장을 다시 촉진하기 위해서라도 공동체의 재건이 요구된다 하겠다.

경제성장의 주체는 결국은 인간인데, 지난 50년간의 경제성장은 인간성 자체를 파괴하는 과정이 아니었나 하는 의문이 든다. 수단 방법 가리지 않는 성장 지상주의와 시장만능주의 속에서 우리의 인간성이 마비되고 파괴되어 버렸다면 이것은 주객이 전도된 것이다. 더구나 정통성이 결여된 독재 정권이 양심, 도덕은 무시한 채 무조건 목표 달성만을 강요하고 보상해 온 방식 자체가 이런 결과를 더욱 재촉

한국경제와 공공영역

한 것으로 보인다. 그런 생활이 반세기 동안 누적된 결과 우리의 인간성은 크게 파손되어 버렸다.

우리가 잘 살기 위해 진정 필요로 하는 것은 더 이상 성장 지상주의, 시장만능주의에 매달릴 것이 아니라, 인간이 인간답게 사는, 공동체를 건설하는 것이다. 이것은 아주 상식적 이야기이지만 우리나라에서는 오랫동안 상식이 무시되어 왔다. 공동체를 건설하기 위해서는 우리나라의 지나친 우편향을 극복하고, 여러 가지 이유로 거의 말살된 진보를 소생시켜 사회적 균형을 회복하는 것이 필수적이다. 우리나라 공공영역의 허약성은 진보 세력의 허약성에서 빚어진 것이므로 경제의 균형과 활력을 되찾는 일도 진보의 부활에서 시작할 수밖에 없다.

다원 민주주의와
정치 규범

정치적 인간

박상훈

도서출판 후마니타스 대표

1 인간과 정치

정치(politics)라는 말은 폴리스(polis)라고 하는 고대 그리스의 도시 공동체에 그 기원을 두고 있으며, 시민으로서의 좋은 삶은 그들 사이에 공통된 문제를 다루는 정치가 좋아야 가능하다는 의미를 담고 있다. 정치가 어떠냐 하는 문제와 개개인의 삶이 보람과 가치를 가질 가능성 사이에 깊은 상관성이 있다는 것인데, 그래서인지 기원전 5세기 아테네 민주주의의 전성기를 열었던 페리클레스는 다음과 같이 단언했다. "아테네에서 각 개인은 자신의 일에 대해서만이 아니라 정치 공동체에 대한 일에도 관심을 갖는다. ……우리는 정치에 관심을 갖지 않는 사람들에 대해, 자신의 일에만 전념하는 사람이라고 하지 않고 아테네에서 하는 일이 없는 사람이라고 말한다."[1] 정치에 참여하고 공익에 헌신하는 것에 대한 시민의 의무를 과도하게 부과하는 것은 아닌가 하는 우려를 할 수도 있겠지만, 예나 지금이나 사익과 공익의 조화를 이끄는 정치의 기능 없이 어느 인간 사회도 유지될 수 없다는 것은 분명해 보인다.

아리스토텔레스에 따르면, 사물의 본성은 그것의 형상이 만개되었을 때에 확인할 수 있다. 인간은 자연스럽게 가족을 이루고 마을을 이루었지만 그것으로는 안전은 물론 선(善)을 추구할 수 없었기에 도시 즉 정치 공동체를 만들기에 이르렀다. 다시 말해 인간은 자연 상태에서 벗어나 정치 공동체를 이루어 살 때 비로소 삶의 윤리적 목적을 가질 수 있기에, "인간은 그 본성에 있어서 정치적 동물이다. 본성을 그렇게 타고났든 아니면 우연한 사건에 의해 그렇든, 누군가 정치 공동체 없이도 살 수 있는 자가 있다면 그는 인간 이상의 존재이거나 아니면 인간 이하의 존재이다."[2]라고 보았다. 그런 윤리적 의미를 떼고 보더라도, 인간이란 사회 속에서만 개별화될 수 있는 존재라는 점에서 사회 혹은 공동체 전체를 관장하는 정치의 문제가 개인 삶의 관점에서도 몹시 중요하다는 생각은 지금도 어전히 옳은 주장이 아닌가 한다.

인간 사회가 모두 정치로 이루어져 있는 것은 물론 아니다. 정치에 관심을 가져야 하고 참여해야만 도덕적 인간이 되는 것도 당연히 아니다. 세상을 바꾸는 데 있어서는 정치나 권력이 필요하지 않을지 모른다. 정치와 무관한 삶 속에서 내면적 성취에 몰두한 사람이 세상을 바꿀 때도 많다. 2500년 전 아테네의 시민은 정치 참여를 의무로 요구받았지만, 그들의 대다수가 공적 참여의 삶을 살았던 것은 아니다. 민회에 참여할 자유가 있었지만 그 자유를 기꺼이 실천하려 한 시민은 20퍼센트 안팎에 불과했다. 그때나 지금이나 인간의 행복은 개인으로서 사적 삶 속에서 구현되는 것이라고 볼 수도 있다. 모두가 공적 삶에 참여를 강요받는 사회의 그 피곤함을 즐겨 수용한다? 아무리 생각해도 그런 가정은 끔찍한 비현실이 아닐 수 없다. 그럼에도 불구하고 정치는 중요하다고 말할 수밖에 없는데, 무엇보다 사회는 개인의 단순한 합이 아니며, 정치 없이 개인성의 터전인 사회는 존립할 수가 없기 때문이다. 대다수 아테네 시민들의 사적 삶도 민회에 참여하는 공적 시민이 존재했기에 가능했다고 말할 수 있다.

정치가 모든 것은 아니다. 정치 참여가 시민됨의 의무로 요구되었던 고대 민주주의와는 달리 직업 정치인의 시대인 현대 민주주의에서는 더더욱 그렇다. 정치가 인간 사회의 미래를 모두 책임질 수도 없다. 정치가 아니더라도 인간 공동체를 풍요롭게 하는 일은 얼마든지 많다. 그러나 공공 정책의 우선순위가 약간만 바뀌더라도 부조리한 사회 현실을 개선하는 데 큰 도움이 된다는 것은 분명하다. 정부 예산의 일부만이라도 다르게 쓰인다면 결핍된 조건을 가진 많은 아이들이 내일의 삶을 스스로 개척하는 것을 도와줄 수 있다. 정치가 인간을 구원에 이르게 할 수는 없으며 정치를 통해 이상 사회를 만들 수도 없고, 정치의 일상에서 권력·위계·강제와 복종 같은 억압적 요소들을 완전히 없앨 수도 없다. 그러나 아무리 그래도 지지하는 정당이 있고 그 정당이 집권할 수 있을 만큼 실력과 유능함을 발휘할 때, 거기에 기대를 거는 사회적 약자 집단도 무시당하지 않고 다른 사람의 온정에 의존하지 않는 주체적 시민 권력을 행사할 수 있다. 정치는 그것이 우리 삶의 모든 것이어서가 아니라, 그것 없이는 사회도 개인도 존재의 토대를 가질 수 없기에 필요하다. 그렇기에 때로 열정을 발휘하고 또 때로 실망하면서도 좀 더 나은 정치가 가능하기를 바라고 요구하고 주장하는 것이다. 결국 우리가 대면하게 되는 질문은 '꼭 정치여야 하는가'에 있지 않고 '어떤 정치여야 하는가'에 있을 수밖에 없는데, 문제는 이 질문 자체부터가 간단치 않다는 데 있다.

다원 민주주의와 정치 규범

2 정치와 정치학

정치학을 전공하고 학위를 받고 이런저런 형태로 정치에 대해 말하고 쓰고 있지만, 정작 '정치란 무엇이고 어떻게 하면 잘할 수 있는가' 하는 가장 기본적이고 근원적인 질문 앞에서 늘 위축되는 느낌이다. 누군가 묻기라도 한다면 어떻게 대답할까를 생각해 보지만, 딱히 적절하고 재치 있게 대응할 말이 잘 떠오르지 않는다. 정치에 대한 정의가 없는 것은 물론 아니다. 체계 이론을 대표하는 데이비드 이스턴은 "가치의 권위적 배분(authoritative allocation of values for a society)"으로, 해럴드 라스웰은 "누가, 어떻게, 무엇을, 언제 차지하느냐(Who gets what, when and how)"를 결정하는 규범으로 정치를 정의했지만,[3] 그것으로 만족스러운 정의가 이루어졌다고 보는 정치학자는 거의 없다. 다시 말해 누구의 정의든 그에 대한 합의가 가장 적은 것이 정치이고 정치학이다.

다른 분야는 교과서든 매뉴얼이든 어느 정도 체계적인 훈련이 가능한 조건이 갖춰져 있다. 하지만 정치는 별로 그렇지가 못하다. 가르쳐지기 어렵다는 것, 달리 말하면 교과서를 만들 수 없고 정치학자가 정치를 해서 성공한 사례도 거의 없다는 것, 아마도 이 점이야말로 정치의 가장 큰 특징이 아닌가 한다. 그만큼 정치는 인간을 이해하는 것의 어려움 내지 인간이 가진 복잡함에 맞먹는, 깊고 넓은 분야가 아닌가 싶다. 학문으로서의 정치학도 크게 다르지 않다. 경제학에서의 효용 내지 편익에 대한 가정만큼이나 보편적인 기초를 정치학에서는 세울 수가 없다. 권력 개념을 중심으로 정치 행위에 대해 최고로 단순한 가정을 세워 본다 해도 그것으로 얻을 수 있는 거의 최대의 결과는 마키아벨리의 『군주론』 내지 토마스 홉스의 『리바이어던』 정도가 아닌가 한다. 비용과 편익에 대한 가정을 민주주의 정치에 적용함으로써 대단한 주목을 받았던 앤서니 다운스(Anthony Downs)의 『경제 이론으로 본 민주주의』 내지 합리적 선택 이론(rational choice theory) 역시 하나의 하위 분야 이상으로 그 권위를 인정받지는 못했다. 정치학 안에서 일반 이론을 만들고자 했던 가장 야심 찬 시도는 20세기 중반 가브리엘 아몬드(Gabriel Almond)로 대표되는 구조 기능주의(structural functionalism)였다. 하지만 그 스스로 인정했듯이, 구조 기능주의는 정치 체제 분석에 필요한 개념과 용어를 풍부하게 하는 데 기여했다는 점에서 위안으로 삼을 수 있을 뿐, 일반화 가능한 이론으로서는 실패했다. 정치학 분야에서 교과서 혹은 그에 가까운 이론화 시도로서는 사실상 이것이 마지막이 아닐까 한다.

가끔 정치 혹은 정치학을 뜻하는 영어가 똑같이 politics로 표기되는 것을 특별하게 생각할 때가 있다. 경제(economy)와 경제학(economics), 사회(society)와 사회학(sociology) 등처럼 대부분 학문과 학문의 대상이 되는 명칭이 달리 표기되는 예와는 다르다. 그만큼 정치와 정치학은 서로 잘 분리되지 않는다. 플라톤이나 아리스토텔레스처럼 초기 정치철학과 정치학을 정초한 사람들의 논의를 따라가다 보면 느끼게 되는 것은, 애초부터 정치는 정치학이라는 윤리적 요청 속에서 정의되고 포착된 인간 활동 같다는 사실이다. 달리 말하면 학문이든 철학이든 윤리든 인간의 판단으로부터 분리해 객관화할 수 있는 여지가 가장 작은 분야가 정치 아닌가 한다. 그만큼 정치는 다른 분야와 달리 '과학화' 혹은 '과학적 이론화'라는 근대 학문의 이상에 가장 저항적인 분야라는 생각이 든다. 따라서 많은 원로 정치학자들이 정치학(politics)이나 정치학과(department of government)에 대한 표기가 정치과학(political science) 혹은 정치과학과(department of political science)로 바뀐 것을 아쉬워하는 것은 시사하는 바 크다.[4]

정치라는 인간 활동을 좀 더 인상적으로 정의한다면, 의사가 하는 일에 비유할 수 있지 않을까 싶다. 플라톤은 정체(politeia/polity)의 체질을 튼튼히 하는 것을 중시했고 이를 위해서는 정체의 원리에 대한 참된 지식을 갖춰야 함을 강조했지만, 그렇게 하기에 인간의 정치는 불가피한 요구(expediency)에 구속되는 바 크다. 예컨대 갑자기 고열이 나는 환자에게 필요한 것은 발열의 근원을 찾아 밝히는 과학적인 노력과는 별도로 일단 열을 내리게 하는 처방이듯이 말이다. 복통의 원인이 제대로 밝혀지기 전이지만 과감하게 집도를 결정해야 할 때도 있다. 혹은 『군주론』에서 마키아벨리가 비유적으로 말했듯이, 병이 커지기 전에 진단을 해냄으로써 치유가 쉽도록 하는 일이 최선일 수도 있다. 충분한 이해와 설명은 어려운 반면 처방은 하지 않으면 안 되는 상황적 압박이 큰 분야라고도 할 수 있고, 상황이 어떻게 될지를 확실히 예측할 수는 없지만 필요한 행동을 하지 않을 경우 만나게 될 비극을 '경고'하는 것이 정치학자가 할 수 있는 거의 전부 같기도 하다. 어떤 경우든 참된 지식을 찾고자 하지만 늘 그것이 결핍되어 있는 현실, 이것이 우리가 대면하지 않으면 안 되는 정치(학)적 상황이 아닌가 한다. 그만큼 정치에 대해 말하고 처방하고 행동한다는 것이 얼마나 위험한 일인가를 자각하지 않으면 안 되고, 따라서 정치

학자 역시 정치에 대해 말할 경우 그 결과에 책임을 져야 할 때가 많다는 것을 감수해야 할지 모른다.[5]

정치란 무엇인가에 대한 합의가 매우 약한 상황에서 '정치적 인간'을 주제로 말해야 하는 일은 어렵다. 그렇기에 플라톤은 실제의 정치 현상을 분석하기보다 그것을 초월해 최선의 정치 상황을 지적으로 구축하려 했는지 모른다. 그에게 현실 정치는 수많은 불확실한 의견(doxa)들이 안개처럼 우리를 뒤덮고 있는 '환영의 세계'였는지 모른다. 그 속에서 현실적 최선을 찾는 무망한 노력을 하느니보다는 차라리 철학이 지배하는 '이성의 도시'를 형상화하는 것이 더 유익하다고 생각했는지도 모르겠다.[6] 그러나 현실 속의 정치적 인간이 보일 수밖에 없는 모습 대신 그 자리에 철학자 왕(philosopher king)을 세운다고 해결될 일도 아니라면, 어떻게든 불가피하게 대면할 수밖에 없는 현실 속에서 정치적 인간을 이해하려는 노력을 멈출 수는 없을 것 같다.

3 철학적 인간과 정치적 인간

'공적 영역의 위기'라는 이 책 전체의 주제 속에서 필자에게 주어진 글의 제목이 '정치적 인간'이라는 사실을 흥미롭게 생각해 본 적이 있다. 공적 영역(public sphere)의 위기는 현대 독일을 대표하는 사회학자이자 철학자인 위르겐 하버마스에 의해 심화된 주제라고 할 수 있는데 그 초점은 국가 통제와 경제(자본)의 지배적 영향력으로부터 자율적인 공간 내지 공론장의 형성에 있다. 동시에 이는 보편적이고 이성적인 이해에 기초해 합리적 토론을 이끌 비판적 시민으로서 공중(公衆, public/informed citizens)의 형성을 전제로 한 것이라 할 수 있다.[7]

하버마스적인 의미의 공적 영역을 생각할 때마다 파당적 진영 논리나 주관적 열정에 휘둘리지 않는, 어떤 이상적 대화 상황이 연상되곤 한다. 혹은 경제적 이해관계나 권력적 효과를 고려하지 않고 오로지 좀 더 나은 판단에 이르기 위해 불편부당한 논의를 이끌어 가는 이성적이고 합리적인 공적 인간을 상상하게 된다. 그러한 상황에서라야 복수의 관점이 공존할 수 있는 토론의 상황은 만들어지고 지속될 수 있을 것이기 때문이다. 많은 학자들이 지적하듯 하버마스적인 공적 영역이 고대 아테네 민주주의의 이상과 닮아 있다면, 그때의 시민과 정치가는 '철학적 인간'에 가깝지 않을까 한다.

반면 '정치적 인간'이라는 테마는 훨씬 더 현실주의적이고 투쟁적인 느낌을 갖게 한다. 독일이 낳은 최고의 정치사회학자 막스 베버가 정치를 "권력에 관여하고자 하는 분투노력 또는 권력 배분에 영향력을 행사하고자 하는 분투노력을 뜻"하는 것으로 정의했듯이[8] 말이다. 그런 의미에서 정치적 인간이란 라틴어로 호모 폴리티쿠스(Homo politicus)라는 말에서 느껴지는 것처럼 훨씬 더 로마적 전통과 닿아 있고 통치 내지 지배와 같은 강한 주제를 함축하는 듯 보인다. 아니면 "모든 인간의 일반적 경향, 죽음에서만 멈추는 영속적이고 끊임없이 계속되는 권력 욕구"에 기초를 두고 생명과 안전을 위해 '절대 권력'이라는 '인위적 인간(artificial man)'을 불러들인 토마스 홉스의 문제

의식을 생각해 볼 수도 있다.[9]

하버마스적인 공민이 권력적 영향력으로부터 벗어난 불편부당한 공론장의 구성원을 생각하게 한다면, 현실주의 정치철학의 전통에서 정치적 인간이라는 테마는 권력의 문제 때문에 존재하고 따라서 권력 없이 이해하기 어려운 인간 현실에 주목하게 한다. 정치적 인간이 권력과 지배의 문제에 과도하게 경도될 위험을 갖는 반면, 철학적 인간으로 이루어진 공적 영역의 세계에서는 정치가 차지하는 위치가 애매하다는 한계가 있다. 철학적 인간의 관점을 최대로 확장해 본다 해도, 아마도 그때의 정치는 정당성 내지 규범적 타당성 여부를 판단하는 문제가 거의 전부가 아닐까 한다. 그럴 경우 정치란 공적 영역에서 이성적 논의에 비례해서 존재하는, 수동적인 차원 이상은 아닌 것으로 보인다. 미국의 법철학자 로널드 드워킨이 강조하듯,[10] 정치를 대학원들이 철학 세미나 하듯 운영할 수는 없다는 점에서 정치적 인간은 철학적 인간으로 포괄 혹은 대체될 수 없는, 만만치 않은 측면을 갖고 있지 않나 싶다.

인간의 인식과 대화 능력을 어떻게 볼 것인가도 중요하다. 분명 철학적 인간은 공적 문제에 대한 인간의 인식과 대화 혹은 그러한 인식 및 대화의 능력을 제고하는 문제에 최우선적인 관심을 갖는다. 이를 통해 현실의 정치에서 발견되는 퇴행의 악순환을 끊고 조화로운 공동체를 이루는 문제를 탐색하려는 것일 수도 있다. 반면 정치적 인간은 공적 문제를 둘러싼 갈등적 상황을 전제하며, 인간의 인식 능력 그 자체에 대해서도 환상을 품지 않는 것을 특징으로 한다. 시민들 모두가 아리스토텔레스가 될 수 있다고는 생각하지 않으며, 2500년 전

인간의 정치적 인식보다 지금이 더 낫다고 말할 수 있을까를 회의하는 태도에 가깝다고도 할 수 있다. 기술적인 조건과 환경 및 정보 능력은 계속 발전할 수 있을지 모른다. 하지만 어떤 상황에서도 인간의 정치가 퇴행과 개선을 반복하는 순환적 상황을 벗어나기는 어려울 것이다. 5000년 전이나 앞으로 5000년 뒤나 인간의 정치가 갖는 고민은 별다르지 않을 수도 있다. 완전함이나 확실성보다는 불완전함과 불확실성 속에서 정치의 미덕을 발견하는 데 만족해야 할지도 모른다. 이런 생각들이 '정치적 인간'이 상정하는 현실을 더 많이 담고 있는 게 아닌가 한다.

아마도 철학적 인간과 정치적 인간은 상호 배타적이기보다는 인간의 정치가 안고 있는 딜레마적 상황의 두 측면을 표현하는 것인지도 모른다. 공적 문제에 대해 합리적 판단 능력을 갖춘 시민 내지 공민으로 이루어진 정치 공동체에 대한 비전만큼 강력한 것은 없다. 분명 우리가 이상적 최선에 대한 철학적 모색을 중단할 수는 없다. 아니 그럴 수 있을지는 몰라도 그렇게 하여 좋은 삶 내지 정의로운 사회의 형상을 상상할 수는 없을 것이다. 한마디로 그것은 재미도 감동도 없는 삭막한 정치관이 아닐 수 없다. 그러나 이상의 눈만으로 현실의 권력관계와 투쟁, 전쟁, 갈등, 이견을 다루고 헤쳐 나갈 수는 없다. 정치의 현실이 그렇다는 사실을 인정한다고 해서 그것이 정의로운 사회를 만드는 일에 근본적인 장애가 되는 것은 아니다. 갈등과 이견, 차이 등은 좀 더 나은 삶을 살기 위해 우리가 적응하고 개선하고 바꿔 나갈 조건을 말하는 것이고, 정치적 지혜와 이성이 왜 필요한가를 말해 주는 도전이자 가능성을 지칭하는 것일 수도 있다. 정치란 인간 현실의 딜레마적 상황 위에서 그 역할이 시작된다고 할 수 있다. 확실한 진리나 과학 위에 정초할 수가 없고, 그렇기에 움직일 수 없는 확고한 이론에 의해 계도될 수도 없다. 그런 불확정성 내지 불확실성 속에서 인간 정신의 위대함이 작용한다는 것이야말로 다른 인간 활동이 가질 수 없는 정치만의 가장 큰 매력이라고 볼 수도 있다. 뒤에서 다시 살펴보겠지만, 그런 의미에서 베버가 '카리스마'라는 개념을 통해 정치의 역할을 특징화하려 했던 것은 핵심을 때렸다고 말하지 않을 수 없다.

4 통치와 권력, 그리고 좋은 정치

정치의 중심 질료가 통치와 권력의 문제에 있다는 내용을 말하는 자리에서 강한 반대에 직면한 적이 있다. 그런 '사악한 정치론' 말고 시민의 각성과 정의감을 고취하는 '선한 정치론'을 말해야 하지 않느냐는 것이다. 시민만 깨어 있다면 모든 것이 해결될 텐데, 혹은 깨어 있는 시민 100만 명만 모으면 모든 것을 다 바꿀 수 있는데, 왜 자꾸 통치나 권력의 문제를 말하는가 하는 항변이기도 했다. 그러나 통치와 권력의 문제를 빼고 정치의 문제를 이해하기는 어렵다는 말을 다시 강조해야겠다. 괴롭지만 그것이 인간의 정치가 감당하지 않으면 안 되는 일이기 때문이다.

정치학의 출발은 통치가 얼마나 가치 있는 일인가를 자각하는 것에서 비롯되었다. 아리스토텔레스는 잘 통치하고 또 잘 통치받는 것

다원 민주의와 정치 규범

을 이상적 정치 상황으로 보았다. 이는 민주주의에서도 다르지 않았다. 통치에 참여해 공동체를 다스려 보는 일은 공적 윤리 가운데 으뜸으로 여겨졌다. 타자를 다스린다는 것과 스스로를 통치한다는 것이 서로 배타적이지 않음을 인식한 사람들도 민주주의자들이었다. 현대 민주주의가 통치 참여를 더 이상 시민의 의무로 삼고 있지 않다 하더라도, 여전히 좋은 정부와 좋은 통치자를 선출하는 것이 정치의 중심 문제인 점은 변함이 없다.

자연과학자들의 연구 내지 관찰의 대상이 '자연'인 것처럼 정치 철학자들 역시 '정치적 자연'에 대해 고찰했다. 정치적 자연의 문제는 '질서의 부재'를 말하는 것이었고 따라서 어떻게 하면 그런 무질서에서 벗어나 조화로운 정치적 우주를 만들 수 있을까를 생각했다. 통치는 곧 공동체에 대한 사랑 내지 충성과 병행되는 의미를 가졌고, 다른 무엇보다도 정치적 관계의 망이 해체되고 충성의 유대가 깨졌을 때를 정치철학자들은 두려워했다. 근대 사회 계약론자들이 자연 상태에 대한 가정을 통해 정치적 질서의 체계를 구축하려 한 것도 같은 의미를 갖는다. 현대 민주주의의 정초자 가운데 한 사람인 제임스 매디슨 역시 "먼저 통치가 가능해야 하고 그 뒤 통치의 자의성을 제어해 가는 것"이 인간 사회를 정치적으로 조직하는 기본 원리라고 생각했다.[11]

고대 정치철학자들이 목적으로 삼은 것은 정체(politeia) 즉 '질서 잡힌 사회(well-ordered society)'였다. 어떤 정치 이론가도 무질서를 제창한 적은 없다. 질서는 목적을 가진 인간들의 삶을 가능케 하는 평화와 안전의 조건을 말하는 것이었다. 개인의 좋은 삶은 정치 공동체의 좋은 질서 없이 불가능했고, 그런 질서는 소극적인 의미에서 삶을 보호하는 것에서 적극적 의미에서 자유를 향유하는 데 이르기까지, 좋은 것들로 이루어진 체계였다. 그런 공적 질서 속에서 공적 참여와 자기실현을 추구해야 한다고 생각했다. 플라톤은 "신이 목자였을 때는 그 어떤 정체도 없었다."라고 말하면서, 그러나 인간이 스스로 공동체를 이끌어야 했을 때 직면하게 된 상황과 대응책을 다음과 같이 비유적으로 말했다. "제우스는 전체 인류가 전멸할 것을 두려워하게 되었으며, 그리하여 헤르메스를 그들에게 보내어 도시에 질서를 부여하는 원리 및 우애와 화해의 유대로서 존중과 정의를 전달하게 했다."[12] 요컨대 질서를 가져오는 원리를 터득하고 공유하지 못하면, 어떤 정치 공동체도 파멸할 수밖에 없다는 것이다. 아마도 법 없이 살 수 있는 선한 사람이 있을 것이다. 그러나 법 없이 유지될 수 있는 사회나 국가는 없다. 아니 더 나아가, 법 없이 살 수 있는 사람도 법이 제 기능을 할 때에만 나올 수 있는지 모른다. 통치나 법, 권력, 질서가 선용되는 사회가 되어야 개개인들이 선한 삶을 살 수 있는 여지도 커진다는 것, 이것이야말로 인간의 정치가 서 있는 기초 원리가 아닐 수 없다.

근대 자유주의는 개인 삶이 정치 질서와 큰 관련이 없다는, 사고의 대전환을 가져왔다. 그러면서 정치적 인간에 대해 매우 냉담한 반응을 보였지만, 그들 역시 정치적 질서와 통치를 무시할 수는 없었다. 몽테스키외는 자연 상태에서의 인간 행동은 연약함에서 비롯되지만 사회생활을 하자마자 자연 상태에서의 평등은 사라지고 전쟁 상태가 개시된다고 보았기에 법의 지배(rule of law)와 견제·균형의 원리를

　다원 민주의와 정치 규범

구상하지 않을 수 없었다. 정치적 지배는 공동체의 모든 구성원에 의해 공유되는 일반 이익과 관계되어 있고, 정치적 권위는 사회의 이름으로 표명된다는 점에서 다른 형태의 권위와 구분된다는 생각을, 존 로크는 마지못해 인정했고 장 자크 루소는 열정적으로 지지했다.[13]

정치적 인간에 대한 이해에 있어서 마키아벨리의 기여는 특별하다. 무엇보다도 그의 가장 큰 기여는 인간의 정치에서 갈등의 역할을 적극적으로 인정한 점에 있지 않나 싶다. 그 이전의 정치는 일종의 '갈등 극복론'이었다. 갈등과 이를 불러일으키는 파당은 부정되어야 했고 정치는 그런 갈등 없는 공동체를 만드는 문제로 이해되었다. 그러나 인간의 삶에서 갈등과 싸움은 없앨 수가 없다. 따라서 갈등 없는 공동체가 아니라 갈등에도 불구하고 자유와 번영이 가능한 공동체를 구상해야 했다. 애덤 스미스와 함께 스코틀랜드 계몽주의를 대표했던 데이비드 흄은 갈등의 원천인 열정(passion)과 파당(faction)은 없앨 수 없다고 말했다.[14] 제임스 매디슨은 야심(ambition)과 파당은 인간의 정치적 본성에서 비롯되는 것이기에 이를 없애면 인간의 자유를 억압하는 것이라 보았다. 따라서 문제의 핵심은 파당이 만들어 내는 부정적 효과를 다루는 것에 있었고, 이는 일정한 규모 이상의 정치 공동체에서라면 해결할 수 있는 문제라 보았다. 갈등과 질서를 배타적인 것이 아닌 상호 의존적이고 변증법적인 것으로 이해하는 것이야말로 근대 이후 정치철학이 이뤄 낸 거대한 전환이었다. 정치는 갈등의 원천이기도 하지만 동시에 갈등의 해결과 재조정을 촉진하는 활동 양식으로 이해되었다. 변화와 안정, 공적인 것과 사적인 것, 질서와 갈등 등은 모두 이율배반적인 짝이자 서로가 존재하기 위해 서로가 필요한 것으로 접근되었다. 정치철학의 문제의식도, 개인의 생명과 소유물 또한 공동체를 규율하는 법과 질서 그리고 이를 집행할 정당한 권력 없이 안전하지 못하다는 것에서부터, 잘못된 공적 권력 내지 정당하지 못한 공적 권위라면 어떻게 할 것인가에 이르는 넓은 영역을 포괄하게 되었다. 권력과 통치를 선용하는 문제와 그것 역시 궁극적으로는 억압이고 폭력일 수 있다는 문제 사이의 이율배반적 상황 위에 오늘날의 정치와 정치학이 서게 된 것이다.

고대나 현대나 어느 시대든 최선의 정치 체제에 대한 실천적 고민은 정치철학의 최대 관심사였다. 미국 예일대에서 정치사상을 가르치고 있는 스티븐 스미스 교수에 따르면, 그런 지식 내지 지혜를 찾고자 하는 노력을 고대의 철학자들은 '에로스(Eros)'라고 불렀다고 한다.[15] 다시 말해 좋은 질서, 좋은 정치, 좋은 공동체를 구현하고 그 속에서 좀 더 자유롭고 선한 삶을 살 수 있는 조건을 탐색하는 것이야말로 가장 '에로틱한' 활동으로 여겼던 것인데, 이는 예나 지금이나 다르지 않은 정치(학)적 과업으로 보인다.

5 정치적 인간으로서 정치가

제임스 매디슨의 말을 변용해 표현하자면,[16] 인간이 천사라면 정치가는 필요 없을 것이다. 천사에게 정부를 맡길 수 있다면, 정치 이외의 삶에서 인간의 열정을 발휘하는 것으로 족할지도 모른다. 그러나 인간은 천사가 아니고 천사들만 정치를 하게 만들 수도 없기에, 누

다원 민주의와 정치 규범

군가는 정치의 역할을 맡아야 하고, 그것도 평균적 인간이 가진 한계 위에서 기대와 실망, 갈등을 동반하면서 실천될 수밖에 없다.

오래전 아리스토텔레스는 '좋은 사람이 좋은 시민 나아가 좋은 정치가와 일치하는가'라는 질문을 제기한 적이 있다. 우선 그는 이상적인 정치 체제에서라면 그럴 수 있겠지만 현실에서는 그러기 어렵다고 말한다. 그렇다면 '좋은 사람이 정치가를 하는 것과 좋은 사람은 아니더라도 그가 정치가로서 좋은 역할을 하는 것 가운데 어느 쪽이 더 나은가' 하는 질문을 다시 던질 수 있다고 하면서, 그는 좋은 사람일지라도 정치가로서 제 역할을 못하는 것보다 사람의 좋음과는 상관없이 정치가로서 제 역할을 하는 것이 더 낫다고 답한다. 훌륭한 사람이 되는 일이 개인의 책무라면 공동체를 잘 가꾸는 일은 공통의 책무이기에, 좋은 통치자가 되고 동시에 좋은 피치자가 되는 정치의 조건을 만드는 것이 먼저라는 것이다.[17] 시민이 번갈아 통치에 참여했던 아테네 민주주의와는 달리 현대 민주주의에서 정치는 독립된 직업이 됐다. 따라서 정치의 과업을 맡는다는 것은 과거와는 다른 행위 규범을 갖지 않으면 안 되게 됐는데, 이 문제를 누구보다도 철저하게 파고든 사람이 있다면 단연 막스 베버다.[18]

현대 정치는 그 이전과는 달리 한 사회의 인적·물적 자원을 통제하는 거대한 관료제 국가에서 이뤄진다. 그 속에서의 정치는 인간의 자유 의지를 구속하는 대규모 권력 현상을 동반하는데, 권력이란 무엇인가를 가능케 하는 힘이면서 궁극적으로는 타인을 강제하는 조직적 물리력을 본질로 한다. 결국 정치가는 강제력이라는 "악마적 힘"을 손에 쥐는 일을 피할 수 없는바,[19] 그의 정치 행위가 갖는 윤리성을 착하고 옳고 바른 도덕적 삶에서 찾을 수는 없다. 다시 말해 정치는 선악의 기준과는 다른 별도의 윤리적 차원을 갖는데, 그것은 반드시 하지 않으면 안 되는 정치의 과업이 있고 그 일을 잘하는 것을 통해 결과적으로 좀 더 선한 인간의 삶을 영위할 수 있는 공동체적 조건을 진작하는 데 있다는 것이다. 베버는 이를 책임 윤리라 불렀다. 천국이 있음을 확신하는 사람들도 천국에 가기 위해 죽고자 하지는 않는다. 율리시스와 사이렌의 신화가 상징적으로 말해 주고 있듯이, 요정의 달콤한 말에 따르는 것이 우리 스스로를 마수로 이끌 수 있는 게 인간의 현실이다. 그렇기에 막스 베버는 선하게만 살 수 없는 인간의 조건 내지 인간의 평균적 한계 위에서 정치를 하고자 하는 사람이 가져야 할 계율이 있다면, 그것은 존재하는 악의 현실을 부정하지 않고 응시하며 그와 다투는 것, 그러지 않으면 스스로 악을 행하지 않는다고 해도 자신은 악의 확산에 책임이 있다는 자세일 수밖에 없다고 본 것이다.

정치의 문제와 그 해결책을 포착하는 일은 어렵다. 뭔가 알게 되었다 싶으면 금방 새로운 상황이 도래하고 앞선 지식이나 정보를 무용지물로 만드는 것이 정치이다. 정치의 미래를 예측하는 것도 너무 어렵다. 정치가 갖는 불가예측성 내지 가변성을 마키아벨리는 운명의 여신 포르투나(Fortuna)로 개념화했다. 서양의 신화에서 눈을 가린 여신은 법의 여신과 운명의 여신 둘이 있다. 법의 여신은 공평무사하기 위해 눈을 가렸지만, 운명의 여신은 눈 감고 칼을 휘두르는 존재처럼 누구도 통제하기 어렵다는 것을 의미한다고 볼 수 있다. 마키아벨리는 정치란 변덕스러운 운명의 힘이 작용하고 이 속에서 신념과 의지를 가진 인간이 싸워 가는 세계라고 이해했다. 베버 역시 정치의 본질은 합리적으로 이해되고 분석되기 어려운 것이라 생각했다. 민주 정치 역시 그렇다고 생각했다. 그는 지배의 유형을 '전통적 유형', '합리적 유형', '카리스마적 유형'으로 분류했는데, 흥미롭게도 민주 정치의 본질을 합리적 지배의 유형이 아닌 카리스마적 지배의 유형에 있다고 봤다. 합리적으로 설명, 예측되지 않는 정치의 본질을 말하려 신화에서 카리스마라는 개념을 빌려 왔다. 정치는 이성적이고 합리적인 측면보다는 희망적 사고와 주관적 열정이 훨씬 더 큰 영향력을 발휘하는 영역이라고 할 수 있다. 보편적 설명을 가능케 하는 체계화는 어렵고 합리적 분석도 잘 들어맞지 않는 영역이기도 하다. 그만큼 이론적 문제로서보다는 실천적 문제로서 접근하는 것이 불가피하고 필요한 분야이자, 지식도 중요하지만 그보다는 인간의 삶을 이해하고 수많은 윤리적 역설 속에서 일을 해내 가는 지혜와 현명함의 가치가 더 절실한 세계이기도 하다.

윤리적인 측면에서도 마찬가지이다. 예를 들어 베버는 정치의 윤리적 기초로서 '신념 윤리'와 '책임 윤리'를 말했는데, 그의 위대함은 두 윤리를 말했다는 것에 있는 것이 아니라 두 윤리를 철학적으로나 이론적으로 일치시키는 것이 불가능하다고 봤다는 데 있다. 결국 그런 모순, 갈등, 긴장 속에 있는 것이 정치이고, 어떤 철학자나 이론가도 그러한 딜레마를 해결할 수 없다는 점에서, 다른 누가 아닌 정치가 스스로가 의지와 신념, 책임성을 갖고 실천적으로 상황을 개척해 가야 한다고 말했다. 마키아벨리는 이를 비르투(virtù)라고 표현하면서, 그런 적극성의 미덕을 실천하기 위해서는 네체시타(necessità)라고 불리는 현실의 불가피성을 이해하는 동시에 이를 헤쳐 나갈 실천적 지혜로서 프루덴차(prudenzia)가 필요함을 역설했다.[20] 베버는 정치가가 된다는 것은 정신적으로 매우 위험하고 힘든 일이라는 점을 강조하면서, 그것을 니체의『차라투스트라는 이렇게 말했다』에 나오는 표현을 빌려 와 "개인의 안위가 아니라 누군가 하지 않으면 안 되는 과업을 추구하는 일"로 비유했다.[21] 나아가 권력이 주는 유혹에 무너지지 않도록 내적으로 단단해짐과 동시에 외적으로는 거대한 관료제를 움직일 수 있는 실력을 갖추기 위해 끊임없이 스스로를 단련해야 한다고 말했다.

정치라고 하면, 누구나가 다 전문가다. 의학이나 물리학 등 다른 분야와는 달리, 정치 전문가라고 해서 대중 앞에서 일방적인 권위를 갖기는 어렵다. 정치적 문제에 있어서 대중의 판단과 행위가 집합적으로는 훨씬 합리적이고 현명할 때도 많다. 그러나 대중의 집합적 열정은 그야말로 변덕스러운 면이 있다. 누구나 정치의 문제를 말하고 모두가 정치를 욕한다는 것은 그만큼 정치가 민중적인 세계라는 뜻인데, 그것이 만들어 내는 비합리적인 흐름 내지 바람은 개인을 한순간 영웅으로 만들 수도, 반대로 처참한 운명에 처하게 만들 수도 있다. 이런 포퓰리즘적 현상이야말로 민주 정치가 숙명적으로 안고 있는 역동성의 원천이자 동시에 위험한 운명의 발원지이기도 하다. 대중적인 것, 민중적인 것의 이율배반성 문제를 리더십의 차원에서 봐도 동일하다. 정치가의 길은 스스로에게 남들보다 앞서 있는 듯한 느낌을 갖게 하고 또 남들 앞에 나서는 것에서 즐겨 삶의 보람을 찾는 직업이라고 할 수 있다. 돈이 생기면 가족이 생각나는 그런 종류의 사람들이 아니라 자기를 알아주는 이들을 찾아가는 욕구를 가진 사람들의 세계이다. 그래서 늘 영웅심과 허영심이라는 두 심리적 요소를 만들어 낸다. 영웅심은 분명 리더십이 갖지 않으면 안 되는 요소이자 공동체에 대한 헌신을 집약하는 개념이다. 그러나 영웅심의 다른 면은 자신을 과시하고자 하는 허영심이다. 공익적 영웅심과 그것이 동반하는 허영심, 아무리 생각해도 참으로 풀기 어려운 방정식 문제 같다. 따라서 베버는 정치가라면 권력 본능과 같은 유혹 때문에 무너지지 않고 자기 스스로를 들여다볼 수 있어야 한다며, "삶의 현실을 있는 그대로 들여다볼 수 있는 단련된 실력, 그런 삶의 현실을 견뎌 낼 수 있는 단련된 실력, 그것을 내적으로 감당해 낼 수 있는 단련된 실력"을 강조하고 또 강조했다.[22]

현실적인 것과 이상적인 것의 관계도 복잡하다. 공동체에 대한 이상 혹은 이상적 비전을 갖지 않는 정치는 있을 수 없다. 그것이 없다면 아무도 감동시킬 수 없을 것이다. 그러나 이상주의적 태도나 도덕주의적 정치를 앞세우면 역설적이게도 공동체를 위기에 빠뜨리기 쉽다. 도덕주의가 강조될수록 공동체의 도덕성이 오히려 나빠지는 이유는, 인간의 정치가 대면하지 않으면 안 되는 실제 문제를 인식하지 못하기 때문이다. 막스 베버는 정치에서의 윤리성이 갖는 특별함을 강조하면서, 진정성이나 자신의 옳음을 앞세우는 것으로 정치하는 일이 얼마나 인간의 현실을 호도하고 또 결과도 나쁠 수밖에 없는지에 대해서도 말했다. 인간의 위대함과 함께 인간의 한계를 이해하는 기초 위에서 정치의 현실을 다루어야 하고, 그 기초 위에서 공동체의 바람직한 모습을 구현한 이상과 비전의 정치가 균형을 만들어 갈

수 있다고 보았다. 그러나 어떻게 그럴 수 있는지에 대해서는 그 누구도 사전에, 논리적으로 뚜렷한 처방이나 대안을 말할 수는 없다. 정치가 혹은 정치적 실천에 나선 사람들이라면 인간의 정치가 갖고 있는 이런 조건을 이해할 수 있어야 할 것이다. 그래야 차이와 갈등 속에서도 서로 협력할 수 있는 현실적 방법을 찾을 수 있고, 허황된 기대 때문에 쉽게 좌절하고 냉소하고 방치하는 일을 줄일 수 있다. 한마디로 말해 그것은 '이상적 최선'이 아니라 '현실적 최선'을 추구하는 길, 혹은 현실적 이상주의 혹은 이상적 현실주의라고 부를 만한 길이라 할 수 있겠다.

이상 살펴보았듯이, 정치에 나서는 사람들이 개인적으로 처하게 되는 운명은 예나 지금이나 다르지 않아 보인다. 그러나 그들이 직면하고 헤쳐 나가야 할 제약 조건은 시대나 정치 체제의 유형에 따라 다를 수밖에 없다. 군주정이나 귀족정에서 필요한 정치가의 덕목이 민주정에서 필요한 덕목과 같을 수 없고, 고대 민주정의 제도와 원리가 현대 민주정에 그대로 적용될 수도 없다. 이제 이 문제들을 살펴보자.

6 현대 민주주의와 정치적 인간의 여러 문제들

1 평범한 보통의 시민에 기초를 둔 정치

베버가 말했듯, 정치의 고향은 민주정이다. 민주정이 지향하는 최고의 이상은 공적인 문제를 판단하는 데 있어서 특정 시민 집단의 우월성이 인정되지 않는 것에 있었다. 자신과 관련된 문제에 있어서 자유 시민 스스로가 최고의 심판관이며, 공적 결정 역시 그렇게 이해 되어야 한다는 것에서 자치(self-rule/self-government)의 이상이 만 들어졌다. 실제로 인간의 역사에서 가장 위험한 선택은 보통의 시민 들에 기초를 둔 체제에서 이뤄진 것이 아니다. 그보다는 시대정신이 나 민족 공동체의 이상, 나아가 역사 발전의 최종적 목적지를 알고 있 다고 믿는 사람들이 주도한 체제에서 가장 파괴적인 결정이 이뤄졌 다. 따라서 민주주의 체제가 제아무리 시끄럽고 기대만큼 좋은 결과 를 가져오지 않았다고 하더라도, 보통의 시민 혹은 그들이 갖고 있는 인식에 토대를 두고 정치를 운영하는 것이 이상적 최선은 아닐지언 정 인간 현실의 제약 속에서 가능한 최선에 가깝게 실천하는 것이다.

2 민주 정치와 시민성

민주주의에 대한 흔한 오해 가운데 하나는, 민주주의가 잘되고 안되는 것의 책임을 시민에게서 찾는 데 있다. '정치의 수준은 그 나 라 시민의 수준이 결정한다.'라며 '시민들 수준이 이런데 뭘 더 바라 느냐.'라는 힐난이 대표적이다. 시민의 각성을 강조하면서 어떻게 해 서든 '깨어 있는 시민'이 돼야 한다거나 '개념 시민'을 치켜세우고 스 스로 '행동하는 양심'임을 과시하는 것도 유사한 태도라 할 수 있다. 시민을 가르쳐서 민주주의를 좋게 하려는 접근이 과도하면 인간의 실제 현실 속에서 좌절하기 쉽다. 정치학은 좋은 정치가 좋은 시민을 만든다는 데에서 출발했지 그 역은 아니다. 100년 전만 해도 스웨덴 은 유럽에서 가장 못살고, 학력 수준도 가장 낮은 나라였으며, 문화라 고 하면 거의 음주밖에 없는 정도였다. 그런 나라를 지금처럼 바꾼 것은 정치의 힘이었다. 정치가 좋아지고 사회가 좋아지는 것과 병행해서 지금과 같은 시민성을 갖게 되었지, 처음부터 스웨덴의 시민성이 대단해서 오늘날의 스웨덴이 된 것이 아니다.[23]

3 대표와 엘리트

많은 사람들이 민주주의를 말할 때 고대 그리스 민주주의의 이념과 원리를 생각한다. 하지만 현대 민주주의는 고대 민주주의와는 아주 다른 정치 체제이다. 아마도 2500년 전의 아테네 시민이 타임머신을 타고 와 지금의 민주주의를 본다면, '어떻게 이것을 민주주의라고 말할 수 있는가?', '어떻게 시민을 대신해 정치와 행정, 법원을 운영하는 직업적 공직자들이 있을 수 있는가?', '정치로부터 자율적인 시민 사회는 무엇이고 또 여론 형성자의 역할을 대신하는 언론 엘리트와 사회 운동 엘리트들의 권위는 대체 누가 부여했는가?'라며 이런 민주주의는 괴이하다고 소리칠 것이다. 이렇듯 현대 민주주의는 정말로 고대 민주주의와는 달라도 너무 다른 정치 체제이다. 현대 민주주의는 민중의 지배가 아니라, 토머스 제퍼슨이 말했듯 "민중의 동의에 의한 지배"라고 할 수 있고, 『절반의 인민 주권』의 저자인 샤츠슈나이더가 말했듯 "엘리트와 대중이 협력하는 체제"라고 할 수 있다.[24] 따라서 일반 시민의 참여만이 아니라 좋은 정치 엘리트, 좋은 행정 엘리트, 좋은 법률 엘리트, 나아가 좋은 언론 엘리트, 기업 엘리트, 노조 지도자, 교사, 시민운동 활동가 등등의 역할이 중요한 것이 현대 민주주의이다.

4 제도와 체계

현대 민주정은 여러 제도화된 기능과 역할의 체계 위에서 작동한다. 고대 민주정은 일종의 자족적 체제였다. 행정과 정치는 구분되지 않았다. 행정관도 추첨으로 선출되었고 연임은 할 수 없었으며 임기도 1년으로 짧았다. 당연히 전문 관료제도 없었고, 독립된 제도적 실체로서 국가도 없었다. 독립된 법원도 없었고, 정당도 없었고 시민 사회도 없었다. 모든 것은 시민들 개개인이 돌아가면서 통치자, 행정관, 법관의 역할을 맡는, 일종의 일원 체제였다고도 할 수 있다.[25] 그렇기에 고대 민주주의에서는 시민이 참여하는 것만으로 체제가 작동했다고 할 수 있다. 아마도 그런 경우라면 시민의 각성과 깨어 있음 그리고 참여를 강조하는 것으로 많은 정치 문제가 해결될 수 있을지 모른다. 하지만 고대 민주주의는 매우 작은 규모의 도시 국가, 매우 동질적인 시민 구성 위에서 작동했던 매우 특별한 체제라고 할 수 있다. 현대 민주주의는 이와는 다르다. 현대 민주정에서도 정치가들이 갖는 개성이나 자질, 리더십이 중요하다면 그때의 그것은 그런 대규모의 복잡한 체계를 이해하고 움직이는 실력과 결합되어야 한다. 민주주의는 평범한 보통 사람들이 비범한 일을 성취할 수 있는 정치 체제를 그 이상으로 삼는데, 그것이 가능하려면 보통 사람들의 의지와 이해관계, 열정을 정치적으로 조직하고 대표하고 투입해 공공 정책 결정 과정에 실질적이고 체계적인 영향을 미칠 수 있어야 하고, 이를 위해서는 복잡한 제도와 절차의 체계에 익숙하지 않으면 안 되기 때문이다.

5 국가와 관료제

행정이 전문직이자 독립된 직업으로 등장한 것은 국가(state)의 등장 이후로, 역사적으로는 16세기 말 이후라 할 수 있다. 이때의 국가란 통치자와 피통치자로부터 분리되어 존재하는, 제도화된 실체를 가리킨다. 국가는 일정한 입헌적 기초를 가지며, 시민은 물론 대통령조차도 충성을 바치는 최고의 주권 권력이자 윤리적 실체라 할 수 있다. 베버에 따르면, 이러한 근대 국가의 등장은 이원적 운동을 만들어 냈는데, 하나가 '합리화'이고 다른 하나는 '민주화'였다. 합리화가 행정의 직업화를 가져왔다면 민주화는 정치의 직업화를 가져왔다. 과거에는 글을 읽을 수 있고 교육을 받은 귀족/양반이나 성직자가 왕이나 제후를 행정적으로 돕기는 했어도, 오늘날과 같은 전문 직업 행정 관료는 존재하지 않았다. 근대 국가의 발전은 곧 행정 관료제의 합리화를 동반했는데, 그러면서 재정과 사법, 군사 분야의 행정을 독립된 업무이자 직업으로 갖는 전문 관료가 거대한 체계로 형성되었다. 이들은 일정한 공적 선발 제도에 의해 뽑히고, 일정한 견습 단계를 거치고, 파당적 요구에 따라 해임되지 않는 정년 직을 갖게 되었다.

6 정치의 직업화와 정당

정치의 직업화는 정당의 등장과 병행되는 현상이었다. 이는 민주화라는 이름으로 확대되었고 그러면서 국가의 모든 지위에 대한 문민 통치(civilian control)의 원칙을 만들어 냈다. 행정 관료는 선출직 정치인을 통해 통제되었을 뿐 아니라, 정무직이라고 하는 정치 관료도 만들어졌다. 독립적 직업 관료와는 달리 이들은 파당적 필요나 요구에 따라 언제든 해임, 전보될 수 있는 존재들이었다. 물론 관료화 내지 독립적 행정직은 비단 국가 내지 정부에만 한정되지 않았다. 정당도 조직이 커지는 것에 비례해 합리화의 압박에 직면했고 관료화가 되었다. 이것은 단지 정당 조직이 커지는 것에 따른 결과만은 아니다. 더 중요한 것은 정당이 정부가 되면서, 정당 역시 하나의 통치 조직이 되어야 했기 때문이다. 그 결과 민주화는 (1) 최초 보통 선거권 획득 운동에서 시작해, (2) 가난한 시민들도 정당을 만들어 자신들의 이익과 열정을 대표할 정치가 집단을 형성하는 대중 정당 단계를 거쳐, (3) 자체적으로 정책 전문가와 유능한 정당 관료를 육성해 집권하는 정당 정부(party government)를 향해 발전하게 되었다. 결국 직업으로서의 행정 관료제의 역할이 공익적 보람을 가질 뿐 아니라 사회를 위해 유능하고 책임 있는 역할을 하게 하는 데 있어서도 통치자 집단으로서 좋은 정당, 좋은 정치의 역할이 결정적이라 아니할 수가 없다. 이 문제를 좀 더 살펴보자.

7 정당 — 거대 조직화 시대의 정치적 인간

현대 민주주의가 대면한 가장 강력한 도전은, 어마어마한 규모의 국가 관료제와 자본주의 경제 체제가 만들어 낸 권력 효과에 있다. 달리 말하면, 거대 조직의 시대에 어떻게 평등한 시민권을 실천할 것이냐 하는 것이다. 위계 체제를 기본 원리로 하는 국가 관료제와 1원 1표의 불평등 원리에 기초를 둔 자본주의 시장 경제 위에서, 민주주의를 그 가치에 맞게 실천하는 일은 결코 간단치 않다. 제아무리 자유로운 개인이라 할지라도 집단으로 조직되고, 집단으로 투표할 수 없다면 평등한 시민권은 공허한 말에 불과할 수 있다.

조직의 문제를 회피하고 현대 민주주의를 제대로 이해하고 실천하기는 어렵다. 막스 베버와 같은 시대 활동했던 독일의 정치사회학자 로베르트 미헬스(Robert Michels)는 독일 사회민주당을 분석의 사례로 삼아 "조직을 말하는 자는 과두제를 말하는 것이다."로 유명한 '과두제의 철칙'을 주창했다.[26] 그러면서 그는 조직의 역할을 부정하고 직접 행동을 강조하면서 혁명적 생디칼리스트가 되었고, 자신의 이론에 동조자가 많았던 이탈리아로 건너가 파시스트가 되었다. 현대 민주주의에서 조직과 정당을 말하지 않는다는 것은, 그것이 아무리 혁명적이고 민중적인 레토릭을 갖고 있다 해도 거대한 조직 체계를 갖추고 있는 행정 국가와 경제 권력에 무제한적 자유를 허용하는 결과로 귀결되기 쉽다.

현대 민주주의에서 가장 강력한 시민 권력의 조직체는 두말할 것 없이 정당이다. 정당으로 조직된 시민의 의지가 단단할수록, 그런 정당 간의 경쟁이 사회를 더 넓게 대표할수록, 행정 권력과 경제 권력을 견제할 수 있는 시민 권력의 기반은 강해진다. 그럴 때만이 좀 더 균형 있는 공동체를 발전시킬 가능성은 커진다. 정당이 발달하지 못하는 민주주의에서 가난한 보통 사람들의 이익과 열정은 제대로 실현되기 어렵다. 조직을 싫어하고 정당을 싫어하는 것은, 민주주의의 효과가 평등하게 분배되는 것을 좋아하지 않는 사람들에게서 볼 수 있는 전형적인 태도일 때가 많다. 정치 역시 권력 다툼과 전략적 계산에

다원 민주주의와 정치 규범

의해 지배되는 일이 많고 그 속에서 정당이 기능하고 있지만, 그럼에도 정당이 중심이 되는 정치를 좋게 만들지 못하는 한 민주주의를 그 가치에 맞게 실천하기는 어렵다. 오늘날 우리 민주주의의 문제는 '대의제 때문'이 아니라 대의제를 민주적 가치에 맞게 제대로 하지 못한 데 있고, '정당 때문'이 아니라 민주적 과업을 수행하기에는 지금 정당들이 제대로 조직되어 있지 못한 데 있다.

민주주의가 어떤 사회적 효과를 낳느냐의 문제에서 가장 중요하고 결정적인 것은 그 나라의 정당 정치가 어떤가에 달려 있다고 해서, 정당이면 다 된다고 말하려는 것이 아니다. 인간이 만든 그 어떤 제도도 한계가 있고, 시대와 조건을 초월해 이상적 대안이 될 수는 없다. 현대 민주주의에서 정당은 끼니에 비유될 수 있다. 민주주의 체제와 그렇지 않은 체제를 복수 정당 체제의 유무로 판단하듯이, 정당은 민주주의를 정의하는 본질적인 기준이다. 아무리 운동이나 휴식, 명상, 영양제가 건강에 좋다고 하더라도 그것이 끼니를 대신할 수 없듯이, 민주주의라면 그 어떤 것도 정당을 대신할 수는 없다. 혹자는 지금 정당들의 모습을 보고도 그러느냐고 항변할 수 있겠으나, 기존 정당을 좋게 만들거나 기존 정당보다 더 좋은 정당을 만들지 못한다면 달라질 것이 별로 없다고 본다. 지금의 정당들에 대해 냉소하기만 할 일이 아니라 어떻게 하면 정당 정치의 체질을 튼튼하게 할 수 있는가를 고민해야 하지 않을까 한다.

북유럽에서 살아 본 경험이 있는 사람들은 이들 나라에서 국가가 권력 기구가 아닌 공동체에 복무하는 기능 복합체 같다고 말하곤 한다. 좋은 정당을 통해 정치가 좋아지고 경제가 좋아지고 사회가 좋아지면서 거꾸로 정당의 역할이 공적 기구 곳곳으로 용해되어 들어갔기 때문이다. 마르크스가 가졌던 사회주의의 이상은 국가의 억압적 기능을 최소화하고 기능적 역할을 최대화하는 데 있었는데, 그 이상이 완전히 몽상적인 것만은 아니라는 것을 북유럽의 사례가 보여 준다. 이제 당원이 되거나 정당 행사에 참여하는 일보다, 자신의 지지 정당이 집권하고 있는 지방 자치 단체가 주관하는 수많은 프로그램에 참여하는 일이 훨씬 자연스러워졌다. 기존 정당이 경직되는 듯이 보이면 녹색당이나 해적당과 같은 새로운 정당이 등장해 기존 정당 체제에 충격을 주기도 한다. 정치와 정당의 역할을 줄여서가 아니라 제 역할을 하게 하면서 권력적 성격보다 기능적 성격을 커지게 하는 것이 현대 민주주의의 핵심 원리라 할 수 있다. 아직도 우리는 제대로 된 정당, 제대로 된 정당 정치가 안 돼서 고통받는 것이지 정당의 시대가 끝나서 그런 것이 아니며, 여전히 한국 민주주의의 최대 과제는 좋은 정당, 좋은 정당 체제를 만드는 일에 있다. 사회 갈등을 표출하고 대표할 능력을 가질 뿐 아니라 실질적인 의미에서 통치 능력을 가진 복수의 정당들이 누가 더 공익을 더 잘 실현할 것인가를 두고 경쟁하는 한국 민주주의가 되었으면 한다. 이 문제에서 진전이 있을 때 한국 민주주의는 그간의 정체와 혼란을 딛고 좀 더 성숙하게 발전하게 되지 않을까 싶다.

8 다원 민주주의 시대의 정치 규범

1 공익에 대한 경쟁적 헌신

현대의 다원화된 사회에서 공익 내지 공공선이라고 할 수 있는 것이 분명하게 실재하는 것은 아니다. 오히려 공익이나 공공선을 앞세워 실제로는 자신들의 사익이나 집단 이익을 추구하는 것을 위장하는 것이 더 나쁠 수 있다. 분명 이런 주장이 실제 정치 현실을 반영하는 것은 틀림없다. 그러나 그것이 정당 정치의 모든 것은 아니다. 파당이나 이익 집단과는 달리 정당들은 누가 더 공익을 더 잘 대변할 수 있느냐로 경쟁하는 공적 세력이고, 그런 역할을 잘할 수 있어야 시민의 지지를 받을 수 있고 집권도 할 수 있기 때문이다. 그렇기에 현대 다원 사회에서조차 공익이나 공공선 나아가 공동체의 전체 이익이 무엇인지가 계속해서 정의돼야 하고, 이를 둘러싸고 정당들이 경쟁해야 민주주의는 의미를 갖는다. 사르토리가 '부분(part)'을 대표하는 정당들이 끊임없이 스스로를 공익의 추구자로 내세우는 것을 '비현실의 현실주의'라고 규정한 것은 그 때문이었다. 따라서 공익에 헌신하고자 하는 열정과 소명 의식 없는 정당들의 정치만으로 민주주의가 그 가치에 맞게 실천될 수는 없을 것이다. 지금의 정당들이 공익적으로 더 강해지고, 조직적으로 더 튼튼해져야 하지 않을까 한다.

2 갈등의 절약

계속 강조했지만, 인간의 정치에서 싸움과 갈등은 없앨 수 없다. 현실주의 정치철학의 냉정한 관점에서 보면, 정치란 인간이 가진 싸움의 본능을 처리해 사회가 내전이나 무정부 상태로 퇴락하는 것을 막는 기능을 한다. 그런 의미에서 정치를 '갈등을 둘러싼 갈등의 체계'라고 정의하고, 그것의 민주적 성격을 '갈등과 통합의 변증법'으로 이해하는 것은 분명 설득력이 있다. 인간사에서 공적 선택을 둘러싼 갈등은 제거될 수 없다. 모두가 동일한 의견을 갖도록 하거나 모두를 이타적 존재로 바꿀 수도 없다. 보수와 진보가 추구하는 가치는 서로 다를 수밖에 없으며, 그들 사이의 불완전한 상호 이해는 인간의 정치가 갖는 고질적인 요소다. 그러나 그러한 불일치와 불완전한 이해는 그것에 맞추어 살아가는 법을 배워야 할 조건이지 좋은 사회로의 길을 방해하는, 단지 극복돼야 할 장애물이 아니다. 갈등을 없앨 수는 없으나 줄일 수는 있다. 해결이 불가능해 보이는 갈등조차도 다루기에 따라서는 조정 가능한 공통의 의제로 만들 수 있다. 차이를 없앨수는 없어도 서로에게 구속력을 갖는 정당한 절차와 과정에 합의할수는 있다.

3 싸움의 방법

많은 사람이 자신과 견해를 달리하는 상대 파당을 '우파 꼴통'이니 '좌파 꼴통'이니 하면서 대화 불능자로 규정하곤 한다. 때로 그것은 의견을 달리하는 동료 시민에게 자기주장의 중요성을 받아들이도록 노력하는 데 있어 게으르거나 불성실하다는 것을 의미할 때가 많다. 이른바 '숙의 민주주의(deliberative democracy)'를 발전시키고자 했던 여러 정치철학자들이 강조하듯, 갈등과 더불어 살아가기 위해서는 민주 정치 역시 일정한 규범성을 필요로 한다.[27] 우선 반대편의

다원 민주주의와 정치 규범

입장을 규정하는 데 있어 거부감을 최소화하는 주장을 개진하는 것이 정치적 싸움의 일차적 규범이 돼야 한다. 자신이 반대하는 견해를 가진 상대 파당과 내가 속한 파당이 이해하고 있는 것 사이에 의미 있는 수렴 지점이 있는지를 찾으려는 노력도 중요하다. 논의를 해도 문제가 남게 되고 그것이 오해의 산물로 볼 수 없는 차이 때문이라는 결론에 도달한다면, 그때는 반대편과 조정을 추구해야 한다. 나의 완전한 승리와 상대의 완전한 절멸은 민주 정치가 추구하는 규범이 될 수 없다.

4 개인과 조직의 병행 발전

국회 경험이 많은 사람들이 한결같이 말하는 것은, 국가 예산과 행정 절차를 이해하고 예산과 정책의 연계성을 다루는 문제에 익숙하게 되는 데는 상당한 시간이 걸린다는 사실이다. 혹자는 부처 관료들의 숨은 의도를 파악할 정도가 되려면 재선 국회 의원 정도의 경험이 필요하다고도 말한다. 사람 좋다고 해서 좋은 정치가의 역할이 보장되는 것은 아니다. 정치가로서의 실력은 거저 주어지지 않는다. 통치와 관련된 지식을 축적하고 교육하고 체계화할 수 있는 조직의 뒷받침 없이 변화는 어렵다. 조직(organization)은 유기체적 기관(organ)이라는 뜻에서 유래한 말이고, 그 말처럼 유기적인 기능과 구조를 발전시켜야 좋은 효과를 낳는다. 그렇지 못한 기관에서는 비정상 세포가 자랄 수밖에 없고 암의 성장과 전이처럼 조직을 망가뜨리는 결과가 나타날 수밖에 없다. 앞서 끊임없이 강조하고 또 강조했지만, 현대 민주주의에서 정당 조직이 살아 있느냐 그렇지 않느냐는 결정적인 문제이다. 개인의 발전과 전체의 발전이 병행되는 정당 조직을 발전시키는 문제는 핵심 중의 핵심이다. 강한 정당 조직이 작동하지 않으면 의원 개개인의 영화(榮華)만 있을 뿐 가난한 보통 사람들의 이해와 열정을 보호하기 어려운 것, 이것이야말로 현대 민주주의의 규범적 토대가 될 핵심 테제가 아닐 수 없다.

5 강한 정당 조직과 다원적 정당 체계

정당 정치를 좋게 하는 문제와 관련해 민주주의 이론 안에서 하나의 규범적 기준이 있다면, 그것은 '정당 체계(system)는 다원화되고, 정당 조직(organization)은 강해져야 한다'는 데 있다. 정당 체계란 복수의 정당들 사이에서 이루어지는 경쟁과 연합의 패턴을 가리키는 말이다. 양당제냐 다당제냐 하는 단순한 구분에서부터 일당 우위제, 온건 다당제, 분극 다당제, 제한 다당제, 극단 다당제 등등 더 세부적인 분류에 이르기까지, 몇 개의 정당들이 어느 정도의 계층적·이념적 대표의 범위를 갖고 상호작용하는가를 말하는 것이라고도 할 수 있다. 민주화 혹은 민주 정치의 발전이란, 기존에는 협애한 범위에서만 허용되었던 대표의 범위를 사회의 다양한 요구에 상응하는 방향으로 확대하는 데 있다. 개방이나 다원화는 이 차원의 중심 가치라 할 수 있는데, 그런 이유에서 표와 의석 사이의 비례 대표성은 높아져야 하고, 기존 정당 체계에서 소외된 사회적 요구들이 정당으로 표출될 수 있는 평등한 기회가 주어져야 할 것이다. 그래야 독과점적 정치 구조를 변화시킬 수 있다. 지금도 여전히 한국의 정당 체계는 이념적으로나 계층적으로 더 개방되고 다원화되어야 하는 과제를 안고 있다. 이처럼 정당 체계가 사회 '전체'의 모습을 닮아야 한다면, 정당 조직은 자신들이 대표하는 사회 '부분'의 모습을 닮아야 하는 것이 먼저다. 정당 조직의 차원이란 정당 내부에서 권력이 배분되고 작동하는 방식, 즉 조직 내 권위의 구조가 어떻게 형성되고 제도화되어야 하는지의 문제를 다루는 것을 말한다. 리더십의 자율성은 얼마나 크고 작은지, 규칙 제정 능력은 어떻게 분산되어 있는지, 재원 형성과 인적 충원의 채널은 누가 통제하는지, 집합적 유인과 선별적 유인 사이의 갈등은 어떻게 조정되는지 등은 정당 조직에 대한 비교 연구에서 늘 초점이 되는 주제들이다. 예컨대 선출직 공직 후보가 조직에서 길러지는지 아니면 정당 밖에서 영입된 외부자로 채워지는지, 정당 운영을 당비로 하는지 아니면 국고 지원에 의존하는 바가 큰지, 당원의 역할과 참여 범위는 어떤지 등은 결정적으로 중요하다. 하나의 조직으로서 정당이 좋아진다는 것은, 이 여러 문제들이 절차적으로나 제도적으로뿐만 아니라 조직 문화와 규범의 측면에서 안정화됨을 말한다. 민주주의에서 정당이 갖는 미덕은 각기 다양한 수많은 사회적 요구를 몇 개의 단순한 대안으로 집약함으로써 공적 논의와 결정을 최적화하는 데 있다. 정당 조직이 약해지면 그런 집약 기능을 수행할 수 없다. 정당 조직이 약해지면, 사회적 약자를 보호하겠다고 스스로 내건 가치와 정체성은 빈말이 되기 쉽다. 지금 한국 민주주의가 필요로 하는 정치적 인간이 누구냐를 묻는다면, 자신의 정당 조직을 더 강하고 튼튼하게 결속시킬 능력을 가진 사람이라고 단순화해서 답하고 싶다. 누가 강한 야당을 만들 것인가. 이 질문에 답할 수 있는 사람만이 한국 민주주의를 발전시킬 수 있는 정치적 인간이 될 것이다. 정당 조직은 강하고 정당 체계는 다원적이어야 민주주의가 산다.

SNS와
소셜리티의 위기

디지털 세계와 사회

이재현

서울대학교 언론정보학과 교수

1 문제의 제기

이 글은 공공 영역의 위기를 최근 급속히 성장하고 있는 소셜 네트워크 서비스(social network services/sites, SNS), 그리고 그것에 의한 사회적 교호(sociality)의 매개를 중심으로 고찰하고자 하는 것이다. SNS의 출발은 전자 우편이나 PC 통신의 게시판까지 거슬러 올라갈 수도 있지만, SNS라고 하면 흔히 싸이월드, 트위터, 페이스북 등과 같은 전형적인 소셜 네트워크 사이트를 의미하며, 경우에 따라서는 그런 기능을 포괄해 가고 있는 카카오톡, 라인, 밴드 등 인스턴트 메신저(instant messenger, IM)를 포함하기도 한다.

이 글은 SNS라는 "소셜 소프트웨어"가 사회적 교호의 상당 부분을 매개하고 있고, 그런 점에서 이의 사회적 함의를 분석하는 것이 우리 사회를 이해하는 데 매우 중요하다는 입장에서 출발한다. 구체적으로 SNS에 주목해야 하는 이유는 몇 가지를 들 수 있다. 먼저 SNS는 사적 영역과 공적 영역의 경계에 위치해 두 영역에 대한 전통적인 경계를 모호하게 하는 계기를 제공하고 있다. 또한 SNS는 사회적 교호를 매개하는 것에 그치지 않고 경제적, 정치적, 문화적 역할을 수행한다. 특히 SNS가 정치 과정에 개입하고 기존 언론의 대안적인 사회적 커뮤니케이션 채널 역할을 수행하고 있다는 점에서 주목과 논란의 대상이 되고 있다.

이런 점에서 기존의 학술적 연구나 사회적, 경제적 담론은 SNS를 마케팅 또는 홍보 도구, 컴퓨터 매개 커뮤니케이션, 사회관계망, 권력 행사의 장 등으로 간주하며 SNS가 매개하는 다양한 사회적 과정을 분석해 왔다.[1]

그러나 기존의 관점들은 SNS와 같은 소셜 소프트웨어 또는 서비스를 '주어진 것(the given)'으로 간주한다는 점에서 한계를 지니는 것으로 보인다. 즉 기존의 관점들은 주어진 네트워크 안에서 네트워크를 어떻게 활용할 수 있고, 네트워크 내에서 정보가 어떻게 흐르고, 네트워크에 포함된 사람들이 어떤 관계를 맺고 특정한 사람이 어떤 역할을 수행하는지 등에 초점을 맞추고 있다. 그러나 이 글은 기존의 관점들과 달리, 그런 활동이나 과정에 대한 분석 이전에 그런 활동이나 과정을 가능케 하는 '기술적 규정(technological definition)'에 주목하고자 한다. 이는 SNS와 같은 교호 네트워크를 주어진 것으로 간주할 경우 이것이 태생적으로 가지고 있는 문제나 이것이 야기할 위기의 근원은 부분적으로밖에 밝혀낼 수 없을 것이기 때문이다. 이 글은 바로 SNS와 같은 소셜 소프트웨어의 기술적 규정에 대한 비판적 검토를 지향한다. 이 글에서 '소셜'이라는 말로도 혼용되는 (사회적) '교호'는 사회적 행위자 사이의 상호작용과 커뮤니케이션을 의미한다는 점을 밝혀 둔다.

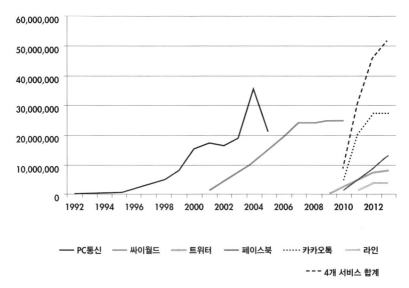

그림 6-1 우리나라 주요 SNS 가입자의 연도별 추이

2 '소셜'의 소프트웨어화

최근의 미디어 테크놀로지 발전은 SNS, 모바일 미디어, 빅데이터 등 세 화두로 모아진다. 모바일 미디어의 발전에 힘입은 SNS의 성장은 가히 괄목할 만하다. 그림 6-1에서 보는 바와 같이, 테크놀로지의 발전과 서비스의 변동에도 불구하고, 우리나라의 SNS 가입자, 즉 '소셜' 서비스 이용자 수는 꾸준히 증가해 최근 5000만 명을 상회하고 있다. 이는 사회적 관계, 특히 사회적 교호가 소프트웨어에 의해 매개(mediation)되는 경향이 증가해 왔음을 보여 주는 것으로, 이 글은 이런 경향을 '소셜의 소프트웨어화(softwarization of the social)'라

부르고자 한다.

그렇다면 구체적으로 '소셜의 소프트웨어화'란 무엇인가? 새로운 연구 분야로 부상하고 있는 "소프트웨어 연구(Software Studies)"의 창시자이자 대표적 연구자인 레프 마노비치(Lev Manovich)에 따르면, 소프트웨어화는 과거에 기계적, 전기적 미디어가 수행하던 일이 컴퓨터 안에서 소프트웨어에 의해 대체되는 경향을 의미한다.[2] 예를 들어, 팔레트와 붓으로 그리던 그림을 컴퓨터에서 페인트 프로그램으로 그리고, 스테레오 오디오로 듣던 음악을 컴퓨터의 미디어 플레이어로 듣는다. 그리고 제도판에서 연필로 그려 내던 설계도를 CAD 프로그램으로 그린다. 이런 모든 일을 컴퓨터 안에서 소프트웨어로 구현해 낸다는 점에서 컴퓨터는 이제 숫자를 다루는 연산 장치라기보다는 모든 미디어를 다루는 "메타미디엄(meta medium)"이 된 것이다.[3]

소프트웨어화의 개념에 의거해 '소셜의 소프트웨어화'를 사회적 관계, 특히 사회적 교호가 소프트웨어에 의해 매개되는 경향으로 이해할 경우, 이런 기능을 수행하는 소프트웨어란 어떤 것인가? 다시 마노비치의 논의로 돌아가면, 마노비치는 이른바 "소셜 소프트웨어(social software)"를 더 넓은 "문화 소프트웨어(cultural software)"의 하위 유형으로 간주한다. 표 6-1은 마노비치가 7개 유형으로 구분한 문화 소프트웨어의 유형과 사례로, 여기서 문화 소프트웨어는 "대개 '문화'와 연계되는 행위를 지원하는 소프트웨어의 특정 유형들"[4]로 정의된다.

마노비치는 이런 문화적 행위에 따라 소프트웨어를 구분하며, 이

유형	문화적 행위	사례
1	표상, 관념, 신념, 심미적 가치를 내포한 문화적 인공물과 상호작용 서비스를 만드는 것	뮤직비디오의 편집, 상품 포장 디자인, 웹 사이트나 앱의 디자인
2	온라인에서 그런 인공물을 (또는 그 일부분을) 접근하고 붙이고 공유하고 재조합하는 것	웹에서 신문 읽기, 유튜브 동영상 보기, 블로그 포스트에 댓글 달기
3	온라인에서 정보와 지식을 만들고 공유하는 것	위키피디아 항목 편집하기, 구글어스에 위치 추가하기, 트윗에 링크 넣기
4	다른 사람과 커뮤니케이션하는 것	이메일, 인스턴트 메시지, IP 음성 통화, 온라인 텍스트 및 화상 채팅, 그리고 담벼락에 글 올리기, 콕 찔러보기, 이벤트, 사진 태그, 노트, 장소 등 소셜 네트워크 기능 사용하기
5	상호작용적 문화 경험에 참여하는 것	컴퓨터 게임 하기
6	자신의 선호를 표현하거나 메타 데이터를 추가함으로써 온라인 정보 생태계에 참여하는 것	구글 검색 서비스를 사용할 때마다 자동으로 새로운 정보를 만들어 내는 것, 구글플러스의 '+1' 버튼이나 페이스북의 '좋아요' 버튼 누르기, 트위터에서 '리트윗' 기능 사용하기
7	이상의 모든 활동을 지원하는 소프트웨어 도구나 서비스를 개발하는 것	인터넷을 통한 데이터 송수신을 가능케 해 주는 프로세싱용 라이브러리 프로그래밍하기, 포토샵용 플러그인 새로 작성하기, 워드프레스용 테마 새로 만들기

표 6-1 "문화 소프트웨어"의 유형과 사례
출처　Lev Manovich, *Software Takes Command*, p. 23.

중에서 특히 유형 3과 4를 "소셜 소프트웨어"로 규정한다. 이처럼 소셜 소프트웨어는 좁게 "정보와 지식을 커뮤니케이션하고 공유할 수 있도록 특별히 고안된 도구나 서비스"[5]로 한정될 수 있지만, 2000년대 말 이후 다수의 소프트웨어에 전자 우편, 포스팅, 채팅 등의 기능이 포함되면서 "모든 소프트웨어가 소셜 소프트웨어가 되었다."라고 본다. 마노비치 말대로 모든 소프트웨어가 소셜 소프트웨어라고 볼 수 있는지는 논란이 있지만, 문화적 행위나 사례들에서 보듯, 표 6-1에 제시된 "문화 소프트웨어"는 사실상 모두 소셜 소프트웨어라고 보아도 무방할 것이다.

이런 관점에서 보면, 이 글처럼 흔히 우리는 마노비치의 유형 4에 포함되어 있는 소셜 네트워킹, 즉 SNS에만 주목하고 있지만, '소셜의 소프트웨어화'라는 경향을 추적할 때에는 전자 우편 송수신, 인터넷에서의 신문 기사 읽기, 컴퓨터 게임 하기, 유튜브 동영상 보기 등도 포함할 정도로 그 범위를 더 넓게 설정할 필요는 있다.

그렇다면 '소셜의 소프트웨어화'를 어떻게 이해할 것인가? 이 문제에 답을 하기 위해서는 앞서 이를 정의하며 사용한 '매개'라는 개념을 먼저 살펴볼 필요가 있다. '매개'는 매개 역할을 하는 기술적 대상의 속성 또는 논리에 의거해 사회적 과정이 지배되는 것을 의미한다.[6] 프랑스의 기술철학자인 베르나르 슈티글러(Bernard Stiegler)는 이를 자크 데리다(Jacques Derrida)와 실뱅 오루(Sylvain Auroux)의 "쓰기(grammatisation)" 개념으로 설명한다. 오루에 따르면, "쓰기"는 기술적 대상이 제스처, 행동, 움직임을 표준화하는 과정을 나타내는데, 구어를 분절화해 문어로 표준화시키는 글쓰기는 이의 대표적인 사례다.[7] 슈티글러는 한발 더 나아가 인간의 행위들을 표준화하는 자카르 직조기의 동작이나 의식의 흐름을 표준화하는 영화 장치의 기술적 도식화 과정까지도 포괄하는 것으로 이 개념을 확장해 사용한다.[8]

데리다가 강조하는 바와 같이, 무엇을 쓴다는 것은 "차연(diff-erance, 차별(differentiation)과 이연(deferral))"을 쓰는 것이다.[9] 이런 점에서 기술적 대상이 무엇을 쓴다는 것은 차이를 드러내는 것이고, 표준화한다는 것은 차이를 드러내는 다양한 방식의 쓰기 중에서 기술적 대상이 선호하는 방식의 쓰기를 보편적인 것으로 강제한다는 것을 의미한다. 앞서 제시한 매개의 개념으로 다시 기술하면, 기술적 대상의 논리는 바로 기술적 대상이 선호하는 방식이다.

이런 개념들에 의거할 때, '소셜의 소프트웨어화'는 기술적 대상인 소프트웨어의 논리에 따라, 즉 그것이 선호하는 방식으로 사회적 교호를 '쓴다'는 것을 의미한다. 이 글은 이를 '교호의 기술적 쓰기(technological grammatization of sociality)'로 개념화하고자 한다. 페이스북이나 트위터와 같은 SNS는 그것의 논리에 따라 우리의 사회적 관계와 교호 과정을 쓴다. 이런 입장을 받아들인다면, 우리가 SNS를 쓰기(use)는 하지만 그것을 매개로 하는 커뮤니케이션 과정은 SNS라는 소프트웨어가 쓴다(grammatize)고 표현할 수 있다.

그렇다면 SNS와 같은 소셜 소프트웨어는 사회적 상호작용과 커뮤니케이션과 같은 교호를 어떻게 기술적으로 써내고 있는가? 그림 6-2는 사회적 교호를 구성하는 기본 요소들과 그 관계, 그리고 소셜 소프트웨어의 매개를 나타낸 것이다. 군이 실존철학자 마르틴 부버(Martin Buber)를 인용하지 않더라도, 소셜리티는 '나(I)'와 '너(Thou)', 그리고 그 둘이 함께하는 '우리(We)'를 이념형으로 구성된다.[10] 여기서 소셜 소프트웨어는 그 논리에 따라 '나'와 '너', 그리고 그 사이의 관계를 기술적으로 규정한다.

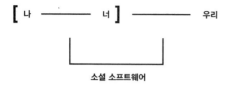

그림 6-2 사회적 교호에 대한 소셜 소프트웨어의 기술적 규정

이런 기술적 구성의 핵심은 알고리즘(algorithm)에 있다. 소프트 웨어의 알고리즘에는 소프트웨어가 세계를, 사회를, 그리고 사회적 관계를 보는 가치 또는 이데올로기가 구현되어 있다는 점에서, 알고 리즘은 흔히 생각하듯 가치 중립적이지도 객관적이지도 않다.[11] 이런 점에서 사회적 교호를 구성하는 각 요소들을 소프트웨어가 어떻게 규정하는지를 올바르게 분석하기 위해서는 알고리즘에 대한 면밀한 분석이 필수적이다. 이런 점에서 이 글은 교호, 즉 소셜리티의 위기에 대한 검토지만, 다른 한편으로는 '비판적 알고리즘 연구(critical algorithm studies)'의 한 사례로 이해할 수도 있다. 이 글은 사회적 교호에 대한 기술적 규정(쓰기)에 대한 분석을 통해 사회적 교호의 위기를 진단할 수 있다고 전제한다.

3 '보기의 과잉' — 알고리즘-나

먼저 교호의 주체인 '나'는 SNS와 같은 소셜 소프트웨어에 의해 기술적으로 어떻게 규정되는가? 기술적으로 규정되는 나는 이중적인

그림 6-3 페이스북의 친구 수, 댓글 수, 좋아요 수(점선 안): '나'의 기술적 계량화

정체성으로 구성되는데, 하나는 타자와의 관계, 즉 외적 관계에서 규정되는 '나'이고, 다른 하나는 자신과의 관계, 즉 내적 관계에서 규정되는 '나'다.

먼저 외적 관계에서의 '나'는 페이스북이나 트위터와 같은 SNS를 이용하는 '나'가 타자(너)와의 관계에서 계량화(quantification)되는 것으로 특징지어진다. '나'가 계량화된다는 것은 나와 타자와의 관계가 일정한 값을 갖는 지표(index)로 표현된다는 것을 의미한다. 예를 들어, 페이스북이나 트위터 이용자는 일차적으로 다른 이용자와의 관계를 드러내는 친구 수, 팔로어 수, 댓글 수, 좋아요 수, 태그 수 등으로 규정된다. 여기서 일차적이라 함은 문화적 취향, 정치 이념, 종교, 심지어는 포스트 내용 등 다른 질적인 요소들보다도 이런 양적인 수치가 이용자를 규정함에 있어 우선한다는 것이다. 이런 계량적 지표에

259　　　　　　　　　　　　　　　　　　　　SNS와 소셜리티의 위기

의거해 흔히 우리는 그런 수치가 높은 이용자를 유력자(influential), 의견 지도자(opinion leader), 허브(hub), 유명인(celebrity) 등으로,[12] 그리고 그렇지 못한 사람을 추종자(follower), 일반인 등으로 부른다. 극단적인 경우, 이런 수치에 따라 이용자들이 서열화되기도 한다. SNS에서의 교호가 진정한 감정과 지원의 주고받음에 기초하지 않고, 나를 팔로하는 사람이 몇 명인가, 내 글에 좋아요와 댓글로 반응하는 사람이 몇 명인가에 따라 트위터나 페이스북 공간에서의 위상이 결정된다는 점에서 이런 경향은 사회적 관계의 물상화(reification)에 다름 아니다.

한편 SNS 이용자로서 '나'는 자신과의 관계에서도 규정된다. 이런 내적 관계에서의 나는 대상화(objectification)로 특징지어진다. 여기서 대상화된다는 것은 내가 나를 또 다른 바라봄의 대상으로 객관화한다는 것을 의미한다. 이런 자기 정체성 구성은 SNS 이전에도 컴퓨터 게임이나 채팅과 같은 서비스에서도 관찰되었다. 일반적으로 자기 정체성은 이용자가 드러내는 두 가지 요소에 의해 기술되는데, 그 하나는 자신을 소개하는 자기 기술(self description)이고, 다른 하나는 커뮤니케이션 과정에서 행해지는 메시지 내용이다.[13] SNS의 경우, 자기 기술은 페이스북에서 보는 바와 같이 연령, 위치, 학교, 종교, 문화적 취향 등의 프로필이나 프로필 사진, 커버 사진 등이 해당한다. 오프라인에서 아는 사람의 경우에도 이는 그 이용자를 인식하는 주요한 자료가 된다. 커뮤니케이션 과정에서의 메시지는 이용자가 제공하는 프로필 등 인적 사항만으로는 파악할 수 없는 많은, 어쩌면 더 의미 있는 정보를 드러낸다. 이용자의 가치관이나 행동 양식, 특정 사회 정치적 이슈에 대한 태도, 독특한 문화적 취향 등은 이런 과정에서 보다 뚜렷하게 드러난다. 종종 이런 요소들을 확인한 '친구'는 미처 알지 못했던 그 사람의 또 다른 모습에 놀라기도 한다.

여기서 이 글은 두 가지 점에 주목하고자 한다. 하나는 이용자의 정체성을 드러내는 이런 두 가지 계기들이 SNS와 같은 소셜 소프트웨어에 의해 항목이나 양식 등으로 사전에 정해진다는 것이다. 즉 이용자는 트위터나 페이스북이 지정한 항목의 범위 내에서만 프로필을 기술할 수밖에 없고, 커뮤니케이션 과정에서도 일정한 양식에 따라 포스트나 트윗을 게시할 수 있을 뿐이다. 예를 들어, 페이스북의 프로필 입력 항목은 28개 정도이며, 트위터의 경우 한 번에 게시할 수 있는 글자 수는 "얄팍한 읽기와 쓰기"[14]를 만들어 내는 140자에 불과하다. 이런 기술적 규정은 자신을 규정하는 다른 가능한 방식들 대신에 소셜 소프트웨어가 정한 특정한 방식으로 자신을 기술하도록 강제한다는 것을 의미한다. 이것은 앞서 언급한 '기술적 쓰기'의 한 측면이다.

그다음의 문제가 더 중요한데, 이는 '나'에 대한 소프트웨어의 이런 기술적 규정이 어떤 문제를 가지는가 하는 점이다. 이 글은 이 문제를 "보기의 과잉(excess of seeing)"[15] 개념으로 이해해 보고자 한다. 이는 원래 미하일 바흐친(Mikhail Bakhtin)이 제안한 문학 비평의 개념으로, "자기의 머리나 얼굴처럼 자신의 시선으로는 볼 수 없는 신체 부분들"을 타자의 시선을 통해 보게 되는 것을 의미한다.[16] 이는 타자의 시선을 통해 이렇듯 자신을 '완성(completion)'한다는 점에서, 그리고 타자의 시각 없이는 결코 자신을 완전히 이해할 수 없다는 점에서 긍정적인 개념이다. 그렇지만 타자와 시선을 교환하는 SNS상에서 '보기의 과잉'은, 위에서 언급한 기술적 규정의 두 가지 계기에서 추론할 수 있듯이, 부정적인 측면을 드러내는 것 같다. 그 하나는 내적 관계에서 나를 대상화하는 계기에서 자신을 드러내고자 하는 노출증(exhibitionism)이고 다른 하나는 외적 관계에서 계량화된 나를 보며 드러내는 나르시시즘(narcissism, 자기도취증)이다.

노출증은 정신 병리지만 기원전 5세기 그리스 역사가 헤로도토스가 『역사(The Histories)』에서 이미 노출증적 행동을 기술한 바 있다.[17] 우리는 페이스북과 같은 SNS 서비스의 프라이버시 노출을 염려하지만, 그리고 그 문제가 논란이 되기도 하지만, 실제로는 부바스티스로 축제를 가는 그리스인들처럼 자신의 프라이버시 정보를 드러내고 강박적으로 자신의 의견, 감성, 위치 등을 드러내는 포스트를 게시한다. 소셜 소프트웨어에 의해 기술적으로 계량화된 나를 보며 드러내는 나르시시즘 역시 정신 병리지만, 고대부터 문학, 음악, 회화 등에 등장하는 나르시시즘의 모티브는 우리 인간의 본질적 속성인 듯하다.[18] SNS 이용자로서 우리는 단순히 친구 수, 댓글 수 등 계량적 지표를 보고 자신이나 자신의 글이 갖는 영향력을 가늠하는 데 그치지 않고 이 수치 자체를 나르키소스가 보는 자신의 얼굴처럼 간주하며 나르시시즘에 빠진다. 자신이 올린 글이나 사진, 그리고 그것에 대한 타인의 반응을 '반복해서' 보는 것은 바로 나르키소스가 떠나지 못하고 자신의 얼굴을 계속 보고만 있던 상황과 유사하다.

이처럼 SNS와 같은 소셜 소프트웨어의 '나'에 대한 기술적 규정은 노출증과 나르시시즘이라는 병리 현상을 활용하면서 그와 동시에 그것을 만들어 낸다. 그러나 이 두 현상은 모두 타인의 시선에 의존하는 '보기의 과잉'을 드러낸다는 점에서, 다음에 살펴볼 관음증과 더불어 동일한 심리적, 사회적 의미를 공유한다. 이렇게 볼 경우, SNS는 노출증과 나르시시즘이라는 정신 병리의 상업적 전유(commercial appropriation)로 간주할 수 있다.

4 '친구 2.0', 그리고 친구 추천 알고리즘

그렇다면 사회적 교호 관계를 구성하는 '너'는 SNS와 같은 소셜 소프트웨어에 의해 기술적으로 어떻게 규정되는가? 이 글에서는 이 문제를 SNS에서 '너'를 규정하는 보편적인 용어인 '친구(friend)' 개념을 중심으로 살펴보고자 한다.

SNS 서비스 중에서 트위터는 팔로잉(following)과 팔로어(follower)라는 용어를 쓰지만, 싸이월드, 마이스페이스, 페이스북, 포스퀘어, 카톡, 라인 등 거의 모든 SNS가 나와 관계를 맺는 타자를 '친구'로 지칭하고 있다. 그러나 SNS를 매개로 한 교호 관계에서의 친구는 몇 가지 점에서 검토를 요한다.

먼저 SNS가 '친구'라고 지칭하는 대상은 일상적으로 우리가 사용하는 친구와는 다른 의미를 갖는다. SNS의 '친구'와 관련해 세 가지 점을 고려할 수 있는데, 첫 번째는 그런 친구들이 과연 누구이며 어떻게 구성되고 있는가 하는 것이고, 두 번째는 얼마나 많은 친구와 관계를 유지할 수 있는가 하는 것이다. 그리고 세 번째는 SNS가 누구를 친구로 간주하여 찾아 주고 또 추천해 주는가 하는 알고리즘의 문제다.

첫 번째 문제와 관련해서, 친구의 구성은 SNS 서비스의 성격에 따라 다르기는 하지만 대체로 세 집단으로 구분될 수 있는데, 첫째는 전통적인 의미의 진정한 친구이고, 둘째는 아는 사람(acquaintances) 이고, 셋째는 잘 모르는 사람이다. 여기서 안다 또는 모른다라는 구별은 오프라인에서의 교호 여부로 결정된다. 흔히 오프라인의 관계에 기반한 페이스북은 상대적으로 셋째 집단의 비중이 적은 반면, 트위터는 온라인 관계를 중심으로 대인 관계망이 구성된다는 점에서 셋째 집단의 비중이 매우 높은 편이다. 여기서 주목할 점은 '친구'의 범위가 이렇게 확대되면서 친구의 범주가 이분법에서 삼분법으로 바뀌고 있다는 것이다.

문제는 이런 '친구'의 구성이 '나'의 주관적 영역에 머물지 않고 SNS라는 소셜 소프트웨어에 의해 기술적으로 규정되면서 '객관화' 된다는 것이다. 이를 이 글에서는 '친구의 기술적 범주화'라 부르고자 한다. 예를 들어, 페이스북에 대항해 구글이 만든 SNS인 구글플러스는 '서클(circle)'이라는 개념을 도입해 이용자로 하여금 친구를 분류하도록 (강제는 아니지만) 유도한다. 페이스북은 원래 친구라는 개념만을 가지고 있었으나 구글플러스의 영향으로 세분화된 친구 분류 체계를 도입했다. 그리고 이런 분류는 이용자가 포스트를 올릴 때 그 포스트를 볼 수 있는 '친구'를 제한하는 기준으로 삼도록 하고 있다.

이런 분류 체계는 실제 세계에서의 다중적인 대인 관계와 커뮤니케이션 관습을 반영하는 것이라고 볼 수도 있지만, 이를 기술적으로 범주화하고 이에 기초해 상호작용을 수행하도록 유도함으로써 모호

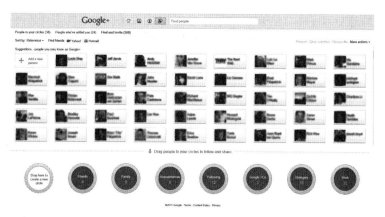

그림 6-4 구글플러스의 서클: 친구의 기술적 범주화

하기도 해야 할 미묘한 대인 관계를 '명시적으로' 만들어 버리는 '부작용'을 초래하고 있다. 그 많은 '친구들'을 범주 1, 2, 3 식으로 구분해 이에 따라 매번 어떤 메시지는 보도록 허용하고 어떤 메시지는 보지 못하도록 하는 것이 실제로 가능한가? 소셜 소프트웨어는 이렇게 기술적으로 이를 '강제'하고자 하는 것이다. 이런 점에서 SNS와 같은 소셜 소프트웨어는 '관계 테크놀로지(relational technology)'인 셈이다.

그렇다면 두 번째 문제와 관련해서, 우리는 얼마나 많은 친구를 유지할 수 있는가? 페이스북은 기술적 부하를 고려한 것이겠지만, 친구 숫자의 한계를 5000명으로 제한하고 있다. 5000명의 친구를 갖는 것이 가능한 일인가? 옥스퍼드 대학의 인류학 교수인 로빈 던바(Robin Dunbar)는 진화론적 관점에서 이 문제를 설명한다.[19] 포식자로부터 보호를 받기 위해서는 집단의 구성원 수가 증가해야 하고 집단의 크기가 커지게 되면 당연히 연대를 유지할 필요도 더 커진다. 던바는 진화의 단계에서 그루밍(grooming, 털 손질)이 개체들 사이의 연대를 형성하는 일차적 수단으로 기능한다고 보았다. 그루밍은 노동 집약적이고 시간 소모적인 일이며, 따라서 집단 구성원의 수가 대략 150명에 이르게 되면 그루밍은 더 이상 집단 내 유대를 유지하는 유효한 수단이 되지 못한다. 던바는 언어가 그루밍을 대체해 '사회관계망 유지(social networking)'의 효율성을 높여 준 것이라고 본다. 이런 관점에서 보면 또 다른 '언어', 즉 사회관계망 수단인 SNS는 그 효율성을 더욱 끌어올린 것이라 할 수 있다.

이렇게 던바가 추정한 150명을 "던바의 수(Dunbar's Number)"라 부른다.[20] 던바는 친밀한 관계를 유지하는 사람의 구성을 네 집단으로 나누어 설명하는데, 이는 주로 가족이나 친족인 최상위 5명, 매주 연락을 하고 지내는 그다음 상위 15명, 한 달에 한 번 정도는 연락을 하고 지내는 50명, 그리고 어떤 식으로든 유의미한 관계를 유지하는 나머지 등이다.[21]

던바의 주장대로, 연대를 유지하기 위해 자신의 감성을 투자하는 '진정한' 친구의 숫자는 150명 정도인데, SNS에서 던바의 수 이상의 '친구'를 유지할 경우 그런 친구들에게도 과연 그런 그루밍을 해 줄 수 있는가? 페이스북의 평균 친구 수는 2014년 1월 현재 130명으로 보고되고 있다.[22]

이용자별 친구 수 분포는 좌측으로 편향되어 있지만, 실제로 우리가 느끼는 친구 수는 더 많아 보이며, 실제로도 대략 150명에서 500명 정도의 친구를 둔 이용자가 많다. 던바는 페이스북과 같은 SNS가 '진정한 친구'의 수를 늘려 주는가라고 문제를 제기한 후, 그

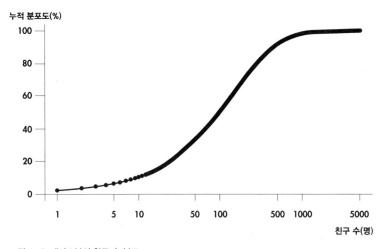

그림 6-5 페이스북의 친구 수 분포
출처   Lars Backstrom, "Anatomy of Facebook".

답은 던바의 수를 넘는 '친구'와는 유의미한 친구 관계를 유지할 수 없다는 점에서 부정적이라고 말한다.[23]

그렇다면 이것이 의미하는 바는 무엇인가? 대인 관계 측면에서 던바의 수 범위 내의 친구를 두고 있는 이용자와 그보다 더 많은 친구를 두고 있는 이용자는 사회관계망 유지 및 관리 전략이 다를 수밖에 없다. 이를 커뮤니케이션 관점에서 해석하면, 전자는 일대일 관계 즉 '대화(conversation) 모델'에 기초해 커뮤니케이션을 수행하는 이용자이고, 후자는 일대다의 관계 즉 '방송(broadcast) 모델'에 기초해 커뮤니케이션을 수행하는 이용자라 할 수 있다.

그렇다면 세 번째로 '관계 테크놀로지'인 SNS와 같은 소셜 소프트웨어는 누구를 친구로 찾아 주고 추천해 주는가? 지속적으로 네트

SNS와 소셜리티의 위기

워크를 확장해 나가야 하는 SNS의 입장에서 친구를 찾아 추천해 주는 것은, 이용자에게만 맡길 수 없는, 그 무엇보다 중요한 일이다. 여기서는 이 문제를 페이스북의 친구 찾기 알고리즘을 중심으로 살펴보고자 한다.[24] 페이스북은 공식적으로 이용자가 입력한 정보에 기초해 친구를 찾고 추천해 준다고 밝히고 있다. 앞서도 언급한 바와 같이, 이용자가 입력하는 프로필 항목은 매우 많은데, 학교, 직장, 연령, 성별, 문화적 취향, 정치적 성향, 종교 등 모든 항목이 친구 찾기 및 추천의 기초 자료로 활용된다.[25] 이런 신상 정보 이외에 활동 내역도 활용하는데, 예를 들어 접속 장소가 같을 경우 서로 알고 있을 확률이 높다고 판단한다. 이용자가 입력한 정보가 많을수록 추천되는 친구의 수도 많아지고 그 정확성도 높아진다. 이렇게 페이스북의 친구 찾기 및 추천 알고리즘은 친구의 수를 지속적으로 확대해 나가도록 유도한다.

이론적으로 이 알고리즘은 "작은 세계 현상(small world pheno-menon)"의 개념을 제시한 밀그램(Stanley Milgram),[26] 그리고 그것을 수학적으로 입증하고 이런 현상이 할리우드 영화배우 네트워크, 미서부 전력망 네트워크, 나비 신경 네트워크에도 나타남을 보여 준 와츠(Duncan J. Watts)와 스트로가츠(Steven H. Strogatz)의 연구 성과[27]에 기초한다. 이는 몇몇 노드만을 연결해도 네트워크상의 거리는 급격히 짧아질 수 있음이 증명되었기 때문이다. 실제로 밀그램은 원래 미국 사회가 6단계만 거치면 누구와도 연결된다고 했지만, 페이스북의 경우는 그보다 짧은 4단계면 연결되는 것으로 나타났다.[28]

이런 친구 찾기 및 추천 알고리즘이 의미하는 바는 첫째, 페이스북과 같은 소셜 소프트웨어가 말 그대로 '친구'를 정해 준다는 것이다. 친구 또는 친교는 주관적인 감성의 문제인데, 친구 여부 즉 관계를 테크놀로지가 규정해 주는 것이다. 추천된 친구를 이용자가 거부할 수는 있지만, 그리고 이용자 스스로 친구를 찾아 추가해 나갈 수도 있지만, 추천된 친구를, 또는 추천된 친구의 범위 내에서 일부를 수락해 친구로 수용하는 경우가 많다. 둘째로, 친구 찾기 알고리즘은 사회적 관계의 맥락을 제거한 것이다.[29] 이는 헤어진 여자 친구가 갑자기 친구로 추천되는 경우처럼, 친구 추천이 탈맥락화되고 탈역사화되어 "사라짐의 사라짐(disappearance of disappearance)" 현상을 야기하기도 한다.[30] 세 번째로, 친구 찾기 및 추천 알고리즘은 내가 친구로 생각하는 사람과 추천을 통해 '친구'로 등록된 사람 사이의 경계 짓기 메커니즘이다. 이 경우 나에게는 실제 친구인데 '친구'로 등록되지 않은 사람, '친구'로도 등록된 실제 친구, 실제로는 친구가 아닌데 '친구'가 된 사람 등 세 집단이 있는 셈이다. 이는 실제 교호 네트워크와 SNS에서의 '친구'들로 구성되는 가상적 교호 네트워크 사이의 '탈구(dislocation)'를 의미한다. 분열증(schizophrenia)과 같은 교호 네트워크의 탈구 문제는 뒤에서 다시 논의할 것이다.

　이상에서 살펴본 친구의 구성과 수, 그리고 친구 찾기 알고리즘 등의 문제는 결국 친구의 개념이 무엇인가라는 질문으로 귀결된다. 친교(friendship)가 이상적인 대인 관계임은, 행복을 가능케 해 주는 "최고의 선"(아리스토텔레스), "상호적인 선의와 감성"(키케로), 인간의 완성, 즉 덕성에 도달케 해주는 것(키케로) 등 윤리철학적 이념들을 인용하지 않더라도 우리 모두가 인정하는 바다. 그렇다면 타자와 내가 진정한 친구 관계를 맺기 위한 요건은 무엇인가? 그 핵심은 아리스토텔레스의 말대로 대화와 염려(care)에 있다.[31] 대화와 염려를 근간으로 하는 진정한 친구가 전통적 개념의 친구이고, SNS가 기술적으로 규정하고 매개하는 친구를 '친구 2.0'이라 부를 수 있다면, 페이스북으로 대표되는 SNS에서도 '친구 2.0'과의 대화가 이루어지고 염려의 윤리학이 작동하고 있는가? 이제까지의 논의에서 이에 대한 답이 일부 주어지기는 했지만, 교호의 문제를 중심으로 이 문제를 검토해 보고자 한다.

5 교호 ─ 기록 강박, 관음증, 그리고 친구 관계 알고리즘

그렇다면 기술적으로 규정되는 '나'와 '너' 사이의 교호는 어떻게 다시 기술적으로 규정되고 있는가? 이 글은 SNS를 활용해 행해지는 교호 행위를 중심으로 이 문제를 살펴보고자 한다. SNS와 같은 소셜 소프트웨어가 '나'와 '너'를 소셜 소프트웨어의 논리에 따라 특정한 방식으로 강제하고 있다는 이 글의 기본 입장은 교호 문제의 경우도 마찬가지다. 교호 행위는 사회적 관계, 시간성, 공간성 등 세 가지 차원으로 나누어 살펴볼 수 있다.

SNS와 같은 소셜 소프트웨어가 매개하는 커뮤니케이션 행위에 대해서는 이미 많은 연구들이 행해졌는데, 이 글이 기존 연구들과는 다르게 새롭게 주목하고자 하는 것은 SNS를 매개로 한 상호작용에서 나타나는 이른바 '기록 강박'이다. 이는 기록 강박이 단순히 심

270

리학적, 정신분석학적 문제를 넘어 사회적 관계, 시간성, 공간성 등 SNS를 매개로 한 교호 과정의 많은 부분들과 연관되어 있다고 보기 때문이다.

페이스북의 뉴스피드 페이지 맨 위에 있는 입력 창에 항상 제시되는 "지금 무슨 생각을 하고 계신가요?"라는 질문은 기록 강박의 상징적 아이콘이다. 페이스북은 이를 통해 끊임없이 상태를 업데이트하라고 요구한다. 페이스북을 열면, 특별히 알릴 일이 없어도, 그리고 알리고 싶지 않아도 그런 압력에 직면한다. 보드리야르(Jean Baudrillard)는 이미 "아무런 할 말이 없어도 말을 해야 하는 것은 실제로 할 말이 없을 때 더욱더 압박이 된다."라고 현대 커뮤니케이션 미디어의 강제성을 지적한 바 있다.[32] 이런 '강제된 교호성(coerced sociality)'은 "가상에의 의지(the will to virtuality)"를 자극하는 범자본주의의 일반적인 메커니즘이기도 하다.[33] 육체적 고통과 차별을 근간으로 하는 실재 세계로부터 벗어나 해방의 공간인 가상의 세계로 떠나라는 이런 유혹은 사회적 관계의 경우에도 예외는 아니다.[34] 탈육화된 가상의 공간에서 밝히는 나의 행적, 감정 등은 크게 문제가 되지 않는다고 유혹한다. 가상에의 의지를 자극하는 이런 유혹은 절묘하게 기록 강박과 결합된다.

그렇다면 이런 노출 압력, 그리고 그에 따른 기록 강박에 SNS 이용자는 어떻게 반응하는가? 이용자는 자신의 프로필을 게시하는 것을 넘어 자신의 상태를 드러낼 수밖에 없으며, 이런 점에서 기록 강박은 노출증으로 이어진다. 기록 강박과 그에 따른 노출증적인 심리에서 이용자는 자신의 상태를 이벤트(event)로 구성해 낸다. 즉 기록 강박에 직면한 이용자는 일상적인 작은 일이라도 무엇이든 이벤트로 구성해 내야 한다. 이 글에서는 SNS와 같은 소셜 소프트웨어 이용자들이 거대한 사회적 이벤트가 아닌 일상적 삶의 미시적인 일을 하나의 이벤트로 구성해 내는 과정을 '미시적 이벤트화(micro-eventization)'라고 부르고자 한다.

"이벤트화"라는 개념은 원래 슈티글러가 현대 미디어 산업의 시간 논리를 설명하기 위해 고안한 것으로, 여기서 이벤트화는 "발생하는 일들 중에서 위계, 즉 우선순위에 따른 선택(selection)을 통해 정보로 구성해 내는 것"을 의미한다.[35]

이 글에서 '미시적 이벤트'라고 표현하는 이유는 개인적인 감정 상태나 사소한 일상적 일들이 일기나 사적인 대화 영역을 넘어 '공(개)적 영역'에 표출되기 때문이다. 오늘 점심에 어떤 식당에서 어떤 메뉴의 음식을 누구랑 먹었는지, 어떤 상태에서 어떤 음악을 들었는지, 어제 본 텔레비전 프로그램의 주인공이 어떤 이야기를 했는지 등이 하나의 이벤트로 공시된다. 그리고 이런 미시적 이벤트에 대한 반응으로 페이스북 '친구들'은 좋아요 버튼을 눌러 주고 댓글을 달며 글줄기(thread)를 만들어 간다. 좋아요 수와 댓글 수는 그 글의 이벤트성을 나타내는 계량적 지표가 된다. SNS와 같은 소셜 소프트웨어, 즉 관계 테크놀로지의 감성 동원(affect mobilization)은 바로 이런 미시적 이벤트화 과정을 통해 이루어진다.

그러나 문제는 기록 강박에서 끊임없이 미시적 이벤트들을 표출함에도 불구하고 대인 관계와 심리 상태는 더 빈곤화된다는 데 있다. 『외로워지는 사람들』의 저자 셰리 터클(Sherry Turkle)은 페이스북과

	관심	관음
욕망	염려	리비도
시선	양방향	일방향

표 6-2 교호의 두 가지 양식

같은 SNS를 더 많이 이용할수록 더 외로워진다고 주장한다.[36] 이 글에서는 이런 심리적 빈곤화의 경향을 'SNS 매개 커뮤니케이션의 역설(paradox of SNS-mediated communication)'이라 부르고자 하는데, 이런 현상은 터클 이외에도 많은 실증적 연구에서 확인되어 왔고 이용자라면 누구나 느끼는 바다.

기록 강박에서 표출되는 미시적 이벤트, 그리고 그 제공자는 관찰자의 입장에서 보면 관음(voyeuring)의 대상이 된다. 대화 과정에서 주의(attention)는 필수적인 요건이라 할 수 있는데, 교호 과정은 상대방에 대한 주의의 관점에서 보면 두 가지 양식으로 구분할 수 있다. 표 6-2에서 보듯, 그 하나는 관심이고 다른 하나는 관음이다. 관심이 양방향적 시선에 기반하는 염려라면, 관음은 일방향적 시선에 기반하는 리비도적 욕망의 표출이라는 점에서 근본적인 차이가 있다.

하버마스(Jürgen Habermas)가 지적한 바와 같이, 이상적인 대화가 상대방에 대한 염려를 근간으로 하는 관심의 양식이라면, SNS와 같은 소셜 소프트웨어를 매개로 한 커뮤니케이션은 다분히 일방향적인 관음의 양식으로 간주될 수 있다. '관음하는 자(voyeur)'라는 용어

SNS와 소셜리티의 위기

의 기원이 된 영국의 고디바 전설에서 여인 고디바(Godiva)를 은밀히 바라보던 그 동네 남자와 마찬가지로,[37] 우리는 SNS의 다른 이용자들이 올린 포스트를 통해 다른 이용자의 일상적 삶과 감정, 즉 '미시적 이벤트'를 은밀히 들여다본다. SNS는 이런 기록 강박에 따른 노출증과 관음증이라는 욕망의 상업적 이용에 다름 아니다.

타인의 삶과 감정이 관음의 대상이 된다는 것은 달리 표현하면, 사회적 교호가 볼거리, 즉 스펙터클이 된다는 것을 의미한다. 샤를 보들레르(Charles Baudelaire), 빅토르 푸르넬(Victor Fournel) 등이 목도한, 그리고 20세기 초반 벤야민(Walter Benjamin)이 재해석한 19세기 파리의 산보자(flâneur)는 파리의 대로를 걸으며 새로운 스펙터클을 구경했다.[38] 당시 산보자의 스펙터클이 대로 문화, 대중 신문, 모르그(morgue, 시체 공시소), 밀랍 박물관, 파노라마와 디오라마, 그리고 영화관이었다면, SNS의 공간을 구경하는 현대적인 디지털 산보자의 스펙터클은 다른 이용자의 삶과 감정, 즉 '미시적 이벤트들'이다.[39]

기 드보르(Guy Debord)는 현대 사회에서 진정한 사회적 삶이 표상 내지 외양에 의해 대체되고 있다고 진단하며, 현대 사회를 "스펙터클의 사회"라고 규정한 바 있다.[40] 1920년대 후반 이후 광고 홍보 및 선전의 기법이 체계적으로 발전하고, 이 부문이 산업화되면서 이미지 중심의 스펙터클 사회가 도래했다는 것이다. 드보르에게 스펙터클은 단순히 이미지만을 의미하는 것이 아니다. 그에게 스펙터클은 "단순히 이미지들의 모음이라기보다는 사람들 사이의 사회적 관계, 그리고 이미지에 의한 사회적 관계의 매개"다. 즉 스펙터클은 사람들 사이의 사회적 관계가 상품 관계에 의해 대체되는, 사회에 대한 전도

$$\sum_{\text{edges } e} u_e w_e d_e$$

u_e 에지를 만든 사람과 보는 사람 사이의 친밀성 점수

w_e 에지 유형에 대한 가중치

d_e 에지 생성 시간을 기준으로 한 신선도 정도

그림 6-6 페이스북의 에지랭크 알고리즘 공식

된 이미지(inverted image)이며, 이런 사회에서 사람들은 스펙터클에 수동적으로 자신을 동일시하게 된다는 것이다.[41] SNS를 매개로 하는 교호는 스펙터클의 메커니즘이 일상적이고 미시적인 수준까지 침투 했음을 보여 준다는 점에서 스펙터클 사회의 완성이라 할 만하다.

SNS와 같은 소셜 소프트웨어는 포스트와 이에 대한 댓글의 주 고받음을 양방향적 또는 상호작용적이라고 주장하지만, 이는 염려에 기반하는 관심의 주고받음 즉 양방향적 대화가 아니라 스펙터클의 주고받음 즉 노출과 관음의 주고받음이라는 점에서 일방적 시선들의 기계적 모음이라 할 수 있다. SNS와 같은 관계 테크놀로지는 '나'와 '너' 사이의 이런 상호작용을 독려하고, 페이스북에서 보듯, 타자와의 상호작용 정도를 나타내는 지표를 통해 사회적 교호 관계를 계량화 하기도 한다. 페이스북의 에지랭크(EdgeRank) 알고리즘은 사회적 관 계의 물상화를 보여 주는 대표적인 사례다.

그림 6-6에서 보듯, 페이스북의 에지랭크 알고리즘은 친구 사이

의 상호작용 행위, 즉 객체 게시와 에지 행위에 의해 뉴스피드에 게시될 포스트의 인기도를 결정하는 알고리즘이다.[42] 객체는 페이스북에 게시되는 콘텐츠를, 에지는 포스트 등 객체에 대해 반응, 즉 좋아요, 댓글, 공유 등의 행위를 말하는데, 에지랭크, 즉 관계 점수는 특정 객체의 친밀성(affinity), 가중치(weight), 신선도(time decay) 등 세 요소에 의해 결정된다.[43] 이렇게 결정된 에지랭크라는 점수에 의해 뉴스피드에 제시되는 인기 글의 우선순위가 결정된다.

에지랭크 알고리즘이 의미하는 바는 세 가지로 요약될 수 있는데, 첫째는 인기 글이 사람인 '나'와 '너'에 의해 결정되는 것이 아니라 소셜 소프트웨어인 페이스북의 알고리즘에 의해 기술적으로 결정된다는 것이다. 둘째는 페이스북에 열심히 참여하고 소통하고 상호작용하는 개인이 가치 있고 생산적인 이용자이며, 에지랭크라는 계량화된 점수가 이용자의 가치를 나타내는 척도가 된다는 것이다. 셋째는, 이 점이 중요한데, 적극적으로 상호작용하지 않는 이용자는 페이스북에서 보이지 않게 된다는 점에서 에지랭크 알고리즘은 "비가시성의 위협(threat of invisibility)"[44]을 통해 이용자의 참여를 독려하는 규율 장치(disciplining apparatus)로 작용한다는 것이다.

6 '타임라인', 그리고 부재의 현전
─ 오리엔테이션의 상실

SNS와 같은 소셜 소프트웨어에 의한 '나', '너', 그리고 교호 관계의 기술적 규정은 일차적으로 시공간성의 심대한 변화를 초래한다. 시공간성에 주목하는 이유는 SNS가 지향하는 시간성과 공간성이 단순히 커뮤니케이션과 상호작용의 맥락으로만 기능하는 것이 아니라 그런 행위의 '내용'까지도 규정해 주기 때문이다. 그렇다면 SNS가 기술적인 인터페이스를 매개로 지향하는 시간성과 공간성은 무엇인가?

미디어는 원래 시공간적 매개, 즉 시간적 지연(delay)과 공간적 거리(distance)라는 한계를 전제한다. 책이나 편지, 그리고 전화 통화에서 전형적으로 보듯, 미디어를 매개로 상호작용하는 사람들은 시간적으로, 공간적으로 원초적인 거리를 경험할 수밖에 없다. 그러나 미디어는 이런 시공간적인 한계를 극복하고자 한다. 이를 우리는 '비매개에 대한 욕망'이라고 부를 수 있을 것이다. 미디어는 시간적으로는 실시간(real-time)의 경험을, 그리고 공간적으로 '가상적 공존'의 경험을 제공함으로써 비매개에 대한 욕망을 구현하고자 한다. 우리가 흔히 비매개(im-mediacy)를 '즉각' 또는 '바로 옆에'라고 이해하는 이유도 여기에 있다.[45]

이런 일상적 의미에서 보듯, 시간적 차원에서 SNS의 실시간성은 시간적 지연 없는, 즉 즉각적인 상호작용성을 의미한다. 대인 커뮤니케이션 미디어 중에서 편지나 쪽지와 같은 텍스트 미디어와 전화와 같은 전기적 미디어 사이의 차이는 비실시간과 실시간이라는 시간성에 있다. 채팅이나 SNS와 같은 미디어의 등장은 텍스트 미디어가 전화와 같이 시간적 지연이 없는 실시간성을 획득했음을 의미한다. 전자 우편이 전통적인 우편과 같은 지연적 미디어에서 벗어나 전화나 채팅과 같은 실시간 미디어로 사용되고 있음은 '우편' 또한 이런 경향을 따라 변화하고 있다는 것을 보여 준다. 현재 우리는 미디어 전통이 다른 채팅, SNS, 전자 우편을 대체 가능한 커뮤니케이션 채널로 사용하고 있다.

카카오톡이나 라인과 같은 인스턴트 메신저는 '인스턴트'란 명칭에서 보듯 말할 것도 없고, 페이스북이나 트위터와 같은 SNS도 전통적인 편지와 같은 비실시간 미디어에서 급속하게 실시간 미디어로 전환되고 있다. SNS가 실시간 미디어를 지향하고 있음은 이용 행태에 대한 관찰에서도 드러나지만, 이용자로 하여금 그렇게 사용하도록 독려하는 기술적 장치에서도 확인할 수 있다. 대부분의 SNS는 이용자 메일로 새로운 메시지 도착을 알려 주는 기능을 가지고 있고, 페이스북과 같은 서비스는 쪽지와 같은 메시지 전달 기능 이외에 채팅과 같은 실시간 커뮤니케이션 기능을 제공한다.

그러나 실시간성보다 SNS의 시간성을 규정하는 더 중요한 측면은 현재성이다. 페이스북이나 트위터의 '타임라인(Timeline)'이나 카카오톡의 대화 창 구성은 SNS의 현재성을 보여 주는 전형적인 아이콘이다. 두 서비스 모두 최신의 글만 보이고 오래된 글은 밀려서 보이지 않는다는 점에서 현재 지향적이다. 페이스북이나 트위터의 경우, 최신 글이 맨 위로 올라오면서 이전 글이 밑으로 사라지는 반면, 카카오톡과 같은 인스턴트 메신저의 경우는 최신의 글이 맨 밑으로 오고 이전 글은 위로 사라진다는 점에서 차이가 있다. 인스턴트 메신저의 경우 이전 글이 위로 올라가 휘발되어 사라진다는 점에서 페이스북이나 트위터의 타임라인보다 더 극단적으로 현재성이 구현되고 있다.

현재성은 이용자들 사이의 내적 시간 흐름을 동시화(synchronization)함으로써 성취된다. 일반적으로 동시화는 첫째 현재성을 지향하는 '시간 공동체(community of time)'에 참여함으로써, 둘째 시간적 노동 분업을 통해, 셋째 캘린더와 일정을 공유함으로써 성취된다.[46] 페이스북과 같은 SNS는 현재성을 지향하는 시간 공동체를 제공해 준다는 점에서, 그리고 이벤트 창출, 생일 공지 등과 같은 캘린더를 적극적으로 활용하도록 제시한다는 점에서, 그리고 가장 기본적으로는 '타임라인'이라는 축을 뉴스피드 구성의 핵심적인 양식으로 사용하고 있다는 점 등에서 현재성을 지향하는 시간 조정의 전형적인 소셜 소프트웨어로 간주될 수 있다.

슈티글러는 실시간과 현재성을 근간으로 하는 시간성의 메커니즘을 "통시체들의 동시화(synchronization of diachronies)"라고 규정하는데,[47] 이는 산업화 이후 등장한 글로벌 네트워크 사회의 전형적인 시간성이다. 그에 따르면, 이런 통시체들의 동시화는 단일한 시간성 속에 다양성을 근간으로 하는 역사성, 전통, 다원성이 소멸되어 획일화되는 탈역사화를 의미한다.

한편 비매개에 대한 욕망은 공간적 차원에서 '바로 옆에' 또는 '지금 여기(here-and-now)'에 대한 욕망으로, 미디어 경험 측면에서 '가상적 공존'의 구현으로 나타난다. 가상적 공존은 미디어 경험의 일반적인 특성이기도 한데, 미디어는 공간적으로 떨어져 있는 그 무엇 또는 어떤 사람과 함께한다는 환각을 느끼게 함으로써 이런 경험을 제공하고자 한다. 이런 경험은 실제로 함께하지는 않지만 함께한다는 경험을 미디어가 '가상적으로' 제공한다는 점에서 '부재의 현전(absent

SNS와 소셜리티의 위기

presence)'이라고 할 수 있다.

가상현실 연구는 이런 '부재의 현전'을 '원격현전(telepresence)'이라는 용어로 개념화한다. 원격현전은 "커뮤니케이션 미디어에 의해 어떤 환경 속에 실재하고 있음을 경험하게 되는 것"이다.[48] 이런 점에서 정도 차이는 있지만 미디어는 모두 원격현전을 제공한다고 할 수 있다. 소설을 읽을 때나 친구가 보낸 편지를 읽을 때 우리는 소설이나 편지 속에 묘사된 장소에 가 있다고 느낄 수 있다. 그렇다면 페이스북, 트위터와 같은 SNS는 다른 미디어와 비교해 비매개에 대한 욕망, 특히 원격현전의 구현 측면에서 어떠한 특성을 가지고 있는가?

일반적으로 원격현전의 개념은 다양한 하위 요소들을 포함하고 있다.[49] 첫째는 교호적 풍부함(social richness)으로, 이는 미디어별로 사교적이거나 따뜻하거나 친밀하다고 느끼는 정도를 의미하는데, SNS를 포함해 컴퓨터 매개 커뮤니케이션(computer mediated communication, CMC)은 교호적 풍부함이 부족하다고 지적되고 있다. 둘째는 현실감(realism)으로, 이는 미디어가 얼마만큼 실재한 대상, 사건, 사람 등을 실재하는 것처럼 표상해 낼 수 있는가를 의미하는데, 컴퓨터 매개 커뮤니케이션은 지각적 현실감은 떨어지나 사회적 현실감은 높다고 할 수 있다. 셋째는 이전(transportation)으로서의 현전으로, 미디어는 이용자에게 다른 어떤 곳에 존재하는 듯한 느낌을 줄 수 있다. 가상현실이나 채팅 룸은 이런 경험을 강하게 제공하는 것으로 평가된다. 넷째는 몰입(immersion)으로서의 현전으로, 미디어에 의해 가상 환경 속에 빠져들어 있다는 느낌을 갖게 되는 것을 말한다. 몰입형 가상현실은 이의 전형적인 사례다. 다섯째는 미디어 내 사회적 행위자(social actor)로서의 현전으로, 미디어 속의 인물이나 대상과 상호작용을 하는 것처럼 느끼게 되는 경우를 말한다. 전통적 TV의 인물, 컴퓨터 게임 캐릭터, 채팅 룸의 아바타는 이런 상호작용의 대상이다. 마지막으로 여섯째는 미디어 자체가 사회적 행위자가 되는 경우로서, 최근 HCI 기술의 발전은 이런 경험을 확대하고 있다. SNS와 같은 소셜 소프트웨어도 이런 여러 속성들을 가지고 있지만, 교호적 풍부함이나 지각적 현실감, 그리고 지각적 몰입감은 떨어지는 것으로 평가되고 있다.

이런 한계를 SNS는 다른 요소들을 강화함으로써 극복하고자 한다. 구체적으로 이전으로서의 원격현전은 '여기에 있다는 느낌(sense of being here)', '그곳에 있다는 느낌(sense of being there)', '함께한다는 느낌(sense of being together)'을 의미하는데, 페이스북과 같은 SNS는 '그곳에 있다는 느낌'과 '함께한다는 느낌'을 강하게 제공함으로써 특유의 현전감을 제공하고자 한다. 페이스북이라는 '장소'를 방문함으로써, 그리고 다른 이용자들과의 함께 이야기를 나눔으로써 이를 구현하고자 하는 것이다.

특히 우리가 주목할 점은 공간 은유(spatial metaphor)를 통해 현전감을 구현하고자 한다는 것인데, 이는 '가상적 공존'의 필수적인 요소인 것으로 보인다. 컴퓨터 인터페이스에서 은유란 친숙하지 않은 대상을 친숙한 사물이나 관념과 연결하여 그 대상에 대한 이해를 높이고자 하는 장치로서, 공간적 개념이나 사물을 활용할 경우 이를 공간 은유라 부른다.[50] 공간 은유의 대표적인 사례는 가상 박물관이나 미술관, 채팅 룸, 항해와 서핑 등으로, 실제 공간에 대한 인식이 이런 정보 공간으로 전이되어 이용자는 추상적인 정보 공간을 구체적인 '장소'로 느끼게 된다. 예를 들어, 페이스북은 채팅 룸과 같은 대화나 상호작용의 장소로, 음악이나 동영상을 감상하는 장소로 인식되고 있다. 이런 기제를 통해 SNS와 같은 소셜 소프트웨어는 가상적 공존 또는 '부재의 현전'을 구현하고자 하는 것이다. 이는 다름 아닌 공간적 차원에서 이루어지는 비매개에 대한 욕망의 구현이다.

그렇다면 SNS와 같은 소셜 소프트웨어가 시간적, 공간적 차원에서 구현하고자 하는 비매개에 대한 욕망, 즉 실시간과 현재성, 그리고 가상적 공존이 의미하는 바는 무엇인가? 그것은 다름 아닌 '시공간적 오리엔테이션의 상실(disorientation)'이다. 슈티글러는 모든 정보나 지식 체계를 "항해(navigation)"[51] 체계 속으로 통합하는 네트워크 테크놀로지의 발전이 시간성(calendirity)과 공간성(cardinality) 차원에서의 오리엔테이션 상실을 가져오고 이는 사유(thought) 및 차별화(differentiation) 능력의 저하라는 현대 사회의 병리(malaise)를 야기한다고 지적한다.[52]

7 네트워크 중심주의를 넘어

그렇다면 이제까지 논의한 '나', '너', 그리고 그 사이의 교호 과정, 나아가 시공간성에 대한 SNS와 같은 소셜 소프트웨어의 기술적 규정이 가지는 의미는 무엇인가? 그 기저에는 네트워크를 '주어진 것' 또는 이상적인 것으로 간주하는 '네트워크 중심주의'가 깔려 있다.

메히아스(Ulises Ali Mejias)는 이와 같은 네트워크 중심주의를 "노드중심주의(nodocentrism)"라는 개념을 통해 비판하는데, 그에 따르면 노드중심주의의 핵심은 두 가지로 요약된다.[53] 첫째, "모든 것은 네트워크에 추가될 수 있는 잠재적인 노드"라는 것이다. 예를 들어, 유비쿼터스 컴퓨팅(ubiquitous computing)이나 소셜 소프트웨어는 네트워크 밖에 있는 요소들을 네트워크 내부로 끌어들여 접근 가능한 것으로 만들려는 서비스로 간주될 수 있다. 둘째, "그 어떤 것이 네트워크 안에 있다면 실재의 한 부분인 반면, 그 밖에 있다면 존재하지 않는 것으로 간주"된다는 것이다. 즉 네트워크는 네트워크 안에 있는 것만 볼 수 있고 설명할 수 있다. 이 두 가지는 네트워크에 대한 노드중심주의적 관점의 존재론과 인식론을 각각 의미한다.[54]

네트워크 중심주의 또는 노드중심주의라는 비판적 개념이 시사하는 바는 무엇인가? 노드중심주의는 네트워크에의 포함(inclusion)과 배제(exclusion)를 네트워크 요소들을 판단하는 기준으로 삼는다는 점에서 정치적이다. 나아가 노드중심주의는 네트워크의 일원으로 참여하는 것이 진보(progress)이며 발전이라는 이데올로기를 드러낸다. 이런 점에서, 예를 들어 디지털 격차 해소와 같은 정책은 사회 구성원 모두의 네트워크 참여를 목표로 하면서 네트워크의 참여가 정상적이며 이상적인 것으로 주장하는 것이다. 과연 네트워크에의 참여가 정상적이고 이상적인가?[55] 이런 점에서 노드중심주의를 근간으로 하는 SNS는 강제적(coercive)이다.

여기서 주목할 점은 '강제적/강제된 교호'를 근간으로 하는 SNS가

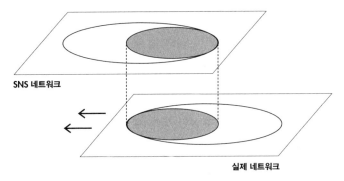

SNS 네트워크

실제 네트워크

그림 6-7 교호의 탈구

이른바 '교호의 탈구'를 야기한다는 것이다. 교호의 위기는 바로 교호의 탈구에 있다. 여기서 교호의 탈구는 실제 교호 네트워크와 기술적으로 규정되는 SNS에서의 교호 네트워크 사이의 괴리를 말한다. 그런데 문제는 양 네트워크 사이의 괴리에 머물지 않고 SNS가 실제 네트워크를 SNS의 기술적 네트워크로 끌어들이려 한다는 것이다. 하버마스의 용어를 빌리면, 교호의 탈구는 SNS에 의한 사회적 교호의 "식민화(colonization)"라 표현할 수도 있을 것이다.

이것이 바로 이 글이 이제까지 논의한 '소셜의 소프트웨어화'가 의미하는 바다. '나'의 계량적 지표화, 친구의 기술적 범주화와 기술적 규정(친구 추천 알고리즘), 스펙터클의 대상이 되는 미시-이벤트화, 교호 관계의 기술적 규정(친구 관계 알고리즘), 나아가 현재성 및 실시간성의 지향과 가상적 현존이라는 비매개의 욕망 구현 등은 '교호의 탈구'를 야기하는 소셜 소프트웨어의 구체적인 기제들이다.

교호의 탈구는 노출증, 관음증, 나르시시즘이라는 병리를 활용하는, 그리고 그런 병리를 깊게 하는 과정이기도 하다. 이런 과정에서 타자에 대한 염려를 근간으로 하는 대화, 그리고 이에 기초한 공동체적 삶의 여지는 시공간적인 오리엔테이션의 상실 속에 축소되어 갈 수밖에 없다. 역사성, 전통, 다원성이 기술적 획일화 속에서 실종되고 사회 심리적 병리와 방향 감각 상실이 팽배해 가는 상황에서 SNS를 '주어진 것'으로 보고 그것에 정치 영역, 그리고 언론으로서의 역할을 기대하는 것은 근거 없는 기술 낙관론에 다름 아니다. 탈구된 교호, 그리고 병리에 대한 처방, 즉 파르마콘(pharmakon)이 필요하다! 우리 시대의 파르마콘은 무엇인가?

주

머리말

1 '문화의 안과 밖'을 '정신의 자기 소외' 또는 '정신의 외표화'라는 말로 이해할 수 있을지
에 대해 조심스럽게 생각해 볼 수 있을지 모른다. 조심스럽다는 이유는, 정신과 그것을
외양적으로 표현하고 있는 사회적 제도들(예컨대 가족, 시민 사회, 국가, 나아가서는 외
양적 문화 등)의 구분은 헤겔이 『정신현상학』의 '자기 소외된 정신(Der sich entfremdete
Geist)'이라는 제목의 글에서 논하는 의식 형태의 구조와는 서로 같은 것이 아니기 때
문이다.(G. W. F. Hegel, *Phenomenology of Spirit*, A. V. Miller (trans.) (Oxford
University Press, 1977), (BB) Spirit, VI. Spirit, B. Self—alienated Spirit, Culture, pp.
294~327 참조) 위의 글에서 헤겔은 "자기의식의 소외(Entfremdung)" 내지 "외표화
(Entässerung)"라는 말을 사용한다. 바꾸어 말하면, '자기의식의 소외'에 대해 그 정신
과 그 정신의 자기 소외, 우리 글의 주제와 관련해서 넓은 의미에서 말한다면 정신이 살
아 움직이는 '문화의 안'과 그 문화의 밖으로서 문화의 사회적 내지 제도적 표현이라
는 '문화의 밖'으로 이해할 수 있는 것이 가능하지 않을까 하는 생각이다. 김우창 교수
가 말하는 '문화의 안과 밖'을 헤겔의 정신의 자기 소외에 비유해서 이해하는 데 영감
을 준 문헌으로는 Michael O. Hardimon, *Hegel's Social Philosophy: The Project
of Reconciliation*(Cambridge University Press, 1994) 참조. 이 책의 중심 주제는 정
신과 그 외양적 표현으로서의 사회 제도 사이에 형성, 발전된 긴장이나 갈등을 조화
(Versönung/reconciliation)시키는 것이 헤겔 사회철학의 핵심이라는 것이다.

2 Max Weber, *The Protestant Ethic and the "Spirit" of Capitalism and Other
Writings*, Peter Baehr and Gordon C. Wells (trans.) (Penguin Books, 2002), pp.
120~121.

3 베버의 관점을 두 개의 모순적인 윤리로 이해한 것에 대해서는 Steven B. Smith,
Political Philosophy(Yale University Press, 2012), p. 175 참조.

4 Immanuel Kant, *Critique of Practical Reason*, Werner S. Pluhar (trans.) (Hackett Publishing Company, Inc., 2002), p. 203.

1 객관성, 가치와 정신

1 이 글에서는 카로사의 시 Abendlädische Elegie를 '서양의 비가', 그리고 보다 시적인 표현으로 '해 지는 땅의 비가' 두 가지로 번역했다. Hans Carossa, *Gedichte bis 1940*, Sämtliche Werke I(Frankfurt am Main: Insel-Verlag, 1962).

2 독일어의 Wissenschaft가 학문을 의미할 수도 있고 과학을 의미할 수도 있다는 것은 알려진 바와 같다. 여기에서는 맥락에 따라서 '학문' 또는 '과학'을 선택하여 쓰기로 한다.

3 Max Weber, "Science as a Vocation", *From Max Weber: Essays in Sociology*, H. Gerth and C. Wright Mills (trans.) (New York: Oxford University Press, 1967), pp. 145~147.

4 Ibid., pp. 134~135.

5 Ibid., pp. 150~152.

6 Max Weber, "Politics as a Vocation", *From Max Weber: Essays in Sociology*, p. 127.

7 Max Weber, "Science as a Vocation", p. 148.

8 Ibid., p. 118.

9 Erik H. Erikson, *Young Man Luther: A Study in Psychoanalysis and History*(New York: Norton, 1962), p. 231.

10 Erik H. Erikson, *Gandhi's Truth: On the Origins of Militant Nonviolence*(New York: Norton, 1967), pp. 396~397.

11 Max Weber, "'Objectivity' in Social Science and Social Policy", *The Methodology of the Social Sciences*(New York: The Free Press, 1949), p. 112.

12 Hannah Arendt, *On Revolutiton*(New York: Viking Press, 1965), p. 133.

13 Max Weber, "Science as a Vocation", pp. 155~156.

14 여기의 번역은 앞의 본문에서 인용한 것과 반드시 일치하지 않는다. 전후 맥락에 따라 번역을 달리하였다.

2 작은 일과 큰일 사이

1   Blaise Pascal, *Pensees*, A. J. Krailsheimer (trans.) (London: Penguin Books, 1995), p.209.

2   Ibid., p.206.

3   T. S. Eliot, *Christianity and Culture*(New York: Harcourt, 1948), p. 91.

4   Paul Nizan, *Aden, Arabie*, Joan Pinkham (trans.) (Boston: Beacon Press, 1968), p.27.

5   1980년대 이른바 학생 운동권의 후일담을 다룬 소설들이 꽤 많이 나와 있다. 최윤의 「회색 눈사람」처럼 일정한 거리를 두고 당시를 냉정하게 비판적으로 바라본 경우는 극히 예외적이다. 가령 작가적 역량이 탄탄하다고 생각되는 김인숙의 작품들은 감상적 회고에 함몰되지 않고 있지만 당시의 열정에 대한 향수를 드러내면서 성숙한 중년이 마땅히 가지고 있어야 할 비판적 거리는 유지하지 못하고 있는 것이 특징이요 한계이다. 당시를 미화하거나 적어도 아쉬워하는 회고적 낭만주의가 그 세대 작가와 작품의 주류가 아닌가 생각된다.

6   Lester R. Brown, *Plan B 2.0: Rescuing a Planet Under Stress and a Civilization in Trouble*(New York: W.W. Norton & Co., 2006), p.148.

7   Lester C. Thurow, *The Future of Capitalism*(New York: Penguin Books, 1996), p.107.

8   Francis Bacon, *The Essays*(New York: Penguin Books, 1969), p.187.

9   Eric Hobsbawm, *On the Edge of the New Century*, Allan Cameron (trans.) (New York: New Press, 2000), p.154.

10   E. H. Carr, *What is History?*(Harmondsworth: Penguin Books, 1964), p. 71.

11   Tony Judt, *Reappraisals: Reflections on the Forgotten Twentieth Century*(New York: Penguin Books, 2008), p. 210.

12   フランソワ・フュレ, 大津眞作 譯, 『フランス革命を考える』(岩波書店, 2000), p.129.

13   Daniel A. Bell, *China's New Confucianism*(Princeton: Princeton University Press, 2008), pp. ix~xxi 참조. 페이퍼백 판에 붙인 서문의 요약임.

3 참여의 조건과 소명으로서의 사회과학

1   Dankwart A. Rustow, "Transitions to Democracy: Toward a Dynamic Model" (1970), Lisa Anderson (ed.), *Transitions to Democracy*(Columbia University Press, 1999), pp. 14~41.

2   Craig Calhoun, "Introduction: Habermas and the Public Sphere", Craig Calhoun (ed.), *Habermas and the Public Sphere*(The MIT Press, 1999), p. 9.

3   Theodore J. Lowi, "The State in Political Science: How We Become What We Study", *American Poliltical Science Review*, Vol. 86, no. 1(March 1992).

4   Alexis de Tocqueville, *Democracy in America*, Harvey C. Mansfield and Delba Winthrop (trans.) (University of Chicago Press, 2000), I. i. 5.

5   Wolfgang J. Mommsen, "Max Weber on Bureaucracy and Bureaucratization: Threat to Liberty and Instrument of Creative Action", *The Political and Social Theory of Max Weber*(University of Chicago Press, 1989), pp. 109~120.

6   Philippe C. Schmitter, "The Future of 'Real-Existing' Democracy"(2008, unpublished ms.), http://www.eui.eu/DepartmentsAndCentres/PoliticalAnd SocialSciences/People/Professors/Schmitter.aspx 이 개념은 이상적으로 정의되는 민주주의와 달리, 현실에서 경험적으로 실천되고 있는 민주주의를 말한다. 슈미터에 앞서 그와 비슷한 뜻에서 민주주의를 정의한 것으로는 로버트 달의 "다원적 민주주의(polyarchy)"가 있다.

7   처칠은 (1947년 11월 11일 '의회법안'을 위한 The House of Commons에서의 연설에서) 이렇게 논평했다. "Democracy is the worst form of government, except all those other forms that have been tried from time to time." 이 말이 의미하는 것은 민주주의는 우리 모두가 받아들이지 않으면 안 되는 정치적 평등, 선거 같은 기본 원칙들을 구현하는 체제라고 주장하기 때문에 정당화될 수 있지만, 그것을 실제로 실천할 때 나타나는 많은 결함에 대해서는 무시해 버릴 수밖에 없다는 것이다.

8   Theodore J. Lowi, op. cit.

9   Theodore J. Lowi, "Public Intellectuals and the Public Interest: Toward a Politics of Political Science as a Calling", *Political Science & Politics*, Vol. 43, no. 4(October 2010), pp. 675~681.

10 '목적 윤리'와 '책임 윤리'는 Max Weber, *The Vocation Lectures: "Science as a*

Vocation", "*Politics as a Vocation*", David Owen and Tracy B. Strong (eds.) (Hackett Publishing Co, Inc., 2004) 중 "Politics as a Vocation"의 중심 개념이다. 좀 더 쉽게 이해하기 위해서는 막스 베버, 최장집 엮음, 박상훈 옮김, 『막스 베버, 소명으로서의 정치』(폴리테이아, 2011), 82~98쪽을 참조할 수 있다. 목적 윤리는 한 정치 행위자가 이념이나 가치, 대의나 이데올로기와 같은 내면적 신념을 가짐으로써 자신의 윤리적 목적을 만족시키려 할 때의 신념 내지 목적의 윤리를 말하는 것이다. 반면 책임 윤리는 행위자가 자신의 행위가 가져올 수 있는 결과를 상상하고, 그가 원래 바라는 목표와 관련해 그것이 어떤 결과를 가져올 수 있을 것인가를 생각하는 판단력, 사려 깊음을 뜻한다.

11   Max Weber, Ibid.

12   Wilhelm Hennis, "The Meaning of 'Wertfreiheit': On the Backgroud of Max Weber's 'Postulate'", *Sociological Theory*, Vol. 12, no. 2(1994), pp. 113~125.

13   Karl Jaspers, *On Max Weber*, John Dreijmanis (ed.) (Paragon House, 1989), p. 90; Ralf Dahrendorf, *Essays in the Theory of Society*(Stanford University Press, 1968), pp. 17~18.

14   Max Weber, *The Protestant Ethic and the Spirit of Capitalism*, Talcott Parsons (trans.) (Charles Scribner's Sons, 1958), p. 182.

15   Gianfranco Pasquino, "Giovanni Sartori: Democracy, Parties, Institutions", Donatella Campus and Gianfranco Pasquino (eds.), *Masters of Political Science*(the ECPR Press, 2009), p. 30. 파레토와 달의 말은 위 문헌에서 재인용.

16   아리스토텔레스는 그의 『정치학』 3권에서 철학자−학자가 정치 공동체에서 심판관이 되어야 한다고 말한다. Aristotle, *The Politics and the Constitution of Athens*, Stephen Everson (ed.) (Cambridge University Press, 1996), Book III, Ch. 9, pp. 73~75. 여기에서 아리스토텔레스는 시민들이 자신들의 특수 이익, 부분 이익에 몰입하여 각기 그것을 주장할 때, 정치철학자, 정치학자는 이를 중재하는 역할을 해야 한다고 말한다. 당파성을 갖는 시민들은 한편으로는 편파적이고 자기 이익을 추구하지만, 잠재적으로 시민적 선에 대해 더 정의로운 인식에 열려 있기 때문에 중재자 내지 심판관의 역할을 갖는 것은 가능하다.

17   여기에서 "최고의 체제"는 플라톤적 의미에서가 아니라, 아리스토텔레스적 의미로 사용된다. 아리스토텔레스는 앞의 책, Book V, Book VII에서 이상으로서 최선의 체제를 논한다. 현실에서 할 수 있는 최선의 체제에 대해서는 특히 Book V, Ch. 9, pp. 138~139를 참조.

18 아리스토텔레스의 phronesis라는 말은 "실천적 지혜" 또는 "절제", 영어로는 보통 prudence 또는 practical wisdom으로 번역되고 있다. 이 말은 『니코마코스 윤리학』에서 중요한 개념으로 사용된다. Aristotle, *Nicomachean Ethics*, 2nd ed., Terence Irwin (trans.) (Hackett Publishing Co., 1999), pp. 89~90, 1140a25~1140b25를 비롯해서 그 밖에 여러 곳에서 사용된다. 그의 정의에 의하면 "실천적 지혜는 한 인간을 위해 좋고 나쁜 것에 관한 행위와 관련하여 진실을 포착하는 이성을 포함한 하나의 상태"이다. 그것은 과학적 이성도 아니고 기술적 지식도 아닌 덕을 의미한다. 또 절제의 덕은 중요한 요소이다.

19 아리스토텔레스의 "실천적 지혜"의 개념을 정치학에 적용한 것으로, 덴마크의 정치학자이자 도시계획학자인 Bent Flyvbjerg, *Making Social Science Matter*(Cambridge University Press, 2001)를 참조할 수 있다.

20 심판관의 의미는 Gianfranco Pasquino, op. cit. 참조. 운동 경기의 레퍼리는 좋은 사례이다. 예컨대 축구 경기에 비유한다면, 그는 뛰어다니면서 선수들을 따라다니기 때문에 운동선수들의 플레이를 상세한 부분까지 가장 가까이에서 관찰한다. 그렇지만 그는 어느 한 팀을 위해 공을 차는 선수는 아니다.

4 한국경제와 공공영역

1 이 글의 초고를 읽고 유익한 논평을 해 주신 두 분의 지정 토론자 이창곤 한겨레사회정책연구소장, 홍헌호 시민경제사회연구소장, 그리고 김우창, 유종호 명예교수에게 감사를 드린다.

2 존 갤브레이스, 노택선 옮김, 『풍요한 사회』(한국경제신문사, 2006), 11쪽.

3 나성린 · 이영, 「한국의 적정 조세 부담률」, 한국재정학회, 《재정논집》 8권 1호(2003).

4 박형수, 「조세 부담률의 국제 비교 및 적정 수준 분석」, 《재정포럼》 10권 6호(2004).

5 박능후, 「사회 복지 재정의 적정성에 관한 연구」, 《사회복지연구》 19호(2002년 봄호).

6 박능후 · 최현수 · 이승경, 『중장기 사회 보장비 적정 규모 분석』(한국보건사회연구원, 2000).

7 앞의 책.

8 남상호 · 최병호, 「국민 부담과 복지 재정 지출 수준의 적정성에 관한 연구」, 한국재정학회 학술 발표회 발제 논문(2008. 3. 12).

9   OECD, *Growing Unequal?: Income Distribution and Poverty in OECD Countries*(2008).

10   Anthony B. Atkinson, "Increased Income Inequality in OECD Countries and the Redistributive Impact of the Government Budget", Giovani Andrea Cornia (ed.), Inequality, *Growth and Poverty in an Era of Liberalization and Globalization*(New-York: UNU/WIDER, 2005).

11   Francis G. Castles, "A Race to the Bottom?", Christopher Pierson and Francis G. Castles (eds.), *The Welfare State Reader*, 2nd ed.(Polity, 2006).

12   World Bank, *World Development Indicators*(2013).

13   공은배 · 천세영, 「한국의 교육비 수준」(한국교육개발연구원, 1990).

14   World Bank, *World Developpment Report*(1992).

15   몇 년 전 한국의 어느 텔레비전 방송에서 파리와 서울의 고등학교 3학년 교실을 동시에 비춰 준 적이 있다. 등교 시간은 한국이 훨씬 빠르지만 등교 후 한국 학생들은 대부분 책상에 엎드려 잠을 자는 데 비해, 프랑스 학생들은 말똥말똥 열심히 수업을 듣는 것이 인상적이었다.

16   김순남 외, 「사교육 진단 및 대책(1)」(한국교육개발원, 2010).

17   이상이 · 김창보 · 박형근 · 윤태호 · 정백근 · 김철웅, 「의료 민영화 논쟁과 한국 의료의 미래」(밈, 2008).

18   Harold L. Wilensky, *Rich Democracies: Political Economy, Public Policy, and Performance*(University of California Press, 2002).

19   국토교통부 관료들의 노후 고액 연봉 일자리 마련이란 또 하나의 이유가 있기는 하다. 그러나 철도 민영화이건 관료들 낙하산 인사이건 국민에게 인기가 없고, 설득력이 없긴 매한가지다.

5 다원 민주주의와 정치 규범

1   Thucydides, *The Peloponnesian War*(Penguin, 1972), p. 147.

2   Aristotle, *The Politics*(Cambridge University Press, 1988), p. 3.

3   David Easton, *A Systems Analysis of Political Life*(John Wiley & Sons, 1965), p. 21; Harold D. Lasswell, *Politics: Who Gets What, When, How*(Meridian Press,

1958).

4   헤라르도 뭉크 · 리처드 스나이더, 정치학강독모임 옮김, 『그들은 어떻게 최고의 정치학
    자가 되었나 1~3』(후마니타스, 2012).

5   최장집, 「학문의 중립성과 참여: 참여의 조건과 소명으로서의 사회과학」, 네이버 열린연
    단: 문화의 안과 밖 강의 발표문(2014. 2. 8).

6   플라톤, 천병희 옮김, 『국가』(숲, 2013); 셸던 월린, 강정인 · 공진성 · 이지윤 옮김, 『정치
    와 비전 1』(후마니타스, 2007), 66~125쪽.

7   위르겐 하버마스, 홍윤기 옮김, 『의사소통의 철학』(민음사, 2004); 위르겐 하버마스, 한
    승완 옮김, 『공론장의 구조 변동』(나남, 2001).

8   막스 베버, 최장집 엮음, 박상훈 옮김, 『막스 베버, 소명으로서의 정치』(폴리테이아,
    2011), 111쪽.

9   Thomas Hobbes, *Leviathan*, C. B. Macpherson (ed.) (Penguin, 1968), p. 161, 한국
    어판으로는 토마스 홉스, 진석용 옮김, 『리바이어던』(나남, 2008).

10 로널드 드워킨, 홍한별 옮김, 『민주주의는 가능한가』(문학과지성사, 2012).

11 Alexander Hamilton, James Madison and John Jay, *The Federalist Papers*(A
    Mentor Book, 1999), p. 290.

12 Plato, *Protagoras*(Cambridge University Press, 2008), pp. 321~325. 셸던 월린,
    앞의 책, 38~39쪽에서 재인용.

13 데이비드 헬드, 박찬표 옮김, 『민주주의의 모델들』(후마니타스, 2010), 3장 참조.

14 갈등과 파당을 둘러싼 철학자들의 이해가 근대로 전환되면서 어떻게 달라졌는가를 다룬
    가장 포괄적인 시도에 대해서는 지오바니 사르토리, 정헌주 옮김, 『정당과 정당 체제』(후
    마니타스, 근간), 1장 참조.

15 Steven B. Smith, *Political Philosophy*(Yale University Press, 2012), p. 9.

16 Alexander Hamilton, James Madison and John Jay, op. cit, p. 290.

17 아리스토텔레스, 천병희 옮김, 『정치학』(숲, 2009), 140~145쪽.

18 막스 베버, 앞의 책, 196~223쪽.

19 앞의 책, 224쪽.

20 니콜로 마키아벨리, 최장집 엮음, 박상훈 옮김, 『니콜로 마키아벨리, 군주론』(후마니타스,
    2014).

21 막스 베버, 앞의 책, 114쪽.

22 앞의 책, 227쪽.

23 박상훈, 『민주주의의 재발견』(후마니타스, 2013), 10장 참조.

24 제퍼슨을 포함해 현대 민주주의의 특징에 주목한 사람들에 대한 논의는 E. E. Schattschneider, The Semi-sovereign People(Harcourt Brace Jovanovich College Publishers, 1960), pp. 126~139, 한국어판은 E. E. 샤츠슈나이더, 현재호 · 박수형 옮김, 『절반의 인민 주권』(후마니타스, 2009) 참조.

25 로버트 달, 조기제 옮김, 『민주주의와 그 비판자들』(문학과지성사, 1999) 1장과 2장; 데이비드 헬드, 앞의 책, 1장; 버나드 마넹, 곽준혁 옮김, 『선거는 민주적인가: 현대 대의 민주주의의 원칙에 대한 비판적 고찰』(후마니타스, 2004), 1장 참조.

26 미헬스에 대한 막스 베버의 비판에 대해서는 데이비드 헬드, 앞의 책, 263쪽 참조. 미헬스가 민주주의에 대한 기초적인 실수를 했다는 로버트 A. 달의 주장에 대해서는 Robert A. Dahl, After the Revolution?: Authority in a good society(revised)(Yale University Press, 1990) 참조. 이를 국내에 소개한 논의에 대해서는 최장집, 「민주적 권위의 기초」, 《경향신문》(2013년 1월 28일)을 참조할 것.

27 숙의 민주주의에 대해서는 데이비드 헬드, 앞의 책, 9장 참조.

6 SNS와 소셜리티의 위기

1 이재현, 『SNS의 열 가지 얼굴』(서울: 커뮤니케이션북스, 2013).

2 Lev Manovich, Software Takes Command(New York & London: Bloomsbury, 2013), 레프 마노비치, 이재현 옮김, 『소프트웨어가 명령한다』(서울: 커뮤니케이션북스, 2014).

3 "메타미디엄"이라는 용어는 원래 제록스 PARC의 앨런 케이와 아델 골드버그가 1970년대 개인용 컴퓨터를 개발하고 그 비전을 구상하며 고안한 것으로(Alan Kay and Adele Goldberg, "Personal Dynamic Media", Computer, Vol. 10, no. 3(1977), pp. 31~41) 마노비치가 "소프트웨어화"라는 개념을 발전시키며 발굴해 냈다.

4 Lev Manovich, op. cit, p. 21.

5 Ibid., p. 27.

6 Nick Couldry, "Mediatization or Mediation?: Alternative Understandings of the Emergent Space of Digital Storytelling", New Media & Society, Vol. 10, no. 3(2008), pp. 373~391.

7   Silvain Auroux, *La révolution technologique de la grammatisation: Introduction à l'histoire des sciences du language*(Lièe Mardaga, 1994).

8   Bernard Stiegler, *Technics and Time 3: Cinematic Time and the Question of Malaise*, S. Barker (trans.) (California: Stanford Univerity Press, 2011), Original work published in 2001.

9   Jacques Derrida, *De la grammatologie*(Paris: Minuit, 1967).

10 Martin Buber, *Ich und Du*(Darmstadt: Wissenschaftliche Buchgesellschaft, 1923).

11 이재현, 「빅데이터와 사회과학: 인식론적, 방법론적 문제들」, 《커뮤니케이션 이론》 9권 3호(2013), 127~165쪽 참조.

12 Duncan J. Watts and Peter Sheridan Dodds, "Influentials, Networks, and Public Opinion Formation", *Journal of Consumer Research*, Vol. 34, no. 4(2007), pp. 441~458.

13 이재현, 『인터넷과 사이버사회』(서울: 커뮤니케이션북스, 2000), 147~161쪽.

14 Nicholas Carr, *The Shallows: What the Internet Is Doing to Our Brains*(New York & London: W.W. Norton, 2011).

15 Mikhail Bakhtin, *Art and Answerability: Early Philosophical Essays*, V. Liapunov (trans.) (Texas: University of Texas Press, 1990).

16 M. Deanya Lattimore, "Facebook as an Excess of Seeing", D. E. Wittkower (ed.), *Facebook and Philosophy: What's on Your Mind?*(Chicago: Open Court, 2010), pp. 181~182.

17 위키피디아가 소개하는 그 구절은 다음과 같다. "사람들이 축제에 참가하기 위해 부바스티스로 여행을 가는데, 다음은 그 사람들이 행한 일이다. 사람들이 태운 배는 모두 남녀로 꽉 차 있었다. 항해 내내 여자들 일부는 딱따기를 치고 남자들 일부는 피리를 불었다. 나머지 남자와 여자는 노래를 부르거나 박수를 쳤다. 여행 중에 목적지가 아닌 한 곳에 이르렀는데, 이들은 강의 둑 가까이 배를 댔다. 여자 일부는 내가 묘사한 바와 같이 하던 놀이를 계속했지만, 다른 이들은 그곳 여자들을 비웃는 소리를 하거나, 자신의 옷을 걷어 올리고 춤을 추었다. 그곳 사람들은 이런 대접을 받았다."(Wikipedia, "Exhibitionism" (2014), Online Available: http://en.wikipedia.org/wiki/Exhibitionism)

18 그리스 신화의 나르키소스는 자신만을 사랑해 자신을 사랑하는 여인들에게 눈길조차 주지 않는다. 이에 화가 난 복수의 여신 네메시스는 나르키소스를 유혹해 호수에 비친 자신의 모습에 빠져들게 한다. 자신을 사랑하게 된 나르키소스는 하염없이 물에 비친 자신의

모습만을 쳐다보다 물에 빠져 죽고 만다. 그 자리에 핀 꽃이 수선화다.

19 Robin Dunbar, *Grooming, Gossip and the Evolution of Language*(London: Faber & Faber, 1996).

20 Robin Dunbar, "Networking Past and Present", *Cliodynamics*, Vol. 3, no. 2(2012), pp. 344~349.

21 Robin Dunbar, "How Many 'Friends' Can You Really Have?", *IEEE Spectrum*, Vol. 48, no. 6(2001), pp. 81~83.

22 Statistic Brain, "Facebook Statistics"(2014). Online Available: http://www.statisticbrain.com/facebook-statistics/

23 Robin Dunbar, "Networking Past and Present".

24 오세욱 · 이재현, 「소프트웨어 '페이스북'의 알고리즘 분석: 행위자 네트워크 관점」, 《언론과 사회》 21권 1호(2013), 136~183쪽.

25 친구 찾기 및 추천 알고리즘의 기본 원리는 다음과 같다. "예를 들어, 같은 중학교를 졸업한 (가), (나), (다)의 세 사람이 있다고 할 경우 (가)와 (나), (나)와 (다)가 페이스북 친구라면 (가)에게 (다)를, (다)에게 (가)를 친구로 추천하는 방식이다. 추천 과정에서 '함께 아는 친구 1명'이라는 내용이 추가된다. (가)를 추천받은 (다)가 (가)를 친구로 등록하면, (나)와 (다)의 다른 친구 (라)가 (가)에게 추천된다. 이때 (라)는 (가)가 전혀 모르는 사람일 수 있지만, (가)에게 '함께 아는 친구 2명'이라는 내용과 함께 친구로 추천된다. 이러한 방식으로 친구 관계를 확장해 가도록 유도한다. 오프라인에서라면 (가)와 (라)가 만나는 일은 (다)의 직접적 만남 주선 없이는 불가능하지만, 페이스북 친구 찾기 알고리즘은 쉽게 친구로 추천한다."(앞의 글, 165쪽)

26 Stanley Milgram, "The Small World Problem", *Psychology Today*, no. 1(1967), pp. 61~67.

27 Duncan J. Watts and Steven H. Strogatz, "Collective Dynamics of 'Small-World' Networks", *Nature*, no. 393(1998), pp. 440~442.

28 Lars Backstrom et al., "Four Degrees of Separation"(2011), Arxiv preprint arXiv: 1111.4570, Online Available: http://arxiv.org/abs/1111.4570v3

29 오세욱 · 이재현, 앞의 글.

30 Kevin D. Haggerty and Richard V. Ericson, "The Surveillant Assemblage", *The British Journal of Sociology*, Vol. 51, no. 4(2000), pp. 605~622.

31 Maurice Hamington, "Care Ethics, Friendship, and Facebook", D. E. Wittkower (ed.), op. cit, pp. 135~145.

32 Jean Baudrillard, *The Ecstasy of Communication*, B. Schutze and C. Schutze (trans.) (New York: Autonomedia, 1988), p. 30, Original work published in 1987.

33 Authur Kroker and Michael A. Weinstein, *Data Trash: The Theory of the Virtual Class*(New York: St. Martin's Press, 1994), p. 163.

34 이재현, 『인터넷과 사이버사회』, 279~280쪽.

35 Bernard Stiegler, *Technics and Time 2: Disorientation*, S. Barker (trans.) (California: Stanford University Press, 2009), p. 115, Original work published in 1996.

36 Sherry Turkle, *Alone Together: Why We Expect More from Technology and Less from Each Other*(New York: Basic Books, 2011).

37 고디바 전설은 다음과 같다. 11세기 앵글로색슨 귀족의 부인인 고디바는 자신의 남편이 소작농들에게 부과한 과도한 세금을 감해 주라고 호소했다. 남편은 이를 거부하다가 만약 그녀가 벗은 몸으로 말을 타고 거리를 지나가면 세금을 감면해 주겠다며 동네 사람들에게는 그녀가 지나갈 때 창문을 닫으라고 명했다. 그런데 고디바가 벗은 몸으로 말을 타고 동네 거리를 지나갈 때, 톰이라는 남자가 명을 어기고 그녀를 몰래 훔쳐보는데, 그는 곧 눈이 멀어 죽는다. 여기서 '몰래 엿본 톰(peeping Tom)'이 관음하는 자, 즉 voyeur의 기원이 되었다. 이런 의미에서 관음증을 peeping Tomism이라고도 한다.

38 Vanessa R. Schwartz, *Spectacular Realities: Early Mass Culture in Fin-de-Siéle Paris*(California: University of California Press, 1997).

39 이재현, 『모바일 문화를 읽는 인문사회과학의 고전적 개념들』(서울: 커뮤니케이션북스, 2013), 9~13쪽.

40 Guy Debord, *The Society of the Spectacle*, D. Nicholson-Smith (trans.) (New York: Zone Books, 1994), Original work published in 1967.

41 이재현, 앞의 책, 14~15쪽.

42 Tania Bucher, "Want to Be on the Top? Algorithmic Power and the Threat of Invisibility on Facebook", *New Media & Society*, Vol. 14, no. 4(2012), pp. 1~17.

43 에지랭크를 구성하는 세 요소의 정의와 점수 부여 방식은 다음과 같다. 친밀성은 페이스북에서 친구들과 상호작용이 얼마나 자주, 그리고 얼마나 많은 친구들과 이루어졌는지를 말한다. 객체와 에지에는 페이스북이 정한 기준대로 차별적인 가중치가 부여된다. 객체의 경우, 사진이나 동영상 같은 멀티미디어 콘텐츠의 가중치가 가장 높고, 다음은 링크 공유이며, 텍스트로만 된 일반적인 상태 업데이트의 가중치가 가장 낮다. 에지의 경

우, 뉴스피드에 올라온 콘텐츠를 자신의 담벼락 또는 타임라인으로 공유할 경우 가중치가 가장 높다. 그다음으로 콘텐츠에 단 댓글, 좋아요 클릭, 콘텐츠에 포함된 링크 클릭 순으로 가중치가 부여된다. 신선도는 작성한 지 오래된 것보다 최근에 작성한 것에 더 높은 랭킹을 부여하는 것을 말한다.(오세욱 · 이재현, 앞의 글, 168쪽)

44 Tania Bucher, op. cit.

45 미디어 이론가인 볼터와 그루신은 미디어가 미디어 자체를 사라지게 함으로써 "투명성의 비매개에 대한 욕망"을 구현한다고 주장한다. 사실주의 회화는 원근법과 그리는 행위 자체의 제거를 통해, 사진은 기록의 자동성을 통해, 컴퓨터 게임과 같은 디지털 미디어는 상호작용성의 구현을 통해 투명성의 비매개를 성취하고자 한다. 이들에 따르면, 가상현실(virtual reality)은 그 어떤 미디어보다 미디어의 사라짐, 즉 매개의 사라짐을 성공적으로 성취했다는 점에서 "궁극적인 미디어"로 간주된다.(Jay David Bolter and Richard Grusin, *Remediation: Understanding New Media*(Cambridge, MA: The MIT Press, 1999), 제이 데이비드 볼터 · 리처드 그루신, 이재현 옮김, 『재매개: 뉴미디어의 계보학』(서울: 커뮤니케이션북스, 2006))

46 Karin Knorr Cetina, "The Market as an Object of Attachment: Exploring Postsocial Relations in Financial Markets", *Canadian Journal of Sociology*, Vol. 25, no. 2(2000), pp. 141~168.

47 Bernard Stiegler, *Technics and Time 3*, p. 99.

48 Jonathan Steuer, "Defining Virtual Reality: Dimensions Determining Telepresence", *Journal of Communication*, Vol. 42, no. 4(1992), pp. 75~76.

49 Matthew Lombard and Theresa Ditton, "At the Heart of It All: The Concept of Presence", *Journal of Computer-Mediated Communication*, Vol. 3, no. 2(1997); 이재현, 『인터넷과 사이버사회』, 119~121쪽.

50 이재현, 『멀티미디어와 디지털 세계』(서울: 커뮤니케이션북스, 2004), 99~106쪽.

51 Bernard Stiegler, *Technics and Time 3*, p. 154.

52 Bernard Stiegler, *Technics and Time 2*; Bernard Stiegler, *Technics and Time 3*.

53 Ulises Ali Mejias, "The Limits of Networks as Models for Organizing the Social", *New Media & Society*, Vol. 12, no. 4(2010), pp. 611.

54 Ulises Ali Mejias, Ibid., pp. 603~617; Ulises Ali Mejias, *Off the Network: Disrupting the Digital World*(Minneapolis: University of Minnesota Press, 2013).

55 메히아스는 "노드중심주의"를 근간으로 하는 기존의 네트워크 중심주의적 관점

에 대한 대안적 관점으로 뇌 과학의 용어인 패라노드(paranode)를 원용해 "패라노드주의(paranodalism)"를 제안한다. 뇌 과학에서 패라노드는 뇌 신경 네트워크의 일부분은 아니지만, 신호 전달 체계에서 중요한 역할을 수행하는 특정한 세포 구조를 지칭한다. 메히아스는 이 개념을 차용해 패라노드 공간의 불안정성이 네트워크의 활동성을 만들어 내는 것처럼, 사회적으로도 네트워크 밖에 존재하는 요소들이 네트워크 요소들 자체와 그것들 사이의 관계에 변화를 야기하고, 나아가 이것이 네트워크 전체의 변화를 이끌어 낸다고 말한다.(Ulises Ali Mejias, "The Limits of Networks as Models for Organizing the Social") 이런 관점에서 보면 사회관계와 그것의 메커니즘에 대한 분석은 네트워크 내부의 관점만으로는 불충분하다고 할 수 있다.

참고 문헌

4 한국경제와 공공영역

강신일, 「철도 산업의 완전 민영화를 위한 조건」, 《사회과학논집》 25집 2호(2012).

공은배 · 천세영, 「한국의 교육비 수준」(한국교육개발연구원, 1990).

구춘권, 「민영화의 담론, 갈등, 합의: 독일의 철도, 우편, 정보 통신 영역의 민영화 과정」, 《한국 정치학회보》 46집 4호(2012).

김수현, 「우리나라 공공임대주택의 성격과 서울시 장기전세주택」, 《한국사회정책》 7권 3호 (2010).

_____, 「부동산은 끝났다」(오월의봄, 2011).

김순남 외, 「사교육 진단 및 대책(1)」(한국교육개발원, 2010).

김정주, 「민영화는 정치를 어떻게 타락시켰는가?」, 《황해문화》(2012년 봄호).

김정화 · 이경원, 「권력의 두 얼굴: 이명박 정부의 영리병원 허용 논쟁을 중심으로」, 《경제와사 회》 82호(2009년 여름호).

김성희, 「특혜와 비리의 특급 열차, KTX 민영화 추진의 허구성」, 《복지동향》(2012년 3월호).

나성린 · 이영, 「한국의 적정 조세 부담률」, 《한국재정학회재정논집》 8권 1호(2003).

남상호 · 최병호, 「국민 부담과 복지 재정 지출 수준의 적정성에 관한 연구」, 한국재정학회 학 술 발표회 발제 논문(2008. 3. 12).

모창환 · 남경태, 「일본 철도 민영화 정책 평가」, 《한국정책학회보》 15권 4호(2006).

박능후 · 최현수 · 이승경, 「중장기 사회 보장비 적정 규모 분석」(한국보건사회연구원, 2000).

박능후, 「사회 복지 재정의 적정성에 관한 연구」, 《사회복지연구》(2002년 봄호).

_____, 「국민 기초 생활 보장 제도 수급자의 근로 동기 강화 요인 연구」, 《사회보장연구》 21권 4호(2005).

박형수, 「조세 부담률의 국제 비교 및 적정 수준 분석」, 《재정포럼》 10권 6호(2004).

박흥수, 「철도의 눈물」(후마니타스, 2013).

송이은, 「노무현 정부 이후 진행된 한국 의료 민영화의 성격」, 《한국사회학》 46집 4호(2012).

송호준, 「국민 생명을 거는 도박, 철도 민영화」, 《노동사회》(2013년 7~8월호).

신영전, 「'의료 민영화' 정책과 이에 대한 사회적 대응의 역사적 맥락과 전개」, 《상황과복지》 29호(2010년 2월호).

우석균, 「영리병원 논란의 진실과 한국의 진보」, 《황해문화》(2010년 봄호).

이상이, 「이명박 정부의 의료 민영화 정책, 어떻게 볼 것인가?」, 한국빈곤문제연구소 67차 토론회 발제문(2008).

이상이 · 김창보 · 박형근 · 윤태호 · 정백근 · 김철웅, 『의료 민영화 논쟁과 한국 의료의 미래』 (밈, 2008).

이상일, 「복지국가 의료개혁의 보건 관련 성과와 의료 탈상품화의 정치」, 《한국사회학》 43집 5호(2009).

이애리나, 「의료 민영화 정책과 국가 건강 보험에 대한 논의」, 《사회과학논총》 28집 2호 (2009).

이준영, 「의료보험 민영화에 대한 비판적 고찰」, 《사회보장연구》 19권 2호(2003).

이진호, 『한국 공교육 위기: 실체와 해법(상)』(한국학술정보, 2011).

이창곤, 「이명박 정부의 의료정책, 무엇이 문제인가」, 《창작과 비평》 141호(2008년 가을호).

정범모 외, 『교육의 본연을 찾아서』(나남, 1993).

조한선 외, 「2010년 전국 교통 혼잡 비용 추정과 추이 분석」(한국교통연구원, 2013).

조한필.이성환, 「한국 철도의 효율적인 경영과 민영화」, 《물류학회지》 22권 5호(2012).

참여연대 사회복지위원회, 「누가 왜 의료 민영화를 추진하는가?」, 《복지동향》(2008년 9월호).

홍헌호, 「철도 민영화 관련 핵심 쟁점 75문 75답」(mimeo, 2013).

Anthony B. Atkinson, "Increased Income Inequality in OECD Countries and the Redistributive Impact of the Government Budget", Giovani Andrea Cornia (ed.), *Inequality, Growth and Poverty in an Era of Liberalization and Globalization*(New-York: UNU/WIDER, 2005).

Francis G. Castles, "A Race to the Bottom?", Christopher Pierson and Francis G. Castles (eds), *The Welfare State Reader*, 2nd ed.(Polity, 2006).

Gosta Esping-Andersen, *The Three Worlds of Welfare Capitalism*(Princeton University Press, 1990).

John Kenneth Galbraith, *The Affluent Society*(Houghton Mifflin, 1958); 존 케네스 갤브레이스, 노택선 옮김, 『풍요한 사회』(한국경제신문사, 2006).

Seymour Martin Lipset, *American Exceptionalism: A Double-Edged Sword*(W.W.Norton Company, 1996).

Harold L. Wilensky, *Rich Democracies: Political Economy, Public Policy, and Performance*(University of California Press, 2002).

6 SNS와 소셜리티의 위기

오세욱 · 이재현, 「소프트웨어 '페이스북'의 알고리즘 분석: 행위자 네트워크 관점」, 《언론과 사회》 21권 1호(2013), pp. 136~183.

이재현, 『인터넷과 사이버사회』(서울: 커뮤니케이션북스, 2000).

_____, 『멀티미디어와 디지털 세계』(서울: 커뮤니케이션북스, 2004).

_____, 『SNS의 열 가지 얼굴』(서울: 커뮤니케이션북스, 2013).

_____, 『모바일 문화를 읽는 인문사회과학의 고전적 개념들』(서울: 커뮤니케이션북스, 2013).

_____, 「빅데이터와 사회과학: 인식론적, 방법론적 문제들」, 《커뮤니케이션 이론》 9권 3호 (2013), 127~165쪽.

Alan Kay and Adele Goldberg, "Personal Dynamic Media", *Computer*, Vol. 10, no. 3(1977), pp. 31~41

Authur Kroker and Michael A. Weinstein, *Data Trash: The Theory of the Virtual Class*(New York: St. Martin's Press, 1994).

Bernard Stiegler, *Technics and Time 2: Disorientation*, S. Barker (trans.) (California: Stanford University Press, 2009), Original work published in 1996.

Bernard Stiegler, *Technics and Time 3: Cinematic time and the question of malaise*, S. Barker (trans.) (California: Stanford University Press, 2011), Original work published in 2001.

Duncan J. Watts and Peter Sheridan Dodds, "Influentials, Networks, and Public Opinion Formation," *Journal of Consumer Research*, Vol. 34, no. 4(2007), pp. 441~458.

Duncan J. Watts and Steven H. Strogatz, "Collective Dynamics of 'Small-World' Networks", *Nature*, no. 393(1998), pp. 440~442.

Guy Debord, *The Society of the Spectacle*, D. Nicholson-Smith (trans.) (New York:

Zone Books, 1994), Original work published in 1967.

Jacques Derrida, *De la grammatologie*(Paris: Minuit, 1967).

Jay David Bolter and Richard Grusin, *Remediation: Understanding New Media*(Cambridge, MA: The MIT Press, 1999); 제이 데이비드 볼터 · 리처드 그루신, 이재현 옮김, 『재매개: 뉴미디어의 계보학』(서울: 커뮤니케이션북스, 2006).

Jean Baudrillard, *The Ecstasy of Communication*, B. Schutze and C. Schutze (trans.) (New York: Autonomedia, 1988), Original work published in 1987.

Jonathan Steuer, "Defining Virtual Reality: Dimensions Determining Telepresence", *Journal of Communication*, Vol. 42, no. 4(1992), pp. 73~93.

Karin Knorr Cetina, "The Market as an Object of Attachment: Exploring Postsocial Relations in Financial Markets", *Canadian Journal of Sociology*, Vol. 25, no. 2(2000), pp. 141~168.

Kevin D. Haggerty and Richard V. Ericson, "The Surveillant Assemblage," *The British Journal of Sociology*, Vol. 51, no. 4(2000), pp. 605~622.

Lars Backstrom, "Anatomy of Facebook"(2011), Online Available: https://www.facebook.com/notes/facebook-data-team/anatomy-of-facebook/10150388519243859

Lars Backstrom, Paolo Boldi, Marco Rosa, Johan Ugander and Sebastiano Vigna, "Four degrees of separation"(2011), Arxiv preprint arXiv: 1111.4570, Online Available: http://arxiv.org/abs/1111.4570v3

Lev Manovich, *Software takes command*(New York: London: Bloomsbury, 2013); 레프 마노비치, 이재현 옮김, 『소프트웨어가 명령한다』(서울: 커뮤니케이션북스, 2014).

Martin Buber, *Ich und Du*(Darmstadt: Wissenschaftliche Buchgesellschaft, 1923).

M. Deanya Lattimore, "Facebook as an Excess of Seeing", D. E. Wittkower (ed.), *Facebook and Philosophy: What's on Your Mind?*(Chicago: Open Court, 2010), pp. 181~190.

Matthew Lombard and Theresa Ditton, "At the Heart of It All: The Concept of Presence", *Journal of Computer-Mediated Communication*, Vol. 3, no. 2(1997).

Maurice Hamington, "Care Ethics, Friendship, and Facebook", D. E. Wittkower (ed.), *Facebook and Philosophy: What's on Your Mind?*(Chicago: Open Court, 2010), pp. 135~145.

Mikhail Bakhtin, *Art and Answerability: Early Philosophical Essays*, V. Liapunov (trans.) (Texas: University of Texas Press, 1990).

Nicholas Carr, *The Shallows: What the Internet Is Doing to Our Brains*(New York & London: W.W. Norton, 2011).

Nick Couldry, "Mediatization or Mediation?: Alternative Understandings of the Emergent Space of Digital Storytelling", *New Media & Society*, Vol. 10, no. 3(2008), pp. 373~391.

Robin Dunbar, *Grooming, Gossip and the Evolution of Language*(London: Faber & Faber, 1996).

Robin Dunbar, "How Many 'Friends' Can You Really Have?", *IEEE Spectrum*, Vol. 48, no. 6(2011), pp. 81~83.

Robin Dunbar, "Networking Past and Present", *Cliodynamics*, Vol. 3, no. 2(2012), pp. 344~349.

Sherry Turkle, *Alone Together: Why We Expect More from Technology and Less from Each Other*(New York: Basic Books, 2011).

Stanley Milgram, "The Small World Problem", *Psychology Today*, no. 1(1967), pp. 61~67.

Statistic Brain, "Facebook Statistics"(2014), Online Available: http://www.statisticbrain.com/ facebook—statistics/

Sylvain Auroux, *La révolution technologique de la grammatisation: Introduction à l'histoire des sciences du langage*(Liège: Mardaga, 1994).

Tania Bucher, "Want to Be on the Top? Algorithmic Power and the Threat of Invisibility on Facebook", *New Media & Society*, Vol. 14, no. 4(2012), pp. 1~17.

Ulises Ali Mejias, "The Limits of Networks as Models for Organizing the Social", *New Media & Society*, Vol. 12, no. 4(2010), pp. 603~617.

Ulises Ali Mejias, *Off the Network: Disrupting the Digital World*(Minneapolis: University of Minnesota Press, 2013).

Vanessa R. Schwartz, *Spectacular Realities: Early Mass Culture in Fin-de-Siécle Paris*(California: University of California Press, 1997).

Wikipedia, "Exhibitionism"(2014), Online Available: http://en.wikipedia.org/wiki/ Exhibitionism

저자 소개

김우창

서울대학교 영어영문학과를 졸업하고 미국 코넬 대학, 하버드 대학에서 수학했다. 1965년 《청맥》에 「엘리어트의 예」로 등단했고 서울대학교 영어영문학과 교수, 고려대학교 영어영문학과 교수, 고려대 대학원장을 역임했다. 현재 고려대학교 명예교수로 있으며 대한민국 예술원 회원이다.

지은 책으로 『김우창 전집』(전5권) 외에 『심미적 이성의 탐구』, 『정치와 삶의 세계』, 『행동과 사유』, 『사유의 공간』, 『시대의 흐름에 서서』, 『풍경과 마음』, 『체념의 조형』, 『깊은 마음의 생태학』 등이 있고 옮긴 책으로 『미메시스』(공역) 등이 있다. 팔봉비평문학상, 대산문학상, 금호학술상, 인촌상 등을 수상했다.

유종호

서울대학교 영어영문학과를 졸업하고 뉴욕 주립대(버펄로) 대학원에서 수학했다. 공주사범대학교, 이화여자대학교를 거쳐 2006년 연세대학교 특임교수직에서 퇴임함으로써 교직 생활을 마감했고 현재 대한민국 예술원 회장이다.

지은 책으로 『유종호 전집』(전5권) 외에 『시란 무엇인가』, 『한국근대시사』, 『나의 해방 전후』, 『그 겨울 그리고 가을』, 『과거라는 이름의 외국』 등이 있고 옮긴 책으로 『파리대왕』, 『그물을 헤치고』, 『문학과 인간상』, 『미메시스』(공역) 등이 있다. 현대문학상, 대산문학상, 인촌상, 만해학술대상 등을 수상했다.

최장집

고려대학교 정치외교학과와 동 대학원을 졸업하고 미국 시카고 대학에서 정치학 박사 학위를 받았다. 고려대학교 아세아문제연구소 소장과 대통령자문정책기획위원회 위원장을 역임했다. 현재 고려대학교 명예교수이다.

지은 책으로 『한국의 노동운동과 국가』, 『민주화 이후의 민주주의』, 『민주주의의 민주화』, 『민중에서 시민으로』, 『노동 없는 민주주의의 인간적 상처들』 등이 있다.

이정우

서울대학교 경제학과와 동 대학원을 졸업하고 하버드 대학에서 박사 학위를 받았다. 1977년
부터 경북대에서 불평등의 경제학, 비교경제론, 경제민주주의를 강의해 왔으며 참여정부 시절
대통령 정책실장, 대통령 정책기획위원장 겸 정책특보를 지냈다. 현재 경북대학교 경제통상학
부 교수이다.

지은 책으로 『약자를 위한 경제학』, 『경제민주화: 분배친화적 성장』(공저), 『박정희의 맨얼
굴』(공저), 『대한민국 복지: 7가지 거짓과 진실』(공저), 『노무현이 꿈꾼 나라』(공저), 『불평등의
경제학』 등이 있다.

박상훈

서울대학교 경영학과를 졸업하고 고려대학교에서 「한국 지역 정당 체제의 합리적 기초에 관한
연구」로 정치학 박사 학위를 받았다. 현재 도서출판 후마니타스 대표로 있다.

지은 책으로 『만들어진 현실: 한국의 지역주의, 무엇이 문제이고 무엇이 문제가 아닌가』, 『정치
의 발견』, 『민주주의의 재발견』, 『어떤 민주주의인가』(공저), 『논쟁으로서의 민주주의』(공저) 등
이 있다.

이재현

서울대학교 언론정보학과를 졸업하고 동 대학원에서 석사와 박사를 받았다. KBS와 충남
대학교에 재직했고 한국언론학회 이사와 기획위원장을 역임했다. 현재 서울대학교 언론정보
학과 교수이며 인터넷, 모바일 미디어 등의 디지털 미디어, 디지털 문화, 소프트웨어 연구, 그
리고 미디어 수용자 조사 분석이 주요 연구 분야다.

지은 책으로 『디지털 문화』, 『모바일 문화를 읽는 인문사회과학의 고전적 개념들』, 『SNS의 열
가지 얼굴』, 『인터넷과 사이버사회』, 『멀티미디어와 디지털 세계』, 『모바일 미디어와 모바일 사
회』 등이 있고 엮은 책으로 『트위터란 무엇인가』, 『컨버전스와 다중 미디어 이용』, 『인터넷과
온라인 게임』 등이, 옮긴 책으로 『소프트웨어가 명령한다』, 『재매개』, 『뉴미디어 백과사전』, 『디
지털 모자이크』, 『인터넷 연구 방법』 등이 있다.

Ⅰ 　문화의 안과 밖

시대 상황과 성찰

풍요한 빈곤의 시대

공적 영역의 위기

1판 1쇄 찍음 2014년 8월 8일
1판 1쇄 펴냄 2014년 8월 18일

지은이 　김우창, 유종호, 최창집, 이정우, 박상훈, 이재현
발행인 　박근섭·박상준
편집인 　장은수
펴낸곳 　(주)민음사

출판등록 　1966. 5. 19. 제16-490호
주소 　　　(135-887) 서울시 강남구 도산대로 1길 62(신사동)
　　　　　 강남출판문화센터 5층
대표전화 　515-2000 | 팩시밀리 　515-2007
홈페이지 　www.minumsa.com

ISBN 　978-89-374-5721-0 (94100)